线装中华国粹

洛阳伽蓝记

（北魏）杨衒之◎著
俞婉君◎译注

二十一世纪出版社集团
21st Century Publishing Group
全国百佳出版社

图书在版编目（CIP）数据

洛阳伽蓝记 /（北魏）杨衒之著；俞婉君译注．—
南昌：二十一世纪出版社集团，2018.1
（线装中华国粹系列）
ISBN 978-7-5568-2903-3

Ⅰ．①洛… Ⅱ．①杨…②俞… Ⅲ．①寺院—史料—洛阳—北魏②洛阳—地方史—史料—北魏③《洛阳伽蓝记》—译文④《洛阳伽蓝记》—注释 Ⅳ．① K928.75 ② K296.13

中国版本图书馆 CIP 数据核字 (2017) 第 175998 号

洛阳伽蓝记　（北魏）杨衒之　著　俞婉君　译注

策　　划	张秋林
责任编辑	周向潮　张波虹
出版发行	二十一世纪出版社集团（江西省南昌市子安路 75 号　330009） www.21cccc.com　cc21@163.net
出 版 人	张秋林
经　　销	全国各地书店
印　　刷	南昌市印刷十二厂有限公司
版　　次	2018 年 1 月第 1 版　2018 年 1 月第 1 次印刷
印　　数	0001 ~ 15000 册
开　　本	787mm × 1092mm　1/16
印　　张	21
字　　数	363 千字
书　　号	ISBN 978-7-5568-2903-3
定　　价	28.00 元

赣版权登字—04—2017—538

前　言

“伽蓝”是梵语“僧伽蓝摩”的略称，意为“众园”或“僧院”，是佛寺的统称。所以《洛阳伽蓝记》一书的主题就是描写北魏时期都城洛阳的诸多佛寺，同时又记叙了当时许多政治事件、重要人物、风俗地理、传闻故事等。该书在对诸多佛寺形制规模的描摹和始末兴废的勾勒中，反映了广阔的政治经济背景和社会风俗人情，如皇室诸王的奢侈贪婪，南北朝间的交往，北魏全盛时期洛阳手工业、商业的繁盛，民间艺人的卓越技艺和演出盛况等。该书再现了北魏都城洛阳四十年间的政治大事、中外交通、人物传记、市井景象、民间习俗、传说逸闻，内容相当丰富。书中亦有不少志怪故事，如“法云寺”条中所载之田僧超吹茄、刘白堕酿酒、孙岩娶狐女等。该书对正史中记载的不足具有补益之功，是一部集历史、地理、佛教、文学于一身的故事类笔记，后世将《洛阳伽蓝记》与郦道元的《水经注》、颜之推的《颜氏家训》并称为中国北朝时期的三部杰作。

《洛阳伽蓝记》全书共五卷，按地域分为洛阳的城内、城东、城南、城西、城北，由近而远，介绍详备，共记述佛寺七十余处。其体例是以北魏佛教的盛衰为线索，以洛阳城的几十座寺庙为纲领，先写立寺人、地理方位及建筑风格，再写相关人物、史事、传说、逸闻等，条理十分清晰。

佛教作为外来宗教，自东汉传入中国，迅速得到传播和发展。在北魏时期，佛教十分盛行，鲜卑族统治者对于弘扬佛法不遗余力，上至君王贵族，下至平民百姓，都大肆营建佛寺，耗费了大量的人力物力，搞得民不聊生，严重阻碍了社会的发展。文成帝在平城就曾凿山建佛窟五所，即今日举世闻名的云冈石窟。到了孝文帝迁都洛阳后，更是大规模兴建佛寺，使得洛阳的佛寺从西晋末年的四十二所，剧增到一千多所，其发展速度十分惊人；且当时佛寺的装饰极其豪华，雄伟壮丽，堪与宫阙相比。可到了北魏末年，政局不稳，战乱频起，洛阳也数遭战火荼毒。

杨衒之于东魏孝静帝武定五年（547）重游洛阳，眼见往日繁华已荡然无存，寺庙丘墟，满目荆棘，不由心生感慨，有麦秀之感、黍离之悲。他曾亲见昔日洛阳之盛，不忍历史尽作云烟，故作《洛阳伽蓝记》以追记往事，概括历史，抒胸中块垒。

《洛阳伽蓝记》的作者杨衒之，史书无传，唐释道宣《广弘明集》卷六《王臣滞惑篇》载其人其事。他是北平（今河北遵化）人，北魏永安中为奉朝请，历官期城太守、抚军府司马；后入东魏，官至秘书监。《洛阳伽蓝记》一书约作于东魏孝静帝武定末年。

关于杨衒之的姓，有“阳”“杨”“羊”三种说法，较多集中在“阳”和“杨”的探讨上。据周延年先生《杨衒之事实考》，《北史》和《魏书》中所记述的杨氏显达者并没有北平籍，而《魏书·阳固传》载阳固为北平无终人，有三子，长休之，次诠之，三未详。《北史·阳固传》称有五子，长子休之，以下綝之、俊之，与衒之名字排行次第相符；又北平阳氏以文章传家。据此，杨衒之真实姓氏为“阳”的可能性极大，甚至可能就是阳休之弟。

《洛阳伽蓝记》原书分为“正文”和“子注”两个部分，这是古人撰书的一种体例。为了主次分明，条理清楚，内容丰富，在原文之外，自己又加上注文，二者相辅相成。到唐代时，此书仍是以如此面貌存世；但到了宋代，由于在传写过程中误读，导致文注混淆，该书的原貌也就不复可知了。此后历代学者都曾试图厘清文注，但各持己见，难以统一。本书借鉴前人经验，斟酌取舍，亦将文注区分，并以不同字体标明。区分的标准是，凡交代寺院之由来、建设者、地理位置、规模构造以及风景名胜的内容为正文，而考证文字、人物介绍、历史事迹、时人言行以及诡幻怪异的内容为子注。原貌既已不可复见，各本也只是一家之言，望读者周知。

建国以来，学界对《洛阳伽蓝记》的研究颇多，也取得了不少成果，特别是文学、史学、城市规划建筑等方面。一般认为，在宗教佛学、中古文学、语言学、中外文化交流史等领域，本书尚有不小的研究空间。在传播影响上，《洛阳伽蓝记》早有日、韩、英等若干语种译本，在国际汉学界有一定的地位。《洛阳伽蓝记》的注本，近世以周祖谟《洛阳伽蓝记校释》、范祥雍《洛阳伽蓝记校注》以及杨勇《洛阳伽蓝记校笺》最为突出，本书注译就主要参考三位先生的成果，各取精华，以期完璧。饮水思源，在此特向三位先生致以崇高敬意。又，译者学力有限，勉力为之，难免有疏漏不足之处，还请方家见谅，并不吝赐教。

目录

contents

卷三　城南

卷四　城西

卷五　城北

序

原　文

《三坟》《五典》之说[①]，九流百氏之言[②]，并理在人区[③]，而义兼天外[④]。至于一乘、二谛之原[⑤]，三明、六通之旨[⑥]，西域[⑦]备详，东土[⑧]靡记。自项日感梦[⑨]，满月[⑩]流光，阳门饰豪眉之像[⑪]，夜台图绀发之形[⑫]。尔来奔竞，其风遂广。至晋永嘉[⑬]，唯有寺四十二所。逮皇魏受图[⑭]，光宅嵩洛[⑮]，笃信弥繁，法教逾盛。王侯贵臣，弃象马如脱屣[⑯]；庶士豪家，舍资财若遗迹[⑰]。于是招提栉比[⑱]，宝塔骈罗[⑲]，争写天上之姿[⑳]，竞摹山中之影[㉑]。金刹与灵台比高[㉒]，广殿共阿房等壮[㉓]，岂直木衣绨绣，土被朱紫而已哉[㉔]！

注　释

①《三坟》《五典》：皆古书。后人附会为三皇五帝之书。孔安国《尚书传序》："伏羲、神农、黄帝之书，谓之三坟，言大道也；少昊、颛顼、高辛、唐、虞之书，谓之五典，言常道也；八卦之书，谓之八索；九州之志，谓之九丘。"又《左传·昭公十二年》言楚灵王左史倚相能读三坟、五典、八索、九丘。

②九流：中国古代对儒家、道家、阴阳家、法家、名家、墨家、纵横家、杂家、农家等九个学术流派的总称。"九流"常与"三教"并称。"三教"指中国三大传统宗教：儒教、道教和佛教。百氏：即诸子百家。一本作"百代"。

③人区：人居住的地域，指人间。《后汉书·西域传》："神迹诡怪，则理绝人区；感验明显，则事出天外。"

④天外：指世外，寰宇之外。

⑤一乘、二谛：皆佛教术语。一乘：即一乘法，指引导教化一切众

生成佛的唯一方法、途径和教说。佛法无边，能载人至涅槃岸，故谓之乘。《正法华经·善全品》：“唯大觉乘，无有二乘，况三乘乎？”“正有一乘，无有二也。”《妙法莲华经·方便品》：“十方佛土中，唯有一乘法，无二亦无三，除佛方便说。”二谛：指真谛与俗谛，并称真俗二谛。谛，谓真实不虚之理。真谛，又作胜义谛、第一义谛，即出世间之真理。俗谛，又作世俗谛、世谛，即世间之真理。凡随顺世俗，说现象之幻有，为俗谛。《翻译名义集》：“佛事门中，不舍一法，劝臣以忠，劝子以孝，劝国以治，劝家以和，弘善示天堂之乐，惩非显地狱之苦，此依俗谛也。真谛彰本寂之理，一性泯然，所以实际理地，不受一尘，是非双泯，能所俱亡，指万象为真如，会三乘归实际，此依真谛也。”《法门名义集》：“二谛，一者世谛，亦名俗谛；二者第一义谛，亦名真谛。谓缘法不目，名用万差，别言显相，皆是世谛。谛者实也，于凡是实，于圣非实，故名世谛。第一义谛，真妄平等，垢净不二，凡是无实无相无诠，皆是第一义谛所摄。出世圣人，乃证斯理，最实无比，故言第一义谛。诸佛说法是依二谛，共表一法。不相违反。”

⑥三明、六通：亦皆为佛教术语。《法门名义集》：“三明：过去宿命明、未来天眼明、现在漏尽明。六通：一身通（身如意通、神足通）、二天眼通、三天耳通、四他心通、五宿命通、六漏尽通。离壅无碍，名之为通。”宿命明指能知自己和他人的过去宿世因缘生死果报；天眼明指能知自己和他人的未来因缘生死果报；漏尽明指能知现在之苦相，断一切烦恼的智慧。身通指自由无碍，随心所欲现身之能力；天眼通指能见六道众生生死苦乐之相，及见世间一切种种形色，无有障碍；天耳通指能闻六道众生苦乐忧喜之语言，及世间种种之音声；他心通指能知六道众生心中所思之事；宿命通指能知自身和六道众生之百千万世宿命及所作之事；漏尽通指断尽一切三界见思惑，永远摆脱生死轮回。三明亦名三达，六通亦名六神通。

⑦西域：自汉代以来，西域狭义上指玉门关、阳关以西，葱岭即今帕米尔高原以东，巴尔喀什湖东、南及新疆广大地区；而广义的西域则是指凡是通过狭义西域所能到达的地区，包括亚洲中、西部，印度半岛、欧洲东部及非洲北部等地区。西汉宣帝时设西域都护府。唐代在西域设置安西、北庭二都护府。此后各代，中原与狭义西域在政治、经济、文化上有着不可分割的联系。此处西域指葱岭以西印度等地信奉佛教的诸国。

⑧东土：佛教徒称中国为东土，因对印度而言，中国居东。

⑨项日感梦：指东汉明帝感梦事。《牟子理惑论》："昔孝明皇帝梦见神人，身有日光，飞在殿前，欣然悦之。明日，博问群臣：'此为何神？'有通人傅毅曰：'臣闻天竺有得道者，号之曰佛，飞行虚空，身有日光，殆将其神也。'于是上悟，遣郎中蔡愔、羽林郎中秦景、博士弟子王遵等十八人，于大月支写佛经四十二章，藏在兰台石室第十四间。时于洛阳城西雍门外起佛寺，于其壁画千乘万骑，绕塔三匝。时国丰民宁，远夷慕义，学者由此而滋。"《魏书·释老志》："孝明帝夜梦金人，项有日光，飞行殿庭，乃访群臣，傅毅始以佛对。帝遣郎中蔡愔、博士弟子秦景等使于天竺，写浮屠遗范。愔仍与沙门摄摩腾、竺法兰东还洛阳。中国有沙门及跪拜之法，自此始也。愔又得佛经《四十二章》及释迦立像。愔之还也，以白马负经而至，汉因立白马寺于洛城雍关西。摩腾、法兰咸卒于此寺。"汉明帝感梦在永平七年(64)，蔡、秦等出发"西天取经"在永平八年，归长安在永平十年，立白马寺在永平十一年，史称"永平求法"，此事件也标志着佛教正式传入中国。项：一本作"顶"。

⑩满月：佛面皎洁圆净，如明月之全满。《大般涅槃经》卷二十九："儿所引喻，不必尽取。或取少分，或取多分，或复全取。如言如来，面如满月，是多少分。"

⑪阳门：即开阳门。豪：通"毫"。毫眉为长眉、浓眉之意。毫，也指眉间细毛。佛教传说如来三十二相之一有"眉有白毫"，即如来眉间有白色毫毛，右旋宛转，如日正中，放之则有光明，名白毫相。《大般若经》卷三十一："世尊眉间有白毫相，右旋柔软，如睹罗锦，鲜白光净逾珂雪等。"

⑫夜台：指坟墓，因为闭于坟墓，不见光明，故称为夜台。汉明帝坟墓曰显节陵。绀发：即青色的头发。佛教传说如来头发为绀琉璃色，即绀青色。《大般若经》："世尊首发修长，绀青稠密不白。"项日、满月、豪眉、绀发，皆指如来之色相。此二句言汉明帝生前在开阳门和自己的陵寝墙壁上作佛像仪容。《牟子理惑论》："又于南宫清凉台及开阳城门上作佛像。明帝存时，预修造寿陵，陵曰显节，亦于其上作佛图像。"《魏书·释老志》："明帝令画工图佛像，置清凉台及显节陵上，经缄于兰台石室。"

⑬永嘉：307—312年，西晋怀帝年号。

⑭皇魏：大魏，史称北魏。受图：《尚书中候》载河伯曾以河图授

大禹，后因称帝王受命登位为受图。所谓河图，传说为天降之祥物，自先秦以来说法颇多。汉孔安国曰："《河图》者，伏羲氏王天下，龙马出河，遂则其文以画八卦。《洛书》者，禹治水时，神龟负文而列于背，其数至九，禹遂因而第之，以成九类。"

⑮光：大。宅：居。嵩洛：嵩山与洛水，皆在洛阳城南。此即指洛阳城。北魏都城本在平城（今山西大同），孝文帝汉化改革，迁都洛阳。

⑯象马：象和马，比喻贵重之物，后泛指家业财产。《维摩诘经·佛道品》："奴婢童仆，象马车乘，皆何所在。"又据《太子须大拏经》，叶波国太子须大拏（须达拿）好行布施，曾将国宝白象赠予敌国，遭父流放而无悔。脱屣：比喻看得很轻，无所顾恋，犹如脱掉鞋子。《汉书·郊祀志上》："嗟乎！诚得如黄帝，吾视去妻子如脱屣耳！"颜师古注："屣，小履。脱屣者，言其便易，无所顾也。"

⑰遗迹：谓行人遗弃脚印，毫不在意。《国语·楚语下》："灵不顾于民，一国弃之，如遗迹焉。"韦昭注："灵王不君，罢弊楚国，三军叛之，如行人之遗弃其迹。"

⑱招提：源自梵文，意译为四方，音译为"佳拓斗提奢"，省称"拓提"，但在汉字传写过程中，因形近而误写为"招提"。于是四方僧称招提僧，四方僧之受施物称招提僧物，四方僧之住处称为招提僧坊。北魏太武帝于始光元年（424）造立伽蓝，名之曰招提，国人遂以招提为寺院的别称。后人一般以民间私造的小寺院为招提。招：一本作"昭"。栉（zhì）比：像梳子齿那样密密地排着。

⑲宝塔：即佛塔。《释氏要览》卷下："塔，梵语塔婆，此云高显，今略称'塔'也。"骈罗：骈比罗列。汉王逸《九思·哀岁》："群行兮上下，骈罗兮列陈。"南朝宋鲍照《河清颂》："景云蔚岳，秀星骈罗。"

⑳写：此指绘画。天上之姿：指佛的形象。佛祖至忉利天为母说法，优填王思念心切，以旃檀造佛像供养，此为佛教造像之始。《大唐内典录》谓汉明帝时从月支得优填王雕像之图样，敕图于开阳城门和寿陵上，为中国供养佛像之始。

㉑山中之影：亦指佛像。此处说法有二：一指佛曾与那竭城南山中留影。《魏书·释老志》云："太安初有师子国胡沙门五人奉佛像三到京师。"就是根据山中所留佛影摹写的。二指谢灵运《佛影铭》序所说："法显道人，至自祇洹，具说佛影，偏为灵奇。幽岩嵌壁，若有存形，容仪端庄，相好具足。……庐山法师，闻风而悦。于是……摹拟遗量，

寄托青彩。”

㉒金刹：佛地悬幡的塔柱。此指佛寺。慧琳《音义》云：“刹，梵云掣多罗，彼土别无幡竿，即于塔覆钵柱头悬幡。今云刹者，语声虽讹，以金为之，长而有表，故言金刹也。”大体佛寺幡柱，上有宝瓶，下有承露盘，以沙门得一法，便建幡告四远。六朝人谓塔曰刹，唐以后通言佛寺。灵台：一本作云台，东汉光武帝所建立。《水经注·谷水》：“高六丈，方二十步。”潘岳《闲居赋》：“浮梁黝以迳度，灵台杰其高峙。”陆机《洛阳记》：“灵台在洛阳南去城三里。”

㉓广殿：一本作“讲殿”，指讲经说法的殿堂。阿房：秦朝宫殿，在渭南上林苑中。《史记·秦始皇本纪》：“先作前殿阿房，东西五百步，南北五十丈。上可以坐万人，下可以建五丈旗。周驰为阁道，自殿下直抵南山。表南山之颠以为阙。为复道，自阿房渡渭，属之咸阳，以象天极阁道绝汉抵营室也。……作宫阿房，故天下谓之阿房宫。”

㉔木衣绨绣，土被朱紫：语出张衡《西京赋》，薛综注云：“言皆采画如锦绣之文章也。”绨、绣：两种丝织品。绨：厚实、光滑而有光泽，绣：五彩具备。被：通“披”。

译　文

《三坟》《五典》的学说，三教九流、诸子百家的观点，其阐述的都是人伦日用、社会政治的道理，其意义也兼及六合之外，进而探讨形上世界的问题。至于佛教思想，诸如一乘、二谛的本义，三明、六通的原旨，在佛教的发源地西域印度等国，则研究、保存得相当完备详尽，而在信奉《三坟》《五典》、诸子百家之说的东土地区，却鲜有记载和传闻。自从汉明帝感梦，得见项有日光、面如满月之相佛陀形象后，佛教得以东传。汉明帝本人笃信佛教，不但在洛阳的开阳城门上装饰佛陀之像，还在自己的寿寝南宫清凉台上描绘佛陀之形。由于皇帝的倡导，贵族百姓也纷纷效仿，信佛之风于是在东土大盛。晋朝永嘉年间，只有寺庙四十二座。到大魏建立，迁都洛阳后，士庶愈加笃信佛教，佛教因此更为兴盛。王侯贵族捐资建寺，慷慨得就如脱掉鞋子一样毫不吝惜；士庶富豪舍财兴庙，大方得就如遗忘自己足迹一样毫不在意。因此洛阳城庙宇鳞次栉比，宝塔森然罗列，各处寺庙争相绘制佛陀形象。金碧辉煌的佛刹堪与汉代光武帝之云台比高，宽广辽阔的殿宇如同秦始皇所建阿房宫一般壮丽，岂只是《西京赋》中所描绘的“在木上披上丝织绣衣，在土上绘上红紫二色”那般罢了啊！

原文

暨永熙[①]多难，皇舆迁邺[②]。诸寺僧尼，亦与时徙。至武定[③]五年，岁在丁卯，余因行役[④]，重览洛阳。城郭崩毁，宫室倾覆，寺观灰烬，庙塔丘墟。墙被蒿艾，巷罗荆棘。野兽穴于荒阶，山鸟巢于庭树。游儿牧竖[⑤]，踯躅于九逵[⑥]；农夫耕老，艺黍于双阙[⑦]。始知《麦秀》[⑧]之感，非独殷墟；《黍离》[⑨]之悲，信哉周室。京城内外，凡有一千余寺，今日寥廓[⑩]，钟声罕闻。恐后世无传，故撰斯记。然寺数最多，不可遍写，今之所录，止大伽蓝[⑪]。其中小者，取其祥异[⑫]，世谛[⑬]俗事，因而出之。先以城内为始，次及城外，表列门名，以记远近。凡为五篇。余才非著述，多有遗漏，后之君子，详其阙焉。

注释

①永熙：公元532—534年，北魏孝武帝元修之年号。北魏末年，朝政混乱，皇室衰微，尔朱氏家族、高欢、宇文泰等权臣各据雄兵，相互攻伐，并先后立废天子，执掌朝政。532年，高欢击败尔朱氏，废黜尔朱氏所立的前废帝元恭，立平阳王元修为帝。

②皇舆：国君所乘的高大车子。多借指王朝或国君，此指国都。邺：邺城，故址在今河北临漳西。孝武帝元修虽由高欢立，但他与高欢之间并不和谐，以致兵戎相向。永熙三年（534）七月，孝武帝讨高欢失败，又为斛斯椿所迫，西奔长安投靠宇文泰。高欢入洛阳，十月另立清河王世子元善见为帝，是为孝静帝。高欢换掉皇帝后，感觉洛阳西近长安，南近梁国，决定迁都邺城。至此北魏分裂为西魏和东魏，分别由宇文泰和高欢把持朝政，鲜卑皇族已名存实亡。535年，宇文泰毒死孝武帝元修，拥立南阳王元宝炬为帝，是为西魏文昭帝。

③武定：543—550年，东魏孝静帝之年号。武定五年即547年。

④行役：指因服兵役、劳役或公务而出外跋涉。据《资治通鉴》载，东魏孝静帝元象元年（538），东魏大将侯景、高敖曹等围西魏独孤信于洛阳金墉城。侯景烧洛阳内外官寺，民居存者十之二三。又，东魏

武定元年（543），东魏北豫州刺史高慎据虎牢关投降西魏。宇文泰亲率诸军接应高慎，军至洛阳。高欢也亲自将兵十万，自黄河北岸渡河，据邙山为阵。邙山之战以西魏大败告终，豫洛二州归于东魏。据此，洛阳在杨衒之重游之前已经多次战乱，毁坏情况极其严重。

⑤牧竖：牧童。竖：童仆。

⑥踯躅：形容慢慢地走，徘徊不前。九逵：即九轨。洛阳城门每门有三道，即所谓九轨。《尔雅·释官》："九达谓之逵。"后指四通八达的大道。

⑦艺：种植。双阙：宫门之象魏也。天子宫门两旁特为屋，高出于门屋之上者，谓之双阙。左名魏阙，右名象阙。亦称两观。

⑧《麦秀》：指麦子秀发而未实，后形容哀叹前朝，或表达对国事的感慨。《史记·宋微子世家》："箕子朝周，过故殷虚，感宫室毁坏，生禾黍。箕子伤之，欲哭则不可，欲泣为其近妇人，乃作《麦秀之诗》以歌咏之。其诗曰：'麦秀渐渐兮，禾黍油油。彼狡僮兮，不与我好兮！'"

⑨《黍离》：《诗经·王风》中诗篇。《毛诗序》曰："《黍离》，闵宗周也。周大夫行役，至于宗周，过故宗庙宫室，尽为禾黍。闵周室之颠覆，彷徨不忍去，而作是诗也。"关于此诗主旨，历来多有争议，但由于毛序之影响，历代文人多以《黍离》指代亡国之痛、故国之思。向秀《思旧赋》："叹黍离之愍周兮，悲麦秀于殷墟。唯古兮以怀今兮，心徘徊以踌躇。"

⑩寥廓：冷清，冷落。或以为空虚而宽广之貌。

⑪伽蓝：源自梵语，也音译作僧伽蓝摩、僧伽蓝，原意指僧众共住的园林，即寺院。

⑫祥异：神奇怪异。

⑬世谛：又名俗谛或世俗谛，为佛教术语，指依照事物的现象而阐发的浅明而易为世人所理解的道理。亦指世俗之见。

译文

到了永熙年间，战乱频繁，国家多难，其后都城也迁到了邺城。洛阳诸佛寺的僧尼也同时迁徙。到了武定五年丁卯之岁，我受官方差遣，重新来到故都洛阳。眼见城郭崩毁，宫室倾覆，寺院楼观已成灰烬，庙宇宝塔俨然废墟。墙头上被杂生的蒿艾野草所覆盖，巷道里荆棘丛生密布。野兽在荒废的石阶上打洞居住，山鸟在庭中树上筑巢。游走的浪人和放牧的孩童，在大路上徘徊；农夫和耕种的老人，在宫门前双阙的空地上种黍。这才知道，《麦秀》中表达的亡国之悲，不仅是箕子路过殷墟时的真切感受，也与我的心境相符；《黍离》中抒发的故都残破之叹，实在是周室遗臣的绝望心声。洛阳城内外原有寺庙一千多处，如今空空荡荡，已难得听见钟声。我恐怕洛阳庙宇大兴的这段历史在后世没有记载和流传，所以撰写此记。然而当年洛阳寺庙为数众多，无法一一详细描写，如今所记录的，只是大寺庙而已。其中规模小的，则取它的神奇怪异之事，或世俗与佛教内的事情，记录并写下来。先城内开始叙写，依次到城外，表列各门名称，用来记远近。本记共有五篇。我不是专门从事著述的人，所记必定多有遗漏，后世有见识的君子，请一一指出我的不足之处。

原 文

太和十七年①，高祖迁都洛阳②，诏司空公穆亮营造宫室③。洛阳城门依魏晋旧名。

注 释

①太和：477—499年，北魏孝文帝之年号。太和十七年指493年。《魏书·高祖纪》：“太和元年春正月乙酉朔，诏曰：‘朕夙承宝业，惧不堪荷，而天贶具臻，地瑞并应，风和气晼，天人交协。岂朕冲昧所能致哉？实赖神祇七庙降福之助。今三正告初，祗感交切，宜因阳始，协典革元，其改今号为太和元年。’”

②高祖：即北魏孝文帝拓拔宏，后改名元宏，北魏第六位皇帝，庙号太祖。孝文帝一生最大功绩在于推行汉化改革。他将北魏都城从平城迁到洛阳，重用汉族官员，采用汉族典章，改穿汉服，使用汉语，又改鲜卑姓氏为汉姓。此外，鼓励鲜卑和汉族通婚；评定士族门第，加强鲜卑贵族和汉人士族的联合统治。孝文帝的改革，对各族人民的融合和各族的发展，起到了积极作用。洛阳本成周旧址，后为东汉都城，魏晋因之。北魏都城本在平城，孝文帝为便于学习接受汉族先进文化，进一步加强对黄河流域的统治，决意迁都洛阳。太和十七年，孝文帝曾亲巡洛阳。《魏书·高祖纪》：“庚午，幸洛阳，周巡故宫基址。帝顾谓侍臣曰：‘晋德不修，早倾宗祀，荒毁至此，用伤朕怀。’遂咏

《黍离》之诗，为之流涕。壬申，观洛桥，幸太学，观《石经》。丙子，诏六军发轸。丁丑，戎服执鞭，御马而出。群臣稽颡于马前，请停南伐。帝乃止。仍定迁都之计。冬十月戊寅朔，幸金墉城。诏征司空穆亮与尚书李冲、将作大匠董爵经始洛京。”按孝文帝之迁都备受鲜卑贵族之阻扰。

③司空：古代官职名，西周始置，掌土木水利营造之事。穆亮：字幼辅，北魏大臣。起家为侍御中散，尚中山长公主，拜驸马都尉，封赵郡王。徙封长乐王。高祖初，除使持节、秦州刺史。在州未期，大著声称。征为殿中尚书。又迁使持节、征西大将军、西戎校尉、敦煌镇都大将。政尚宽简，赈恤穷乏。被征还朝，百姓追思之。《元河南志》曰：“孝文帝太和十七年，幸洛阳，周巡故宫基迹。遂咏黍离之诗，为之流涕，乃定迁都。诏司空穆亮与尚书李冲，将作大匠董爵经始洛京。又命青州刺史刘芳、中书舍人常景造洛阳宫殿门阁之名，经途正其号。十九年九月，新都始立，于是六官文武尽迁洛阳。宣武永平二年，又诏定诸门阁名。初命中书舍人沈馨以隶书书板题之，景明正始之年，又敕符节令江式以大篆易之。”

译　文

太和十七年，高祖决定迁都洛阳，下诏命司空公穆亮营造宫室。洛阳城门沿用魏晋旧名。

原　文

东面有三门：

北头第一门曰建春门。汉曰上东门[①]，阮籍诗曰“步出上东门”是也[②]。魏晋曰建春门，高祖因而不改。

次南曰东阳门。汉曰中东门[③]，魏晋曰东阳门，高祖因而不改。

次南曰青阳门。汉曰望京门[④]，魏晋曰清明门，高祖改为青阳门[⑤]。

注　释

①上东门：《元河南志》曰："贾谊疏曰：择良日立诸子洛阳上东门之外。是则西汉时已有上东门矣。《汉旧仪》曰：册皇太子、诸侯王皆于上东门。李尤铭曰："上东少阳，厥位在寅。条风动物，月正孟春。"

②阮籍：字嗣宗，陈留尉氏（今河南开封）人，三国魏诗人。竹林七贤之一。曾任步兵校尉，世称阮步兵。崇奉老庄之学，政治上则采取谨慎避祸的态度。"步出上东门"出自其《咏怀诗》。

③中东门：洛阳城东最中间的一座门。《元河南志》引李尤铭曰："东处仲月，厥位当卯。鸧鹒有声，鹰隼匿爪。除去桎梏，狱讼勿考。"

④望京门：《元河南志》曰："旄门，一作宣平门，又曰望京门。李尤铭曰：'旄门值季，月位在辰。顺阳布惠，贫乏是振。'"

⑤青阳门：《水经注·谷水》曰："谷水于城东南隅枝分，北注径青阳门东，故清明门也。亦曰税门，亦曰芒门。"青阳：春季阳气发动，气候清和，故称春天为青阳。

译　文

洛阳城东有三座门：

最北面的一座门叫建春门。汉朝叫上东门，阮籍诗中所说的"步出上东门"就指此门。魏晋时改称建春门，高祖沿用此名而不改。

建春门南面的一座门叫东阳门。汉朝时叫中东门，魏晋时改称东阳门，高祖沿用此名而不改。

最南面的一座门叫青阳门。汉朝时叫望京门，魏晋时改称清明门，高祖改为青阳门。

原　文

南面有四门：

东头第一门曰开阳门[①]。初，汉光武[②]迁都洛阳，作此门始成，而未有名，忽夜中有柱自来在楼上。后琅玡郡开阳县上言南门一柱飞去[③]，使来视之，则是也。遂以开阳为名。自魏及晋因而不改，高祖亦然。

次西曰平昌门。汉曰平门④，魏晋曰平昌门，高祖因而不改。

次西曰宣阳门。汉曰小苑门⑤，魏晋曰宣阳门，高祖因而不改。

次西曰津阳门。汉曰津门⑥，魏晋曰津阳门，高祖因而不改。

注释

①开阳门：《元河南志》引李尤铭曰："开阳在孟，位月唯巳。清明冠节，太阳进起。"

②汉光武：即东汉光武帝刘秀，字文叔，东汉开国皇帝。

③琅玡郡：今山东诸城一带。开阳县：故城在今山东临沂北。

④平门：《元河南志》曰："正南曰平门，一作平城门。《古今注》曰：建武十三年开。蔡邕曰：平城门，正阳之门也。与宫连属，郊祀法驾所由从出，门之最尊者。《汉官秩》曰：平城门为宫门，不置候按。李尤铭曰：平门督司，午位处中。外临僚侍，内达帝宫。正阳南面，炎暑赫融。"

⑤小苑门：亦称谚门。张衡《东京赋》："谚门曲榭，邪阻城洫。"薛综注曰："谚，直移。谚门，冰室门也。"郦道元《水经注·谷水》："谚门，即宣阳门也，门内有宣阳冰室。"

⑥津门：洛阳从此入城，故名。《元河南志》："当洛水浮桥下，一作津城门，又作津阳门。李尤铭曰：名自定位，唯月在未。温风郁暑，鹰鸟习鸷。"

译文

洛阳城南有四座门：

最东面的一座门叫开阳门。当初，汉光武迁都洛阳，刚刚建好此门，还没有命名，忽然夜中有柱子自己飞来在楼上。不久琅玡郡开阳县上书禀告说南门有一根柱子不翼而飞，于是请开阳县派人来看，竟然就是飞来的那根柱子。于是此门便以"开阳"为名。从魏到晋沿用不改，高祖也没有改名。

开阳门西面的一座门叫平昌门。汉朝时叫平门，魏晋时改称平昌门，高祖沿用此名不改。

平昌门再往西的一座门叫宣阳门。汉朝时叫小苑门，魏晋时改称宣阳门，高祖沿用此名而不改。

最西面的一座门叫津阳门。汉朝时叫津门，魏晋时改称津阳门，高祖沿用此名而不改。

原 文

西面有四门[①]：

南头第一门曰西明门。汉曰广阳门[②]，魏晋因而不改，高祖改为西明门。

次北曰西阳门。汉曰雍门[③]，魏晋曰西明门，高祖改为西阳门。

次北曰阊阖[④]门。汉曰上西门[⑤]。上有铜璇玑玉衡[⑥]，以齐七政[⑦]。魏晋曰阊阖门，高祖因而不改。

次北曰承明门[⑧]。承明者，高祖所立，当金墉城[⑨]前东西大道。迁京之始，宫阙未就，高祖住在金墉城。城西有王南寺，高祖数诣寺与沙门论义[⑩]，故通此门，而未有名，世人谓之新门。时王公卿士常迎驾于新门，高祖谓御史中尉李彪[⑪]曰："曹植诗云：'谒帝承明庐。'[⑫]此门宜以承明为称。"遂名之。

注 释

①西面有四门：自汉至晋，洛阳城西本有三门，北魏孝文帝增建承明门，故此为四门。

②广阳门：《元河南志》引李尤铭曰："广阳位孟，厥月在申。凉风时至，白露已分。"

③雍门：《元河南志》曰："中曰雍门，一曰雍城门。李尤铭曰：雍门处中，位月在酉。盲风寒浊，鹰归山阜。"又《水经注·谷水》云："（谷水）南出径西阳门，旧汉氏之西明门也，亦曰雍门矣。旧门在南，太和中以故门邪出，故徙是门。东对东阳门。"

④阊阖：原指传说中的西边的天门，后泛指宫门或京都城门，借指京城、宫殿、朝廷等。

⑤上西门：《元河南志》引李尤铭曰："上西在季，位月唯戌。菊黄

豺祭，号令严悉。”

⑥璇玑玉衡：亦作“璿玑玉衡”“琁机玉衡”。古代玉饰的观测天象的仪器，也叫浑天仪。《尚书·舜典》：“在璿玑玉衡，以齐七政。”孔颖达疏云：“璿，美玉也。玑衡者，玑为转运，衡为横箫。运玑使动于下，以衡望之，是王者正天文之器。汉世以来谓之浑天仪者是也。”《后汉书·安帝纪》：“昔在帝王，承天理民，莫不据琁机玉衡，以齐七政。”

⑦七政：指日、月和金、木、水、火、土五星。《易·系辞》：“天垂象，见吉凶，圣人象之。此日月五星，有吉凶之象，因其变动为占，七者各自异政，故为七政。得失由政，故称政也。”一说为北斗七星，恐非。

⑧承明门：李善注曹植《赠白马王彪诗》引陆机《洛阳记》云：“承明门，后宫出入之门。吾常怪曹子建诗‘谒帝承明庐’，问张公（张华），张公云：魏明帝作建始殿，朝会皆由承明门。然直庐在承明门侧。”陆机所云，乃是曹魏时宫门，与孝文帝所建承明门不同。

⑨金墉城：三国魏明帝时筑，为当时洛阳城西北角上一小城。魏晋时被废的帝、后，都安置于此。城小而固，为攻战戍守要地。北魏初年为“河南四镇”之一。隋洛阳城西迁后，金墉遂在洛阳之东。公元618年，瓦岗起义军曾据此进逼洛阳。唐贞观后废。今称故址为阿斗城。

⑩沙门：佛教术语。源自梵语，意为勤息、息心、净志，为出家修道者的通称。《魏书·释老志》：“诸服其道者，则剃落须发，释累辞家，结师资，遵律度，相与和居，治心修净，行乞以自给。谓之沙门，或曰桑门，亦声相近，总谓之僧，皆胡言也。”据查考，孝文帝雅好读书，手不释卷，史传百家，无不涉猎。善谈老庄，尤经释义。又《魏书·韦缵传》曰：“高祖每与名德沙门谈论往复，缵掌缀录，无所遗漏，颇见知赏。”义：一本作“议”。

⑪李彪：字道固，北魏名臣。家世寒微，少孤贫，有大志，好学不倦。孝文帝初年，为中书教学博士，假员外散骑常侍、建威将军、卫国子，出使南齐萧赜。迁秘书丞，参著作事。高祖南征，假彪冠军将军。车驾还京，迁御史中尉，领著作郎。后坐事除名。世宗时以白衣在秘书省修史。

⑫曹植：字子建，魏武帝曹操之子，生前封陈王，谥思，故称陈思王。曹植是三国曹魏著名文学家，建安文学的代表人物与集大成者。

其诗以笔力雄健和词采画眉见长，留有集三十卷，已佚，今存《曹子建集》为宋人所编。“谒帝承明庐”出自其诗《赠白马王彪》。

译文

洛阳城西有四座门：

最南面的一座门叫西明门。汉朝时叫广阳门，魏晋时沿用此名而不改，高祖改为西明门。

西明门北面的一座门叫西阳门。汉朝时叫雍门，魏晋时改称西明门，高祖改为西阳门。

西阳门再往北的一座门叫阊阖门。汉朝时叫上西门。门上安置有铜制的璇玑玉衡，用来观测日月五星转到的度数是否整齐。魏晋时改称阊阖门，高祖沿用而不改。

最北的一座门叫承明门。承明门是高祖所修建的，此门正当金墉城前的东西大道。迁都洛阳之始，宫阙还没有建成时，高祖就住在金墉城。城西有王南寺，高祖多次前往寺中与僧人讲论佛理，所以开通了这道门，而没有命名，当时人称之为之新门。彼时王公卿士常在新门迎驾，高祖对御史中尉李彪说：“曹植有诗云：‘谒帝承明庐。’这座门应当以‘承明’为名。”于是将新门命名为承明门。

原文

北面有二门：

西头曰大夏门。汉曰夏门[①]，魏晋曰大夏门，高祖因而不改。宣武帝[②]造三层楼，去地二十丈。洛阳城门楼皆两重，去地百尺，惟大夏门甍[③]栋干云。

东头曰广莫门。汉曰穀门[④]，魏晋曰广莫门，高祖因而不改。自广莫门以西，至于大夏门，宫观相连，被诸城上也。

注释

①夏门：《元河南志》曰：“夏门，一作夏城门。李尤铭曰：夏门值孟，位月在亥。不周用事，玄冥幽晦，阴阳不通。螮蝀匿彩，迎冬北坛，顺阴所在。”

②宣武帝：即北魏宣武帝元恪，孝文帝次子，北魏第八位皇帝。499—515年在位，庙号世宗。

③甍（méng）：屋脊，屋栋。

④毂门：《元河南志》曰："毂门，一作毂城门。李尤铭曰：毂门北中，位当于子。太阴主刑，杀伐为始。"

译文

洛阳城北有两座城门：

西面的叫作大夏门。汉朝时叫夏门，魏晋时改称大夏门，高祖沿用而不改。宣武帝造三层城门楼，离地二十丈。洛阳城门楼都是两层，离地百尺，唯有大夏门高耸入云。

东面的叫广莫门。汉朝时叫毂门，魏晋时改称广莫门，高祖沿用而不改。自广莫门以西，到大夏门，宫观相连，连接到城头上。

原文

一门有三道①，所谓九轨②。

注释

①三道：城门进去分三条路，中间为官道，两旁左入右出。《元河南志》记晋城阙云："陆机《洛阳记》曰：洛阳十二门，门有阁，闭中，开左右出入。城内大道三，中央御道，两边筑土墙，高四尺，公卿尚书章服从中道，凡人行左右道。左入右出，不得相逢。夹道种槐柳树。《晋书》曰：洛阳御道，筑墙高丈余，百郡邸舍，皆在城内。又曰：洛阳十二门，皆有双阙，有桥，桥跨阳渠水。"

②九轨：可容九辆车并列行驶的路面宽度。《周礼·考工记·匠人》："国中九经九纬，经涂九轨。"郑玄注："经纬之涂，皆容方九轨。轨，谓辙广。"

译文

洛阳每座城门都有三条路，就是所谓可容九辆车并行的大道。

卷一　城内

永宁寺

原文

永宁寺[①]，熙平元年灵太后胡氏所立也[②]，在宫前阊阖门[③]南一里御道西。其寺东有太尉[④]府，西对永康里[⑤]，南界昭玄曹[⑥]，北邻御史台[⑦]。阊阖门前御道东有左卫府[⑧]，府南有司徒府[⑨]。司徒府南有国子学[⑩]，堂内有孔丘像，颜渊问仁、子路问政在侧[⑪]。国子南有宗正寺[⑫]，寺南有太庙[⑬]，庙南有护军府[⑭]，府南有衣冠里。御道西有右卫府[⑮]，府南有太尉府[⑯]，府南有将作曹[⑰]，曹南有九级府[⑱]，府南有太社[⑲]，社南有凌阴里，即四朝[⑳]时藏冰处也。

注释

①永宁寺：据《魏书·释老志》，北魏献文帝时，曾于都城平城建起永宁寺，构七级佛图，高三百余尺，基架博敞，为天下第一。此洛阳之永宁寺当沿平城之旧制。《魏书·释老志》又云："肃宗熙平中，于城内太社西起永宁寺。灵太后亲率百僚，表基立刹。佛图九层，高四十余丈，其诸费用，不可胜计。"

②熙平：516—518年，北魏孝明帝元诩之年号。灵太后胡氏：名不详，或作胡充华、胡仙真，北魏宣武帝之妃，孝明帝生母。孝明帝即位后，尊胡氏为皇太后。孝明帝年幼，故胡太后临朝称制，大权独揽。胡太后当政，虽亦有贤明之举，但行事专断，淫乱纵情，宠信奸佞，招致朝野不满，天下生乱。后为尔朱荣所执，溺死黄河。《魏书·皇后传》曰："宣武灵皇后胡氏，安定临泾人，司徒国珍女也。太后性聪悟，多才艺，姑既为尼，幼相依托，略得佛经大义。亲览万机，手笔断决。"据查考，北魏为防母氏乱政，曾有"子立母死"之制度，即儿子立为皇太子，其母受死。胡氏子元诩被立为皇太子时，宣武帝

却打破了这一制度，使胡氏得以保全。然此一念之仁，给北魏朝的打击是巨大的。史家多认为胡太后是北魏灭亡之魁首，《魏书·肃宗纪》曰：“魏自宣武已后，政纲不张。肃宗冲龄统业，灵后妇人专制，委用非人，赏罚乖舛。于是衅起四方，祸延畿甸，卒于享国不长。”

③阊阖门：北魏洛阳宫城正南门名。与洛阳西门阊阖门同名，但并非一门。

④太尉：官名，秦朝始置，为中央掌军事的最高官员，但终秦一朝未任命太尉。西汉初为全国军事首脑，与丞相、御史大夫合称“三公”。东汉将大司马改为太尉，与司徒、司空并称“三公”。后世多有撤立，逐渐成为虚衔或加官。北魏官号多同晋朝。

⑤永康里：在西阳门内御道南。

⑥昭玄曹：即昭玄寺。北魏文成帝复兴佛教，设监福曹为中央僧官机构，主事僧官，以道人统为正，都维那为副。和平元年（460）改为昭玄寺，设大统一人、统一人、都维那三人，及功曹、主簿员等，统摄诸州之沙门曹与州统、郡统、县统等，并裁决杀人罪以下之僧尼罪犯。北朝诸代皆沿用此制，仅略作更动。南朝则无此名称，而设僧正、僧主、法主等僧官。隋代改昭玄寺为崇玄署，属鸿胪寺。

⑦御史台：御史之官署，西汉初称御史府，后称御史台，与尚书台、谒者台并称为三台。历代沿袭，并有宪台、兰台、乌台的别称。御史台为监察机构，掌监察之事。

⑧左卫府：左卫将军之官署。北魏沿袭晋制，有左卫将军和右卫将军。

⑨司徒府：即丞相府，为司徒及属官处理政务之所。

⑩国子学：中国古代教育管理机关和最高学府。晋武帝咸宁二年（276）始置，与太学并立。南北朝时，或设国子学，或设太学，或两者同设。北齐改名国子寺。隋文帝时以国子寺总辖国子、太学、四门等学。炀帝时改国子寺为国子监。唐宋亦以国子监总辖国子、太学、四门等学。明清仅设国子监，为教育管理机关，兼具国子学性质。光绪三十一年（1905）设学部，国子监遂废。

⑪颜渊问仁：见《论语·颜渊》。子路问政：见《论语·子路》。此处指以颜渊问仁、子路问政为主题的壁画或塑像。

⑫宗正寺：官署名。掌皇族事务，管理皇族、宗族、外戚的谱牒、守护皇族陵庙。秦汉始多以皇族中人充任，历代沿置。唐代为中央政事机构九寺之一。

⑬太庙：古代帝王为祭祀先祖而建立的庙。

⑭护军府：秦置护军都尉，汉因之，属大司马。西汉哀帝时改名为司寇，汉平帝时又改回护军。魏晋改称护军将军，主武官选，并领营兵。

⑮右卫府：右卫将军的官署，与左卫府皆为禁卫军指挥机构。

⑯太尉府：《元河南志》作“太府寺”，掌财物库藏之官署。

⑰将作曹：北魏有将作大匠，掌治宫室陵园土木之功。

⑱九级府：其指未详。一说为叙官之府。魏文帝有九品官人之法，郡邑设小中正，州设大中正。品第人才，由小中正以九等第其高下，上诸大中正；大中正核实后上诸司徒；司徒再核然后付尚书选用。晋、南北朝皆沿袭之。

⑲太社：古代天子为百姓祈福、报功而设立的祭祀土神、谷神的场所，祭祀时由各级官僚贵族和国人参加。汉班固《白虎通·社稷》曰：“太社为天下报功，王社为京师报功。”

⑳四朝：即晋朝四帝：晋武帝、晋惠帝、晋怀帝、晋愍帝。一说为东汉、魏、晋及北魏四朝。

译文

永宁寺是在熙平元年由灵太后胡氏下令修建的，它位于皇宫前阊阖门南一里处的御道西面。寺东面有太尉府，西面对着永康里，南面与昭玄曹分界，北面靠着御史台。阊阖门前御道的东面有左卫府，左卫府南有司徒府。司徒府南有国子学，堂内供奉着孔丘像，颜渊问仁、子路问政的壁画在两侧。国子学南有宗正寺，宗正寺南有太庙，太庙南有护军府，护军府南有衣冠里。御道西面有右卫府，右卫府南有太尉府，太尉府南有将作曹，将作曹南有九级府，九级府南有太社，太社南有凌阴里，即晋武帝、惠帝、怀帝、愍帝四朝专门用以储藏冰块的地方。

原文

中有九层浮图①一所，架木为之，举高九十丈②。上有金刹，复高十丈，合去地一千尺。去京师百里，已遥见之。初掘基至黄泉③下，得金像三十躯④，太后以为信法之征，是以营建过度也。刹上有金宝瓶⑤，容二十五斛⑥。宝瓶下有承露金盘三十[7]重，周匝皆垂金铎[8]。复有铁锁四道，引刹向浮图四角。锁上亦有金铎，铎大小如一石瓮子。浮图有九级，角角皆悬金铎，合上下有一百三十铎。浮图有四面，面有三户六窗，并皆朱漆。扉上各有五行金铃，合有五千四百枚。复有金环铺首[9]，殚[10]土木之功，穷造形之巧，佛事[11]精妙，不可思议。绣柱金铺，骇人心目。至于高风永夜[12]，宝铎和鸣，铿锵之声，闻及十余里。

注释

①浮图：或作浮屠，梵文的音译，意指佛塔。其塔盘、塔座上常有附刻文字，即镌刻造塔年月、造塔者姓名等。有时也意指佛陀。

②举：总计。九十丈：一本作“九十余丈”“四十九丈”“十四丈”等，该此处为虚指。据实地勘探，永宁寺浮屠在寺之正中，今残存土台基全高约八米，塔基平面正方有三层。底层东西一百零一米，南北九十八米，高二米；中层五十米见方，高三米六；顶层约十米见方，高二米。佛殿在塔后。

③黄泉：本指地下深处的泉水，此指地下深处。后多指阴曹地府。

④三十：一本作“三十二”“三千”。关于地下佛像，《水经注·谷水》云：“其地是曹爽故宅。经始之日，于寺院西南隅得爽窟室，下入土可丈许。地壁悉累方石砌之，石作细密，都无所毁，其石悉入法用。”

⑤宝瓶：佛教盛装佛具法具的瓶器。

⑥斛：古代容量单位，一斛本为十斗，后来改为五斗。

⑦三十：一本作“一十一”。

⑧铎：古代乐器，大铃，形如铙、钲而有舌，古代宣布政教法令所用。

⑨铺首：门扉上的环形饰物，大多冶兽首衔环之状。以金为之，称金铺；以银为之称银铺；以铜为之，称铜铺。其形制，有冶蠡状者，有冶兽吻者，有冶蟾状者，盖取其善守济。又有冶龟蛇状及虎形者，以用其镇凶辟邪。《风俗通义》曰：“昔公输班见水中蠡引闭其户，终不可开，遂象之立于门户。按今门上排立而突起者，公输班所饰之蠡也。”

⑩殚：穷尽，发挥到极致。

⑪佛事：此指佛教建筑，即佛寺。

⑫高风：强劲的风。永夜：长夜。

译文

永宁寺中有一座九层宝塔，是用木材构造而成的，高达九十丈。宝塔上有金饰的塔刹，又高达十丈，二者合计离地有一千尺。在京城百里开外，就能远远望见。当初建造永宁寺时，地基挖得很深，挖出铜铸佛像三十尊，胡太后认为这是笃信佛法而生出的感应征兆和灵验瑞相，于是更加过度地营建寺庙。永宁寺宝塔塔刹上有金宝瓶，容量二十五斛。宝瓶下有一个承露金盘三十层，周围都悬挂着金铎。又有四道铁锁链，从塔刹连向宝塔的四角。锁链上也有金铎，金铎大小像一个石瓮子。宝塔有九层，每个角都悬挂着金铎，总计从上到下共有一百三十个。宝塔有四面，每面有三扇门六扇窗，全都刷上朱漆。每扇门上各有五行金铃，总计共有五千四百枚。又有金环铺首，在建造设计上真是穷尽了土木构造的功能，毕集了造型设计的巧思，如此精妙绝伦的佛教建筑，真是令人不可思议。绣饰的柱子，金饰的门面，观之骇人心目。每当长夜深深，强风吹来，宝塔上金铎和鸣，铿锵悦耳的声音，十里之外都能听见。

原文

浮图北有佛殿一所，形如太极殿①。中有丈八金像一躯，中长②金像十躯，绣珠像三躯，金织成像五躯，玉像二躯。作工奇巧，冠于当世。僧房楼观，一千余间，雕梁粉壁，青璅绮疏③，难得而言。栝④柏椿松，扶疏檐霤⑤；丛竹香草，布护阶墀⑥。是以常景碑云："须弥⑦宝殿，兜率⑧净宫，莫尚⑨于斯也。"

注释

①太极殿：北魏洛阳宫正殿，在今河南洛阳东北汉魏故城中。《三国志·魏志·明帝纪》："青龙三年大治洛阳宫，起太极殿，上法太极，故名。"

②中长：此指佛像与人等长。一本作“等身”。

③青璅（suǒ）：亦作“青锁”，指装饰皇宫门窗的青色连环花纹。《汉书·元后传》：“曲阳侯根骄奢僭上，赤墀青琐。”颜师古注曰：“孟康曰：以青画户边镂中，天子之制也。……孟说是。青琐者，刻为连环文，而青涂之也。”后华贵的宅第、寺院等门窗亦用此种装饰。绮疏：亦作“绮踈”，指雕刻成空心花纹的窗户。《后汉书·梁冀传》：“窗牖皆有绮踈青琐，图以云气仙灵。”李贤注曰：“绮踈谓镂为绮文。”

④栝（guā）：古书上指桧树。

⑤扶疏：枝叶茂盛，高低疏密有致。霤（liù）：指屋檐。

⑥墀（chí）：台阶。

⑦须弥：即须弥山，佛教传说中的山名，本梵语，又译为苏迷卢山、弥楼山，意谓宝山、妙高山，又名妙光山。实即印度北面的雪山。佛教认为山顶上为帝释天所居，其半腹为四天王所居，其周围有七香海，七金山，其第七金山外有咸海，其外围曰铁围山，故称九山八海。四周有四大部洲，用以说明佛教臆想世界的玄妙高远。

⑧兜率：兜率宫。即天宫。本梵语，旧译作兜率陀、睹史多、斗瑟哆等，意谓具有欢喜。佛教有欲界六天之说，四天王、忉利天、焰摩天、兜率天、乐变化天、他化自在天，其中第四层即为兜率天，它的内院是弥勒菩萨的净土，外院是天上众生居住的地方。

⑨尚：胜过。

译文

宝塔北面有一处佛殿，形状像太极殿。殿中有一丈八尺高的铜佛像一尊，与人体等高的铜佛像十尊，绣缀宝珠的佛像三尊，金线织成的佛像五尊，玉石佛像二尊。这些佛像制作奇特巧妙，冠绝当时。永宁寺中有僧房楼观一千余间，梁柱雕刻图像，墙壁粉饰人物，门有青纹，窗有镂空，难以用语言描绘。栝柏椿松，枝叶覆盖檐首；丛竹香草，分散布满阶石。所以常景碑说：“须弥山的宝殿，兜率天上的净宫殿，都不能胜过这里。”

原文

外国所献经像，皆在此寺。寺院墙皆施短椽，以瓦覆之，若今宫墙也。四面各开一门。南门楼三重，通三阁道[①]，去地二十丈，形制似今端门[②]。图以云气，画彩仙灵[③]，列钱[④]青璅，赫奕[⑤]华丽。拱门有四力士、四狮子[⑥]，饰以金银，加之珠玉，庄严焕炳[⑦]，世所未闻。东西两门亦皆如之，所可异者，唯楼两重。北门一道，上不施屋，似乌头门[⑧]。其四门外，皆树以青槐，亘[⑨]以绿水，京邑行人，多庇其下。路断飞尘，不由渰云[⑩]之润；清风送凉，岂藉合欢[⑪]之发？

注 释

①阁道：指建筑物上面架设起来的通道。

②端门：凡宫城之正南门称端门。

③灵：神灵奇异之物。又左思《吴都赋》云："雕栾镂楶，青琐丹楹。图以云气，画以仙灵。"

④列钱：宫殿墙上的装饰物。用镶嵌着玉石的金环排列在一条横木上，像连贯成串的钱，故称。班固《西都赋》："金釭衔璧，是为列钱。"李善注曰："列钱，言金釭衔璧，行列似钱也。"《后汉书·班固传》："是为列钱。"李贤注曰："谓以黄金为釭，其中衔璧，纳之于壁带，为行列历历如钱也。"

⑤赫奕：显赫貌，美盛貌。

⑥力士：即金刚力士，本梵语，音译为那罗延，意译为坚固力士，乃具有大力之护法神。《仁王经》有五大力菩萨：一金刚吼菩萨，手持千宝相轮。二龙王吼菩萨，手持金轮灯。三无畏十力吼菩萨，手持金刚杵。四雷电吼菩萨，手持千宝罗网。五无量力吼菩萨，手持五千剑轮。狮子：此指守护寺庙的狮子塑像。一本作"师子"。《佛说太子瑞应经》云："佛初生时，有五百师子从雪山来，侍列门侧。"

⑦焕炳：光彩灿烂貌。

⑧乌头门：也称乌头大门，俗称棂星门，其形制为：门前有两个华表，高随其长短不同，在腰部一分为二，门腰上半部装雕花的格子。

⑨亘：回绕，连绵不断。

⑩渰（yǎn）云：含雨的阴云。

⑪合欢：合欢扇，古代一种团扇。上有对称图案花纹，象征男女欢会之意。汉班婕妤《怨歌行》："裁为合欢扇，团团似明月。"

译文

外国所进献的经文、佛像，都收藏在永宁寺中。寺的院墙都加了短的木椽，以瓦盖上，就像如今的宫墙。四面各开一扇门。南门楼有三层，通往三条阁道，距离地面有二十丈，形制与今端门相似。门楼上画上云气和仙灵，再装上列钱和青纹门户，整个气象光明显赫而华丽。拱卫大门前有四个力士、四只狮子的雕像，上以金银装饰，再加上珍珠宝玉，庄严华美，光彩炫目，世间所未曾见过。东西两门的形制也如南门一般，所不同的，只是门楼是两层。北门一路，上面不盖屋，就像乌头门。四门之外，都种上青槐，周围绿水环绕，往来京城的行人，多在树荫下歇息。路上没有飞扬的尘土，并不是因为湿云的润湿；清风送来凉意，哪里又是靠团扇的扇动？

原文

诏中书舍人常景为寺碑文①。景字永昌，河内②人也。敏学博通③，知名海内。太和十九年，为高祖所器，拔为律博士④。刑法疑狱，多访于景。正始⑤初，诏刊律令，永作通式⑥。敕景共治书侍御史高僧裕、羽林监王元龟、尚书郎祖莹、员外散骑侍郎李琰之等撰集其事⑦。又诏太师彭城王勰、青州刺史刘芳入预其议⑧。景讨正科条⑨，商榷⑩古今，甚有伦序⑪，见行于世，今律二十篇是也。又共芳造洛阳宫殿门阁之名，经途里邑之号。出除⑫长安令，时人比之潘岳⑬。其后历位中书舍人、黄门侍郎、秘书监、幽州刺史、仪同三司⑭。学徒以为荣焉。景入参近侍，出为侯牧⑮，居室贫俭，事等农家⑯，唯有经史，盈车满架。所著文集数百余篇，给事中封玮伯作序行于世⑰。

注释

①中书舍人：先秦置舍人，本为国君、太子亲近属官。魏晋时于中书省内置中书通事舍人，掌传宣诏命。南朝沿置，至梁，除通事二字，称中书舍人，任起草诏令之职，参与机密，权力日重。常景：字

永昌，河内温县（今河南温县西南）人，魏太常卿常林八世孙、宣威将军常爽孙。北魏文学家、藏书家。

②河内：郡名，故地在今河南沁阳。

③博通：广泛地通晓各种知识。《魏书·常景传》："景少聪敏，初读《论语》《毛诗》，一受便览。及长，有才思，雅好文章。廷尉公孙良举为律博士，高祖亲得其名，既而用之。后为门下录事、太常博士。正始初，诏尚书、门下于金墉中书外省考论律令，敕景参议。"

④律博士：或作"律学博士"，官名，三国魏明帝时始设，属廷尉，负责讲授律令。

⑤正始：504—508年，北魏宣武帝年号。

⑥通式：通行的规范、样式。《魏书·世宗纪》："世宗正始元年冬十二月，诏群臣议定律令。"

⑦治书侍御史：亦称治书御史，东汉为御史台属官，掌依据法律审理疑狱，与符节郎共平廷尉奏事，选御史考试高第、明习法律者充任。魏晋南北朝为御史中丞佐贰，分领侍御史诸曹，监察、弹劾较高级官员，亦奉命出使，收捕犯官等。南朝不为世族所重，梁武帝始重其选。北朝则威权甚重。高僧裕：即高绰，字僧裕，渤海（今属河北）人。沈雅有度量，博涉经史。尝为洛阳令，为政强直，不避豪右，京邑惮之。历官尚书右丞、散骑常侍、豫并二州刺史。羽林监：官名，掌皇帝宿卫侍卫。王元龟：史书无传，事迹不详。尚书郎：官名，东汉时选孝廉中有才能者入尚书台，在皇帝左右处理政务。初入台称"守尚书郎中"，满一年称"尚书郎"，三年称"侍郎"。魏晋以后，尚书省分曹，各曹有侍郎、郎中等官，综理政务，通称为尚书郎。祖莹：字元珍，范阳遒县（今河北涞水县）人。北魏大臣，著名文学家。历官国子祭酒、秘书监、仪同三司等职，进爵文安县伯。《魏书·祖莹传》："莹年八岁，能诵《诗》《书》；十二，为中书学生。好学耽书，以昼继夜，父母恐其成疾，禁之不能止。常密于灰中藏火，驱逐僮仆，父母寝睡之后，燃火读书，以衣被蔽塞窗户，恐漏光明，为家人所觉。由是声誉甚盛，内外亲属呼为'圣小儿'。尤好属文，中书监高允每叹曰：'此子才器，非诸生所及，终当远至。'"员外散骑侍郎：皇帝近侍官之一。掌管侍从左右、得失献纳等。李琰之：字景珍，陇西狄道（今属甘肃）人，北魏大臣，文学家。历官国子博士、中书侍郎、太常卿、荆州刺史、侍中等职。《魏书·李琰之传》："早有盛名，时人号曰神童。从父司空冲雅所叹异，每曰：'兴吾宗者，其此儿乎？'恒资给所须，

爱同己子。琰之少机警，善谈，经史百家无所不览，朝廷疑事多所访质。当时物议，咸共宗之，又自夸文章，从姨兄常景笑而不许。每休闲之际，恒闭门读书，不交人事。”

⑧太师：古代“三公”之一。周代始置，为辅弼国君之官。后代多为重臣加衔，作为最高荣典以示恩宠，并无实职。彭城王勰：元勰，字彦和，北魏献文帝第六子。太和九年（485）封始平王，加侍中，拜征西大将军。后为中书令，改封彭城王，深得孝文帝信任。孝文帝驾崩，元勰辅佐孝文帝长子宣武帝元恪，进为大司马。寻除录尚书侍中，又为太师。元勰辅政虽受好评，却遭宣武帝猜疑，永平元年（508）在宣武帝默许下为高肇毒死。追谥武宣王。刘芳：字伯文，彭城（今江苏徐州）人。本南朝人，后归北朝，为著名文学家。历官中书博士、中书令、国子祭酒、青州刺史、太常卿等职。《魏书·刘芳传》：“芳虽处穷窘之中，而业尚贞固，聪敏过人，笃志坟典。昼则佣书，以自资给，夜则读诵，终夕不寝，至有易衣并日之敝，而澹然自守，不汲汲于荣利，不戚戚于贱贫，乃著《穷通论》以自慰焉。芳才思深敏，特精经义，博闻强记，兼览《苍》《雅》，尤长音训，辨析无疑。”

⑨讨正：研究，讨论修正。科条：法律条文。

⑩商榷：斟酌，考量。

⑪伦序：有条理，顺序。

⑫除：对官员的任命。

⑬潘岳：字安仁，西晋著名文学家，曾任长安令。有《西征赋》记其事。

⑭黄门侍郎：官名，为皇帝近侍之臣，可传达诏令。因供职黄门（宫门）之内，故称黄门侍郎。南北朝以后，因掌管机密文件，备皇帝顾问，职位日渐重要。秘书监：官名，秘书省的最高掌管，掌图书著作。仪同三司：东汉始置。本意指非三公（司马、司徒、司空）而给以与三公同等的待遇。魏晋以后，将军开府置官属者称开府仪同三司。南北朝末期，仪同三司为一种称号。隋唐以后，仅是散官。

⑮侯牧：方伯，一方诸侯之长。此指地方长官。

⑯事等农家：指常景生活俭朴，与农家相当。《魏书·常景传》：“景自少及老，恒居事任。清俭自守，不营产业，至于衣食，取济而已。耽好经史，爱玩文词，若遇新异之书，殷勤求访，或复质买，不问价之贵贱，必以得为期。”

⑰给事中：官名，秦始置，常侍皇帝左右，备顾问应对，每日上

朝谒见，分平尚书奏事，负责实际政务，为中朝要职。南北朝时，给事中常侍从皇帝左右，献纳得失，谏诤纠弊，收发传达诸奏闻文书，虽可封驳，权不甚重。亦负责管理图书文翰、修史等事。封晧伯:《魏书》有封伟伯传，封轨长子，字君良。博学有才思，弱冠除太学博士，每朝廷大议，伟伯皆参与决策。

译文

孝明帝下诏命中书舍人常景为永宁寺撰写碑文。常景，字永昌，是河内人。他聪敏好学，博学通达，海内知名。太和十九年，为高祖所器重，提拔为律学博士。刑法和狱案有疑问，高祖多向常景问策。世宗正始初年，下诏刊定律令，永远作为通用的法式。先是命令常景同治书侍御史高僧裕、羽林监王元龟、尚书郎祖莹、员外散骑侍郎李琰之等编著为书。又下诏令太师彭城王勰、青州刺史刘芳参与讨论。常景研究修正科律条文，斟酌以往的旧律和当今的实情，所制律令很有次序，通行于世，这就是现在的法律二十篇。常景又与刘芳为洛阳的宫殿门阁以及经过的路和里邑起名号。常景后出外任长安令，当时人将他比作潘岳。此后历官中书舍人、黄门侍郎、秘书监、幽州刺史、仪同三司。他的学徒以其为荣耀。常景在朝为参与机密谋划的近侍，出朝为一方长官，但他生活贫苦俭朴，与农家没有什么差别，家中之物，只有经史典籍满车满架。所著文集数百余篇，给事中封晧伯为其作序，通行于世。

原文

装饰毕功，明帝与太后共登浮图①。视宫内如掌中，临京师若家庭。以其目见宫中，禁人不听②升。衒之尝与河南尹胡孝世共登之③，下临云雨，信哉不虚！

时有西域沙门菩提达摩④者，波斯国⑤胡人也。起自荒裔⑥，来游中土，见金盘炫日，光照云表；宝铎含风⑦，响出天外。歌咏赞叹，实是神功。自云年一百五十岁，历涉诸国，靡不周遍，而此寺精丽，阎浮⑧所无也。极佛境界，亦未有此。口唱南无⑨，合掌⑩连日。

注释

①浮图：一本作“之”，据前后文，当改“浮图”。《魏书·崔光传》：“熙平二年八月，灵太后幸永宁寺，躬登九层佛图。”

②听：听任，允许。

③河南尹：官名，是当时都城洛阳的最高行政长官。胡孝世：史书无传，事迹不详。

④菩提达摩：波斯人，或谓南天竺（印度南部）人，原名菩提多罗，后改名菩提达摩。传说他是南天竺国香至王的第三子，出家后倾心大乘佛法，出家后从般若多罗大师。南朝梁普通年间，他自印度航海至广州，又渡江北行至北魏都城洛阳，到处以禅法教人。后栖止于嵩山少林寺。武泰元年（528）示寂。菩提达摩是中国佛教禅宗的初祖，故中国的禅宗又称达摩宗，主要宣扬二入四行禅法。《续高僧传》：“菩提达摩，南天竺婆罗门种。神慧疏朗，闻皆晓悟，志存大乘，冥心虚寂，通微彻数，定学高之，悲此边隅，以法相导。初达宋境南越，末又北度至魏，随其所止诲以禅教。”

⑤波斯国：古代国名，即今伊朗。

⑥荒裔：指边远荒僻的地区。

⑦含风：被风吹拂，迎在风中。

⑧阎浮：亦称阎浮提、南阎浮提，为须弥山四方的四洲之一。即位于南方的南赡部洲，上面生长许多南赡部树。“阎浮”即“赡部”，一种树名。佛经中专指天竺（印度），后泛指人间世界。

⑨南无（nā mó）：梵语音译，意谓赞美、赞颂，引申为皈依之意。佛教用语中，表示发自内心赞美诸神佛，由此代表信仰的誓言。佛教仪规，凡合掌低头，口云南无，即致敬之义。

⑩合掌：《释氏要览·卷中》云：“合掌，若此方之叉手也。必须指掌相著，不令虚。”按中土旧时以拱手为敬，天竺则以合掌为敬。

译文

永宁寺装饰完毕后，孝明帝与胡太后一起登临九层宝塔。在塔上看宫城犹如掌中之物，巡视京城就像自家庭院。因为在宝塔上能看见宫中，所以限制游人不让登临。衒之曾与河南尹胡孝世一起登临宝塔，俯视云雨，确信此话不虚！

当时有西域的僧人菩提达摩，是波斯国的胡人。他出生于荒原的地区，云游至中土，看见永宁寺金盘炫耀在日光里，光彩照射在云层上；宝铎迎风作响，声音响彻天外。他歌咏赞叹，认为这实在是神功。他自称已一百五十岁，经历了许多国家，天下之大，没有他未曾游历过的，而永宁寺之精美华丽，是印度所没有的。就算极尽佛的境界，佛国也没有这样壮丽的建筑。菩提达摩口唱南无，合掌赞美，连日不绝。

原　文

至孝昌[①]二年中，大风发屋拔树[②]，刹上宝瓶随风而落，入地丈余。复命工匠更铸新瓶。

注　释

①孝昌：公元525—528年，北魏孝明帝的年号。

②发：掀起。《魏书·灵徵上》："大风：孝昌二年五月丙寅，京师暴风，拔树发屋，吹平昌门扉坏，永宁九层撜折。于时天下所在兵乱。"

译　文

到孝昌二年中，狂风大作，刮掉屋顶，拔起大树，永宁寺塔刹上的宝瓶也随风吹落，埋入地下一丈多深。于是命工匠铸造新的宝瓶。

原　文

建义[①]元年，太原王尔朱荣[②]总士马于此寺。荣字天宝，北地秀容[③]人也。世为第一领民酋长[④]，博陵郡公。部落八千余，家有马数万匹，富等天府[⑤]。武泰[⑥]元年二月中，帝崩，无子，立临洮王世子钊以绍大业[⑦]，年三岁。太后贪秉朝政，故以立之。荣谓并州刺史元天穆[⑧]曰："皇帝晏驾[⑨]，春秋[⑩]十九，海内士庶[⑪]，犹曰幼君。况今奉未言之儿，以临天下，而望升平，其可得乎？吾世荷国恩，不能坐看成败，今欲以铁马五千，赴哀山陵[⑫]，兼问侍臣帝崩之由。君竟谓何如[⑬]？"穆曰："明公世跨并、肆[14]，雄才杰出，部落之民，控弦[15]一万。若能行废立之事，伊、霍[16]复见于今日。”荣即共穆结异姓兄弟。穆年大，荣兄事之。荣为盟主，穆亦拜荣。于是密议长君诸王之中不知谁应当璧[17]。遂于晋阳[18]，人各铸像[19]不成，唯长乐王子攸[20]像光相具足，端严特妙。是以荣意在长乐。遣苍头[21]王丰入洛，约以为主。长乐即许之，共克期契[22]。

注 释

①建义：北魏孝庄帝元子攸年号（528）。

②尔朱荣：字天宝，北秀容（今山西朔州）人，契胡人，北魏将领、权臣。北魏末年在镇压各族人民起义中势力渐强。武泰元年（528）进军洛阳，发动河阴之变，杀北魏胡太后、少帝与百官两千余人，立孝庄帝，专断朝政。同年，破葛荣起义军。次年，灭北海王元颢，镇压韩楼与万俟丑奴等起义军。后被孝庄帝袭杀。

③秀容：地名，在今山西朔县西北。《魏书·地形志》：“秀容郡，明元帝永兴二年置。”唐韦澳《诸道山河地名要略》：“秀荣在宜芳县南，刘元海所筑也。元海因感神而生，姿容秀美，因以名其城也。”

④第一领民酋长：北魏颁予部落人民酋帅之官名。第一，为品级。《魏书·尔朱荣传》：“其先居于尔朱川，因为氏焉。常领部落，世为酋帅。高祖羽健，登国初为领民酋长，率契胡武士千七百人从驾平晋阳，定中山。论功拜散骑常侍。以居秀容川，诏割方三百里封之，长为世业。祖代勤，继为领民酋长。以外亲兼数征伐有功，除立义将军。高宗末，假宁南将军，除肆州刺史。高祖赐爵梁郡公。以老致仕，岁赐帛百匹以为常。卒赠镇南将军、并州刺史，谥曰庄。父新兴，太和中，继为酋长。家世豪擅，财货丰赢。曾行马群，见一白蛇，头有两角，游于马前。新兴异之，谓曰：‘尔若有神，令我畜牧蕃息。’自是之后，日觉滋盛，牛羊驼马，色别为群，谷量而已。朝廷每有征讨，辄献私马，兼备资粮，助裨军用。高祖嘉之，除平北将军、秀容第一领民酋长。肃宗世，以年老启求传爵于荣，朝廷许之。”

⑤天府：本为周代官名，主管祖庙的收藏，后也称朝廷收藏财物的府库。

⑥武泰：北魏孝明帝元诩年号（528）。

⑦临洮王世子钊：北魏孝文帝之孙，京兆王元愉之孙，临洮王元宝晖之子，武泰元年被胡太后立为皇帝。尔朱荣入洛阳，元钊被杀，在位仅四十五天。据查考，在立元钊之前，胡太后曾以孝明帝宫嫔潘充华之幼女冒充皇子，立为帝。《魏书·皇后传》：“肃宗之崩，事出仓卒，时论咸言郑俨、徐纥之计。于是朝野愤叹。太后乃奉潘嫔女言太子即位。经数日，见人心已安，始言潘嫔本实生女，今宜更择嗣君。遂立临洮王子钊为主，年始三岁，天下愕然。”绍：继承。

⑧元天穆：北魏皇族，善射，有能名。与尔朱荣结拜，任并州刺史，权倾一时。后与尔朱荣一起被杀。

⑨晏驾：古时帝王死亡的讳称。

⑩春秋：此指人的年龄。

⑪士庶：古代士大夫阶层与庶民的合称，泛指百姓。

⑫山陵：此指皇帝的陵寝。

⑬谓：意谓。何如：一本作“如何”。《资治通鉴》曰：“孝昌三年二月，魏肃宗（孝明帝）亦恶郑俨、徐纥等，逼于太后，不能去。密诏尔朱荣举兵内向，欲以胁太后。俨、纥恐祸及己，阴与太后谋酖帝。癸丑，帝暴殂。”据此，孝明帝为胡太后毒杀，而尔朱荣入洛阳亦与孝明帝有前约。孝明帝死后，尔朱荣曾上抗表，认定孝明帝是被胡太后毒杀，誓要入洛阳讨要说法。《魏书·尔朱荣传》曰：“寻属肃宗崩，事出仓卒。荣闻之大怒，谓郑俨、徐纥为之，与元天穆等密议称兵，入匡朝廷，讨定之。乃抗表曰：‘今从佞臣之计，随亲戚之谈，举潘嫔之女以诳百姓，奉未言之儿而临四海，欲使海内安乂，愚臣所未闻也。伏愿听臣赴阙，预参大议，问侍臣帝崩之由，访禁旅不知之状，以徐、郑之徒付之司败。雪同天之耻，谢远近之怨。’于是遂勒所统将赴京师。”

⑭明公：古时对有名位者的尊称。并、肆：并州和肆州，今山西太原和忻县。

⑮控弦：拉弓。借指士兵。

⑯伊、霍：伊尹和霍光。伊尹是商朝名相，商汤孙太甲继位，因荒淫失度，伊尹将他放逐到桐宫。三年后太甲改过，又迎还复位。霍光：西汉昭帝时大将军。昭帝死，无后，迎立昌邑王刘贺。刘贺继位失德，霍光废黜他，改立宣帝刘询。

⑰当璧：指继承君位。《左传·昭公十三年》：“初，（楚）共王无冢适，有宠子五人，无适立焉。乃大有事于群望，而祈曰：‘请神择于

五人者，使主社稷。’乃徧以璧见于群望，曰：‘当璧而拜者，神所立也，谁敢违之？’既，乃与巴姬密埋璧于大室之庭，使五人齐，而长入拜……平王弱，抱而入，再拜，皆厌纽。”杨伯峻注：“厌同压。压纽即当璧。”后以“当璧”喻立为国君之兆。

⑱晋阳：地名，今山西太原西南，为北方军事重镇，亦为尔朱氏大本营。

⑲铸像：铸造铜像。《魏书·尔朱荣传》曰：“犹疑所立，乃以铜铸高祖及咸阳王禧等六王子孙像，成者当奉为主，唯庄帝独就。”北魏制度，将立皇后，必令手铸金人，以成者为吉，不成则不能立为皇后。据查考，铸像以问天意为北魏风俗，不止立后从此制。

⑳长乐王子攸：孝庄帝元子攸，北魏第九位皇帝，献文帝之孙，彭城王元勰第三子。姿貌俊美，有勇力。年轻时作为孝明帝伴读，颇为友爱。孝昌二年（526），进封长乐王。后被尔朱荣立为帝。因不甘为尔朱荣傀儡，设计袭杀尔朱荣。尔朱兆攻破洛阳，孝庄帝被俘，被勒死于晋阳三级佛寺，时年二十四岁。庙号敬宗。

㉑苍头：指奴仆。古时奴隶头上都裹着深青色的头巾，故称苍头。

㉒克：约定，订立。契：盟约。

译 文

孝庄帝建义元年，太原王尔朱荣总领兵马驻扎在永宁寺中。尔朱荣，字天宝，是北地秀容人。世代为第一领民酋长，封博陵郡公。他的部落八千多户人家，家有马数万匹，富裕如同天府。武泰元年二月中，孝明帝驾崩，无子，立临洮王世子元钊继承大业，时元钊年仅三岁。胡太后贪恋权势，欲把持朝政，故立元钊。尔朱荣对并州刺史元天穆说：“皇帝晏驾，享年十九，国内的士庶况且说他是幼君。如今奉立一个还不会说话的孩子，来君临天下，却希望天下升平，岂能如愿？我家世代蒙受国恩，不能坐看国家的衰败，如今想以铁骑五千，奔赴洛阳，哀悼先帝，同时问问侍臣们先帝驾崩的原因。您意下如何？”元天穆说：“明公世代占据并州、肆州，雄才杰出，部落的百姓中，善射兵士有一万。若能行废立之事，那就是伊尹、霍光重见于今日了。”尔朱荣随即与元天穆结为异姓兄弟。元天穆年长，尔朱荣以事兄之礼事之。尔朱荣为盟主，元天穆也拜伏他。于是两人密议立年长的诸王之中可当大位的人选。就在晋阳为诸王铸像向天问卜，但没有成功，只有长乐王元子攸的像光彩相貌圆满，端庄严谨，特别神妙。因此尔朱荣有意立长乐王。于是派遣苍头王丰前往洛阳，约定立长乐王为君主。长乐王立即应允，共同订立誓约。

原 文

荣三军皓素[1]，扬旌南出。太后闻荣举兵，召王公议之。时胡氏专宠，皇宗怨望，入议者莫肯致言。唯黄门侍郎徐纥[2]曰："尔朱荣马邑[3]小胡，人才凡鄙[4]，不度德量力，长戟指阙[5]，所谓穷辙拒轮[6]，积薪候燎[7]！今宿卫[8]文武，足得一战，但守河桥[9]，观其意趣[10]。荣悬军[11]千里，兵老师弊，以逸待劳，破之必矣。"后然[12]纥言，即遣都督李神轨、郑季明等领众五千[13]，镇河桥。

四月十一日，荣过河内，至高头驿[14]。长乐王从雷陂[15]北渡，赴荣军所[16]。神轨、季明等见长乐王往，遂开门降[17]。十二日，荣军于芒山[18]之北，河阴[19]之野。十三日，召百官赴驾，至者尽诛之，王公卿士及诸朝臣死者二千余人[20]。十四日，车驾入城，大赦天下，改号为建义元年，是谓庄帝。

注 释

①皓素：白色孝服。

②徐纥：字武伯，乐安博昌（今山东博兴南）人，北魏大臣。徐纥出身寒门，少好学，习名理，以文词见称。举孝廉，对策及第，高祖提拔为主书。世宗初，除中书舍人。徐纥无品，先后谄事赵脩、清河王元怿、领军元乂。胡太后执政，任徐纥为中书舍人。纥又曲事郑俨，是以特被信任，俄迁给事黄门侍郎，仍领舍人，总摄中书门下之事，军国诏命，莫不由之。纥既处腹心，参断机密，势倾一时，远近填凑。与郑俨、李神轨宠任相亚，时称徐郑焉。然性浮动，慕权力，外似謇正，内实谄谀。亦无经国大体，好行小数，劝说胡太后以铁券离间尔朱荣亲信左右，尔朱荣得知大怒，欲诛之。尔朱荣将入洛阳时，徐纥逃出洛阳，投靠泰山太守羊侃，后与羊侃一起投奔南梁。事见《魏书·恩幸传》。

③马邑：即朔州（今山西朔县一带）。尔朱荣家起自朔北，故云。《十三州志》："马邑，昔秦人筑城于武州塞内以备胡，城将成而崩者数矣。有马驰走其地，周旋反复，父老异之，因依蹄迹筑城，城乃不崩，遂名之为马邑。其故城今朔州也。"

④凡鄙：平庸鄙陋。

⑤长戟：代指兵锋、军队。阙：皇宫。此指洛阳。

⑥穷辙：比喻穷困的处境。拒轮：阻挡车轮。《庄子·人间世》："汝不知夫螳螂乎，怒其臂以当车辙，不知其不胜任也。"穷辙拒轮，言困顿穷途，徒奋螳螂之臂也。

⑦积薪候燎：堆积的柴薪等待燃烧，比喻自取灭亡。《汉书·贾谊传》："夫抱火措之积薪之下，而寝其上，火未及燃，因谓之安，方今之势，何以异此？"

⑧宿卫：在宫禁中值宿，担任警卫的军士。

⑨河桥：黄河上古桥名，故址在今河南孟县西南、孟津东北黄河上。晋泰始中杜预以孟津渡险，始建浮桥于富平津，世称河桥。北魏、东魏先后筑河阳三城于桥北桥南及河中洲上，为洛阳外围戍守要地。每遇战争，攻者常夺据河桥以逼郊郭，守者每纵火船于上流以烧河桥。唐通称河阳桥，《唐六典》载天下河桥有三，此其一。历代屡毁屡作，北宋时尚存。

⑩意趣：此指动向。

⑪悬军：孤立无援的军队深入到敌人战区。悬：空无所倚。

⑫然：以为然，赞同。

⑬李神轨：字青肫，司州黎阳郡顿丘（今河南浚县）人。北魏大臣，太尉李崇之子。袭父爵，为陈留侯。自给事中，稍迁员外常侍、光禄大夫。累出征讨，颇有将领之气。孝昌中，为灵太后宠遇，势倾朝野。频迁征东将军、武卫将军、给事黄门侍郎，常领中书舍人。先后平定安乐王元鉴、蛮帅李洪叛乱。尔朱荣之进攻洛阳，复为大都督，率众御之。出至河桥，值北中不守，遂便退还。河阴之变时遇害。郑季明：荥阳开封（今河南开封东）人。释褐太学博士。正光中，累迁平东将军、光禄少卿。武泰中，潜通尔朱荣，谋奉庄帝。及在河阴，遂为乱兵所害。

⑭高头驿：当在河内之南。

⑮雷陂：地名，所指未详。《通鉴考异》作"雷陂"，《魏书》作"高渚"。

⑯赴荣军所:《魏书·尔朱荣传》:“尔朱荣师次河内，帝与兄彭城王劭、弟始平王子正于高渚潜渡以赴之。荣军将士咸称万岁。于时武泰元年四月九日也。”

⑰开门降:《魏书·郑先护传》:“庄帝之居藩也，先护深自结托。及尔朱荣称兵向洛，灵太后令先护与郑季明等固守河梁，先护闻庄帝即位于河北，遂开门纳荣。”据此，尔朱荣军不战而胜。

⑱芒山：即邙山，也称“北邙”，在洛阳故城北。《水经注·谷水》:“洛阳广莫门北对芒阜，连岭修亘，苞总众山。始自洛口，西逾平阴，悉邙陇也。”《方舆纪要》曰:“邙山绵亘四百余里，古陵寝多在其上。”

⑲河阴：地名，在今河南孟津东，洛阳东北。

⑳“十三日”四句：即河阴之变，是公元528年由尔朱荣策划并实施的一起针对皇族和百官公卿的大屠杀。尔朱荣借助此次军事政变，将迁到洛阳的汉化鲜卑贵族和出仕北魏的汉族大家消灭殆尽，完全控制了北魏朝政。河阴之变彻底改变了北朝统治集团的素质结构，也最终改变了北朝社会的历史走向。《魏书·尔朱荣传》:“十三日，荣惑武卫将军费穆之说，乃引迎驾百官于行宫西北，云欲祭天。朝士既集，列骑围绕，责天下丧乱，明帝卒崩之由，云皆缘此等贪虐，不相匡弼所致。因纵兵乱害，王公卿士皆敛手就戮，死者千三百余人。皇弟、皇兄并亦见害，灵太后、少主其日暴崩。”《北史·尔朱荣传》:“及度河，太后乃下发入道，内外百官皆向河桥迎驾。荣惑武卫将军费穆之言，谓天下乘机可取，乃谲朝士，共为盟誓。将向河阴西北三里，至南北长堤，悉命下马西度，即遣胡骑四面围之，妄言丞相高阳王欲反，杀百官王公卿士二千余人。皆敛手就戮。又迁帝于河桥，沉灵太后及少主于河。荣遂铸金为己像，数四不成。至四更中，乃迎庄帝，望马首叩头请死。”

译文

尔朱荣三军身穿素服，扬起旌旗向南进军。胡太后听闻尔朱荣起兵，召集王公商议对策。当时胡太后专断独行，皇族心里早已怨恨，所以进宫参与议事的人没有人肯发言。只有黄门侍郎徐纥说:“尔朱荣不过是马邑的一个小胡，才质平庸鄙陋，不掂量自己的德行和力量，就敢将长戟指向宫廷。他就像是弱小的螳螂抵挡车轮，积蓄的柴薪等待燃烧，是自取灭亡！如今保卫皇宫的警卫部队及其文武臣属，就足以一战，只需守住河桥，观察他的动向即可。尔朱荣孤军深入千里，兵困军疲，我们以逸待劳，必能击败他。”太后同意徐纥的话，随即派都督李神轨、郑季明等率领五千军士，镇守河桥。

四月十一日，尔朱荣过河内，到达高头驿。长乐王从雷陂北渡，直赴尔朱荣军营。李神轨、郑季明等见长乐王投奔了尔朱荣，于是打开城门投降。十二日，尔朱荣驻军在邙山的北面、河阴的野地。十三日，召集洛阳百官拜见新帝，前来的人尽被诛杀，王公卿士及诸朝臣遇难的有二千余人。十四日，车驾进入洛阳城，大赦天下，改年号为建义元年，长乐王就是孝庄帝。

原文

于时新经大兵，人物[①]歼尽，流迸[②]之徒，惊骇未出。庄帝肇升太极[③]，解网垂仁[④]，唯散骑常侍山伟[⑤]一人拜恩南阙。加荣使持节中外诸军事大将军、开府北道大行台、都督十州诸军事大将军、领左右、太原王[⑥]。其天穆为侍中、太尉公、世袭并州刺史、上党王[⑦]。起家为公卿牧守者[⑧]，不可胜数。二十日洛中草草[⑨]，犹自不安。死生相怨，人怀异虑。贵室豪家，弃宅竞窜；贫夫贱士，襁负[⑩]争逃。于是出诏：“滥死者，普加褒赠。三品以上，赠三公。五品以上，赠令仆[⑪]。七品以上，赠州牧。白民赠郡镇[⑫]。”于是稍安。帝纳荣女[⑬]为皇后。进荣为柱国大将军、录尚书事[⑭]，余官如故。进天穆为大将军，余官皆如故。

注释

①人物：此指具有才德名望的人。

②流迸：流离，逃亡。当时乱象，《魏书·尔朱荣传》载曰：“于时或云荣欲迁都晋阳，或云欲肆兵大掠，迭相惊恐，人情骇震，京邑士子不一存，率皆逃窜，无敢出者。直卫空虚，官守废旷。”

③肇：开始。升：登上。

④解网垂仁：指下大赦令，施行仁政。《史记·殷本纪》：“汤出，见野张网四面，祝曰：‘自天下四方，皆入吾网。’汤曰：‘嘻，尽之

矣！’乃去其三面。祝曰：‘欲左，左；欲右，右。不用命，乃入吾网。”此为“网开一面”之典，后誉仁德无所不至，连禽兽都施及。

⑤山伟：字仲才，河南洛阳人，北魏、东魏时期大臣。《魏书·山伟传》：“尔朱荣之害朝士，伟时守直，故免祸。及庄帝入宫，仍除伟给事黄门侍郎。孝静初，除卫大将军、中书令，监起居。后以本官复领著作，卒官。守旧而已，初无述著。故自崔鸿死后，迄终伟身，二十许载，时事荡然，万不记一，后人执笔，无所凭据。史之遗阙，伟之由也。外示沉厚，内实矫竞。”

⑥使持节：官名。古时大臣出使，需要持节作为凭证。魏晋南北朝时，以“持节”为官名，掌管地方军政的长官通常加使持节、持节、假持节的称号。开府：官号。开府本指成立府署，自选僚属。汉代只有三公、大将军、将军可以开府。魏晋之后，开府的逐渐增多，后成为固定的官号。大行台：行台指设立在大行政区中代表中央（台）的机构，多由军事关系临时设置。如果任职的人权高位重，即称大行台。领左右：官名。北魏置，为皇帝身边的亲信侍臣，掌管禁中事务，权力很大。

⑦侍中：官名。正规官职外的加官之一。由于侍从皇帝左右，出入宫廷，与闻朝政，逐渐成为亲信贵重的职务。晋朝以后相当于宰相，北魏称为小宰相。上党：郡名，辖境在今山西长子一带。

⑧起家：指未曾当过官或者已被免职的人从家中被征召为官。牧守：州郡的长官。

⑨草草：骚扰不安貌。

⑩襁负：用布幅将婴儿兜负在背上。

⑪令仆：尚书令与仆射的合称。

⑫白民：没有官爵的平民。郡镇：郡守镇将。

⑬荣女：即尔朱英娥，尔朱荣长女，先为孝明帝之妃，后为孝庄帝皇后，后又为北齐神武帝高欢的侧室。

⑭柱国大将军：北朝最高武官名。录尚书事：官名，独揽大权，无所不总。录：总领。

译文

当时刚经过大兵乱，贤德之士死亡殆尽，流散的人也心有余悸，未敢出来。庄帝登上太极殿，解除禁网，垂下仁慈，只有散骑常侍山伟一人在朝廷里拜受恩典。庄帝加尔朱荣为使持节中外诸军事大将军、开府北道大行台、都督十州诸军事大将军、领左右、太原王。封元天穆为侍中、太尉公、世袭并州刺史、上党王。被起用为公卿或州郡长官的，不可胜数。到了二十日，洛阳城里人心浮动，心怀不安，死生相怨，既为死掉这么多人而怨恨，也为幸存者的生活痛苦而怨恨，人人各怀异虑。权贵富豪之家，抛弃了宅邸竞相逃窜；贫贱的百姓和士人，背着孩子争着逃亡。于是庄帝颁布诏书："无辜死亡的，一律加以褒奖追赠。三品以上枉死的，追赠三公。五品以上枉死的，追赠尚书令、仆射。七品以上枉死的，追赠州郡长官。普通人枉死的，追赠郡守镇将。"于是天下稍安。庄帝纳尔朱荣之女为皇后。又进封尔朱荣为柱国大将军、录尚书事，其他官职照旧。进封元天穆为大将军，其他官职照旧。

原文

永安[①]二年五月，北海王元颢[②]复入洛，在此寺聚兵。颢，庄帝从兄也。孝昌末镇汲郡[③]。闻尔朱荣入洛阳，遂南奔萧衍[④]。是年入洛，庄帝北巡[⑤]。颢登皇帝位，改年曰建武元年。

注释

①永安：528—530年，北魏孝庄帝第二个年号。庄帝于武泰元年（528）四月即位，改年号为建义元年。此年九月，因葛荣之乱被尔朱荣平定，国境稍安，故又改年号为永安元年。

②元颢：字子明，献文帝拓跋弘之孙，北海平王元详长子，袭父爵为北海王。少慷慨，有壮气。累次升迁为散骑常侍、抚军将军、徐州刺史，被御史弹劾而除名。孝昌三年，被重新起用，恢复王爵，加使持节、假征西将军，都督豳、华、东秦诸军事，率军征讨宿勤明达等叛贼，以功增封食邑八百户，进号征西将军。孝昌四年，迫于北魏内乱及义军的压力，投奔南梁。借助南梁军力，杀回洛阳称帝。立国四个月，兵败被杀。

③汲郡：郡名，治所在今河南汲县西南。

④萧衍：字叔达，南朝梁武帝。

⑤庄帝北巡：《魏书·孝庄纪》："永安二年五月甲戌，车驾北巡。乙亥，幸河内。丙子，元颢入洛。"

译文

永安二年（529）五月，北海王元颢再次进入洛阳，在此寺聚集军队。元颢，是庄帝的从兄。孝昌末年镇守汲郡。他听闻尔朱荣入洛阳，于是往南投奔南梁皇帝萧衍。元颢进入洛阳那年，庄帝北巡。元颢登上皇帝位，改年号为建武元年。

原文

颢与庄帝书曰："大道既隐，天下匪公[①]。祸福不追[②]，与能义绝[③]。朕犹庶几五帝[④]，无取六军[⑤]。正以糠秕万乘[⑥]，锱铢大宝[⑦]，非贪皇帝之尊，岂图六合[⑧]之富？直以尔朱荣往岁入洛，顺而勤王[⑨]，终为魏贼。逆刃加于君亲[⑩]，锋镝[⑪]肆于卿宰。元氏少长，殆欲无遗。已有陈恒[⑫]盗齐之心，非无六卿分晋[⑬]之计。但以四海横流[⑭]，欲篡未可。暂树君臣，假相拜置。害卿兄弟[⑮]，独夫介立[⑯]。遵养[⑰]待时，臣节讵[⑱]久？朕睹此心寒，远投江表[⑲]，泣请梁朝，誓在复耻。风行建业[⑳]，电赴三川[㉑]，正欲问罪于尔朱，出卿于桎梏[㉒]。恤深怨于骨肉，解苍生于倒悬[㉓]。谓卿明眸击节[㉔]，躬[㉕]来见我，共叙哀辛，同讨凶羯[㉖]。不意驾入成皋[㉗]，便尔北渡。虽迫于凶手，势不自由，或贰[㉘]生素怀，弃剑[㉙]猜我。闻之永叹[㉚]，抚衿[㉛]而失。何者？朕之于卿，兄弟非远，连枝分叶，兴灭相依。假有内阋，外犹御侮[㉜]；况我与卿，睦厚偏笃[㉝]。其于急难，凡今莫如[㉞]。弃亲即仇，义将焉据也？且尔朱荣不臣之迹，暴于旁午[㉟]；谋魏社稷，愚智同见。卿乃明白，疑于必然，托命豺狼，委身虎口，弃亲助贼，兄弟寻戈。假获民地，本是荣物；若克城邑，绝非卿有。徒危宗国，以广寇仇。快贼莽[㊱]之心，假卞庄之利[㊲]。有识之士，咸为惭之。今家国隆替[㊳]，在卿与我。若天道助顺，誓兹义举，则皇魏宗社，与运无穷。倘天不厌乱，胡羯未殄，鸱鸣狼噬[39]，荐食[40]河北，在荣为福，于卿为祸。岂伊异人[41]？尺书道意，卿宜三复[42]。义利是图，富贵可保，徇人[43]非虑。终不食言，自相鱼肉。善择元吉[44]，勿贻后悔。”

此黄门郎祖莹之词也。

注　释

①大道既隐，天下匪公：《礼记·礼运》：“大道之行也，天下为公。”又曰：“大道既隐，天下为家。”

②祸福不追：意谓祸福不再由行为正义与否决定。追：招致。一说当为“述”，顺循之意。

③与能：一说当为“举能”，推举贤能。绝：废置不用。

④五帝：有多种说法，一般指黄帝、帝颛顼、帝喾、唐尧、虞舜。

⑤六军：古代天子六军，诸侯三军。此二句言其德如五帝，以禅让为先，希望庄帝主动禅位，无须兴师动众而夺位。

⑥糠秕：指从稻、麦等谷皮上脱下的皮壳和中空或不饱满的谷粒。比喻没有价值的东西。万乘：周制，天子地方千里，兵车万乘，因以“万乘”指代天子。

⑦锱铢：锱和铢，两种非常小的重量单位。旧制锱为一两的四分之一，铢为一两的二十四分之一。大宝：指帝位。《易·系辞下》：“圣人之大宝曰位。”

⑧六合：上下四方曰六合，指天地之间。

⑨勤王：忧王之难。多指国君有难，臣下发兵驰援。勤：忧。一说尽力于。

⑩君亲：君父。此指国君。古人认为君相当于父，故称“君父”或“君亲”。

⑪锋镝：兵刃和箭镞，泛指兵器。

⑫陈恒：妫姓，陈氏，名其先祖为陈国公族，后避乱奔齐，改为田氏，名恒，后避汉文帝刘恒之讳，称田常，又称田成子。田氏有篡齐野心，注意收拢民心，经几代努力，终于掌控齐国国政。田成子四世孙田和废齐康公，放逐于海上，自立为国君。公元前386年，周天子正式册命田和为齐侯，史称“田氏代齐”。

⑬六卿分晋：春秋后期，晋国公室卑，六卿强，为智氏、范氏、中行氏、韩氏、赵氏、魏氏。范氏、中行氏先亡。后韩、赵、魏联手灭智氏，平分其地。公元前406年，周天子封韩、赵、魏为诸侯，史称“三家分晋”。

⑭四海横流：此处比喻天下大乱，生灵涂炭，如溺于洪流，无以幸免。

⑮害卿兄弟：河阴之变，庄帝兄无上王元劭、弟始平王元子正皆遇难。

⑯独夫：此言独自一人。介立：孤立。

⑰遵养：顺应时势，隐藏不露，积蓄力量。遵：循，顺着。养：隐。

⑱讵：难道，表反问。

⑲江表：古代称长江中下游以南地区，又称江左、江东。《魏书·元颢传》：“颢以事意不谐，遂与子冠受率左右奔于萧衍。颢见衍，泣涕自陈，言辞壮烈，衍奇之。遂以颢为魏主，假之兵将，令其北入。永安二年四月，于梁国城南登坛燔燎，号孝基元年。”

⑳建业：南梁都城，今江苏南京。

㉑三川：黄河、洛水、伊水三条河流的总称。此处代指洛阳。

㉒桎梏：中国古代刑具，在足曰桎，在手曰梏。

㉓倒悬：头向下、脚向上悬挂着。比喻极其艰难、危险的困境。《孟子·公孙丑上》：“当今之时，万乘之国行仁政，民之悦之，犹解倒悬也。”

㉔明眸：本指明亮的眼睛。此指明察时势。击节：赞同，认同，指意志相投。

㉕躬：亲自。

㉖凶羯：羯族为五胡之一。此处代指尔朱荣及其部落。

㉗成皋：地名，在今河南荥阳汜水镇西北。

㉘贰：怀有二心。

㉙弃剑：此指抛弃讨伐贼羯之剑。

㉚永叹：长叹。

㉛抚衿：抚摩衿怀，表示感叹。衿：古代服装下连到前襟的衣领。

㉜假有内阋，外犹御侮：指兄弟之间纵有嫌隙，也应该一致对外。《小雅·常棣》：“兄弟阋于墙，外御其侮。”

㉝偏笃：指感情特别深厚。

㉞其于急难，凡今莫如：指兄弟之间相互解救危难，非旁人所能

比。《小雅·常棣》:“脊令在原，兄弟急难。”又曰:“凡今之人，莫如兄弟。”

㉟旁午：一纵一横谓旁午。此指道路。

㊱贼莽：指王莽。西汉末年，王莽以外戚掌权，初始元年（8）篡位称帝，后被农民军所杀。此处暗指尔朱荣。

㊲假卞庄之利:《战国策·秦策》:“有两虎诤人而斗者，管庄子将刺之，管与止之曰:‘虎者，戾虫；人者，甘饵也。今两虎诤人而斗，小者必死，大者必伤。子待伤虎而刺之，则是一举而兼两虎也。无刺一虎之劳，而有刺两虎之名。’”《韩诗外传》《史记·张仪列传》亦载此典，“管庄子”作“卞庄子”。后以“卞庄子刺虎”喻利用敌人相互争斗两败俱伤而趁机渔利。

㊳隆替：盛衰，兴亡。

㊴鸱鸣狼噬：比喻残暴横行。鸱：一种食肉猛禽，鸣则不祥。狼噬：狼性凶残，往往反噬。

㊵荐食：屡次吞食，比喻不断侵犯，贪得无厌。

㊶岂伊异人：意谓兄弟至亲，非旁人可比。《小雅·頍弁》:“岂伊异人？兄弟匪他。”

㊷三复：再三思量考虑。

㊸徇人：屈从他人。

㊹元吉:《周易》贞兆辞常用语，谓大福，大吉利。

译 文

元颢给庄帝写信说:“上古五帝时的禅让之道已经不通行了，天下失去公正。祸与福不再是由行为是否正义所决定，贤能之士不再被任用。我还是效法五帝之德行，不愿动用六军来夺取皇位。正是因为把国家看作糠秕，把皇位视为锱铢，并非贪恋皇位的尊贵，又怎会图谋天下的财富？只是因为去年尔朱荣进入洛阳，起初说是勤王，最终却成为魏国的逆贼。逆贼的刀刃加于国君，箭锋射向卿宰。元氏皇族，不论年少年长，几乎没有幸存的。尔朱荣已有陈恒篡齐的野心，并非没有六卿分晋的图谋。只是当前四海横流，天下大乱，想篡位时机还未成熟。暂时确立君臣关系，权且居于宰相之位。害死你的兄弟，让你独夫孤立。他积蓄力量，等待时机，为臣之节岂能长久？我见此感到心寒，涉远投降江南，含泪向梁朝求助，发誓要复仇雪耻。我像风一样去到建业，又像闪电一般奔赴三川，正要向尔朱荣问罪，把你从桎梏中救出。体恤骨肉的深怨，解救百姓的困苦。我以为你能明察时势，与我意志相合，会亲自来见我，共叙哀痛艰辛，一同讨伐邪恶的羯贼。没想到我刚入成皋，你就北渡而去。虽受凶手的逼迫，形势不能自已，或者二心生于胸怀，弃讨羯贼之剑而猜疑我。我听了长叹，抚摩衿怀而怅然有失。为何如此？我之于你，是兄弟不是远亲，好比一根树枝上的分叶，兴亡相依。假使兄弟间有嫌疑，也应该共同抵御外敌；况且我和你，亲睦交好情感深厚。如今我又前来解救你的危难，凡是现在的人没有像我这样的。可你抛弃亲人投靠仇敌，这样的做法有什么道理可以依据呢？况且尔朱荣的不臣行径，路人皆知；他谋取大魏社稷之野心，不管愚者智者都能看见。你也不是不明白，却把性命托给豺狼，把身子放进虎口，抛弃亲人帮助贼人，以致我们兄弟操戈。假使得到百姓和土地，本来是尔朱荣的东西；假使攻克城池，绝对不归你所有。徒然危害魏国，助长贼仇的势力。如此，使贼莽之心称快，给下庄子获利之机。有识之士，都为此感到惭愧。如今国家兴亡与衰败，在于你和我。若天道帮助顺利，发誓参与这次正义的举动，那大魏国的宗庙和社稷，同天命一样无穷。倘若老天不厌恶祸乱，使胡羯不灭，像鸱鸟鸣叫，像饿狼噬咬，侵吞河北之地，对尔朱荣是福，对你则是祸。你我是兄弟，岂是旁人？我信中所说的意思，你应该再三考虑。兼顾道义和利益两方面，富贵可以保持，为别人舍身实非良策。我绝不食言，自相残害。希望你善于选择吉祥做法，不要留下后悔。”

这信是黄门侍郎祖莹代写的。

原 文

时帝在长子城[①]，太原王、上党王来赴急难。六月，帝围河内，太守元桃汤、车骑将军宗正珍孙等为颢守[②]，攻之弗克。时暑炎赫，将士疲劳，太原王欲使帝幸晋阳，至秋更举大义。未决，召刘助[③]筮之，助曰：“必克。”于是至明尽力攻之，如其言。桃汤、珍孙并斩首，以殉三军。

颢闻河内不守，亲率百僚出镇河桥，特迁侍中安丰王延明往守硖石[④]。七月，帝至河阳[⑤]，与颢隔河相望。太原王命车骑将军尔朱兆[⑥]潜师渡河，破延明于硖石。颢闻延明败，亦散走。

所将江淮子弟五千人[7]，莫不解甲相泣，握手成别。颢与数十骑欲奔萧衍，至长社[8]，为社民斩其首[9]，传送京师。二十日，帝还洛阳，进太原王天柱大将军[10]，余官亦如故；进上党王太宰，余官亦如故。

注 释

①长子城：魏属上党郡，今山西长子。

②元桃汤：《魏书·孝庄纪》和《尔朱荣传》并作“元袭”。元袭，字子绪，墓志称京兆康王之孙，洛州刺史武公之子。宗正珍孙：魏将，有攻讨之名，事迹不存。

③刘助：《魏书·尔朱荣》作“刘灵助”。刘灵助：燕郡人，好阴阳占卜，原为市井术士。后事尔朱荣，因所占屡中，受到重视，为尔朱荣府功曹参军。尔朱荣、孝庄帝死后，刘灵助妖言惑众，起兵自号燕王，与尔朱兆为敌，兵败被杀。《魏书·刘灵助传》：“及至北中，荣攻城不获，以时盛暑，议欲且还，以待秋凉。庄帝诏灵助筮之。灵助曰：‘必当破贼。’诏曰：‘何日？’灵助曰：‘十八、十九间。’果如其言。”

④安丰王延明：安丰王元猛之子，性俭朴，有文才，亦有军功，曾平定元法僧之，招降梁朝豫章王萧综，为官有政声，百姓咸附。元颢入洛阳时，为其守河桥，兵败后携妻子投奔萧衍，死于江南。《魏书·元延明传》：“延昌初，岁大饥，延明乃灭家财，以拯宾客数十人，并赡其家。延明既博极群书，兼有文藻，鸠集图籍万有余卷。性清俭，不营产业。与中山王熙及弟临淮王彧等，并以才学令望有名于世。”硖石：地名，在今河南孟津西二十里处，是黄河渡口。

⑤河阳：魏属河内郡，今河南孟县。

⑥尔朱兆：字万仁，尔朱荣堂侄，骁勇刚猛，善于骑射，矫捷过人，深得尔朱荣宠信器重。尔朱荣历任要职，多次率军平定叛乱。尔朱荣死后，尔朱兆为叔复仇，攻陷洛阳，杀孝庄帝，称雄一时。后与高欢决裂，终被高欢所败，自缢而死。《魏书·尔朱兆传》：“及元颢之屯于河桥，荣遣兆与贺拔胜等自马渚西夜渡数百骑，袭击颢子冠受，擒之。又进破安丰王延明，颢于是退走。”

⑦江淮子弟五千人：此指梁武帝拨派的助元颢的梁朝士兵，由陈庆之统领。《梁书·陈庆之传》：“洛阳陷。庆之马步数千，结阵东反。荣亲自来追，值蒿高山水洪溢，军人死散。庆之乃落须发为沙门，间

行至豫州，豫州人程道雍等潜送出汝阴。”

⑧长社：地名，魏属颍川郡。

⑨为社民斩其首：关于元颢之死，《魏书·元颢传》载曰：“颢率帐下数百骑及南兵勇健者，自轘辕而出。至临颍，颢部骑分散，为临颍县卒所斩。”《魏书·孝庄纪》：“癸酉，临颍县卒江丰斩元颢，传首京师。”

⑩天柱大将军：前代未有之官爵，地位至高。尔朱荣死后，尔朱兆和高欢先后受封该号，但两人均未接受，天柱大将军的封号由此消亡。

译文

当时庄帝在长子城，太原王、上党王赶来解救危难。六月，庄帝率军包围河内，河内太守元桃汤、车骑将军宗正珍孙等为元颢守城，庄帝攻城不能攻下来。当时暑天炎热，将士疲劳，太原王想让庄帝到晋阳，到秋天再来攻城。商议未决，召刘助占卜，刘助说：“必定能攻克。”于是到天亮尽力攻城，结果如他所说，攻克了城池。元桃汤、宗正珍孙都被斩首，在三军巡行示众。

元颢听说河内失守，亲率百官镇守河桥，特命侍中安丰王元延明去守硖石。七月，庄帝到达河阳，与元颢隔着黄河相望。太原王命车骑将军尔朱兆带兵暗地渡过黄河，在硖石击败元延明。元颢听说元延明兵败，也仓惶逃奔。他所率领的江淮子弟五千人，无不解除盔甲互相哭泣，握手告别。元颢带着数十骑想去投奔萧衍，到达长社时，被长社的百姓斩首，传送京城。二十日，庄帝回到洛阳，进封太原王为天柱大将军，其他官职照旧；进封上党王为太宰，其他官职照旧。

原文

永安三年①，逆贼尔朱兆囚庄帝于寺。时太原王位极心骄，功高意侈，与夺任情，臧否②肆意。帝怒谓左右曰：“朕宁作高贵乡公③死，不作汉献帝④生。”九月二十五日，诈言产太子，荣、穆并入朝，庄帝手刃荣于明光殿⑤，穆为伏兵鲁暹⑥所杀，荣世子部落大人[7]亦死焉。荣部下车骑将军尔朱阳都等二十人，随入东华门[8]，亦为伏兵所杀。唯右仆射尔朱世隆[9]素在家，闻荣死，总荣部曲，烧西阳门[10]，奔河桥。

注释

①永安三年：公元530年。

②臧否：善恶，得失。一说品评，褒贬。

③高贵乡公：曹髦，字彦士，魏文帝曹丕之孙，三国时期曹魏第四位皇帝，公元254—260年在位。即位前为高贵乡公。曹髦在位时，不满司马昭专横跋扈，率百余人讨伐，失败被杀。《三国志·魏志四》裴松之注引《汉晋春秋》曰："帝见威权日去，不胜其忿。乃召侍中王沈、尚书王经、散骑常侍王业，谓曰：'司马昭之心，路人所知也。吾不能坐受废辱，今日当与卿等自出讨之。'王经曰：'祸殆不测，宜见重详。'帝乃出怀中版令投地，曰：'行之决矣。正使死，何所惧？况不必死邪！'帝遂率僮仆数百，鼓噪而出。中护军贾充又逆帝战于南阙下，帝自用剑。太子舍人成济即前刺帝，刃出于背。"

④汉献帝：刘协，字伯和，汉灵帝刘宏次子，初封渤海王，后改封陈留王。公元189年，董卓废汉少帝刘辩，立刘协为帝。后为曹操控制。曹操迁都许县，挟天子以令诸侯。曹操病死，刘协被曹丕控制。公元220年，曹丕逼刘协禅位，封刘协为山阳公。公元234年，刘协病逝。汉献帝曾不满曹操大权独揽，不甘心做傀儡，乃暗下衣带诏，令董贵人父董承诛杀曹操。事败董承被杀，怀孕的董贵人也被绞杀。伏皇后亦曾要求其父伏完诛杀曹操，伏完未敢行动。事泄后，曹操逼汉献帝废黜伏皇后。伏皇后被幽闭而死，兄弟皆被诛。《三国志·魏志一》裴松之注引《曹瞒传》曰："曹操遣华歆勒兵入宫收伏皇后，后闭户匿壁中。歆坏户发壁，牵后出。帝时与御史大夫郗虑坐，后被发徒跣过，执帝手曰：'不能复相活邪？'帝曰：'我亦不自知命在何时也。'遂将后杀之，伏完及宗族死者数百人。"

⑤庄帝手刃荣于明光殿：尔朱荣之死，《魏书·尔朱荣传》载曰："帝伏兵于明光殿东廊，引荣及荣长子菩提、天穆等俱入。坐定，光禄少卿鲁安、典御李侃晞等抽刀而至。荣窘迫，起投御坐。帝先横刀膝下，遂手刃之。安等乱斫，荣与天穆、菩提同时俱死。荣时年三十八。于是内外喜叫，声满京城。"

⑥鲁暹：《魏书·尔朱荣传》作“鲁安”。

⑦荣世子部落大人：即尔朱菩提，历官羽林监、散骑常侍、太常卿、骠骑大将军。被杀时年十四。

⑧东华门：宫城西北边一门。其南即云龙门。

⑨尔朱世隆：字荣宗，尔朱荣从弟。尔朱荣死后，他与尔朱度律等一起推举宗室长广王元晔为帝，后又立前废帝元恭。公元532年，尔朱世隆与其兄尔朱彦伯等被杀。

⑩西阳门：洛阳西面南头之第二门。

译　文

永安三年，逆贼尔朱兆囚禁庄帝于永宁寺。当时太原王位极人臣，心气骄傲，他自恃功高，野心膨胀，奖赏惩罚任凭自己的感情，善恶得失任凭自己的意思。庄帝发怒地对身边的人说：“朕宁可做死了的高贵乡公，也不愿做活着的汉献帝。”九月二十五日，庄帝谎称皇后生下太子，尔朱荣、元天穆皆入朝，庄帝手刃尔朱荣于明光殿，元天穆为伏兵鲁暹所杀，尔朱荣世子部落大人也被杀死。尔朱荣部下车骑将军尔朱阳都等二十人，跟随尔朱荣进入东华门，也为伏兵所杀。只有右仆射尔朱世隆素来在家，听闻尔朱荣的死讯后，便统领尔朱荣的部下，烧毁西阳门，奔河桥而去。

原　文

至十月一日，隆与荣妻北乡郡长公主至芒山冯王寺为荣追福荐斋[①]，即遣尔朱侯讨伐。尔朱那律归[②]等领胡骑一千，皆白服来至郭下，索太原王尸丧。帝升大夏门望之，遣主书[③]牛法尚谓归等曰：“太原王立功不终，阴图衅逆，王法无亲，已依正刑，罪止荣身，余皆不问。卿等何为不降？官爵如故。”归曰：“臣从太原王来朝陛下，何忽今日枉致无理？臣欲还晋阳，不忍空去，愿得太原王尸丧，生死无恨。”发言雨泪，哀不自胜。群胡恸哭，声振京师。帝闻之，亦为伤怀。

遣侍中朱元龙赍铁券[④]与世隆，待之不死，官位如故。世隆谓元龙曰："太原王功格[⑤]天地，道济生民，赤心奉国，神明所知。长乐不顾信誓，枉害忠良，今日两行铁字，何足可信？吾为太原王报仇，终不归降！"元龙见世隆呼帝为长乐，知其不款[⑥]，且以言帝。帝即出库物置城西门外，募敢死之士，以讨世隆。一日即得万人。与归等战于郭外，凶势不摧。归等屡涉戎场，便利击刺[⑦]。京师士众未习军旅，虽皆义勇，力不从心。三日频战，而游魂[⑧]不息。帝更募人断河桥。有汉中人李苗[⑨]为水军，从上流放火烧桥。世隆见桥被焚，遂大剽生民，北上太行。帝遣侍中源子恭、黄门郎杨宽[⑩]，领步骑三万，镇河内。

注 释

①北乡郡长公主：尔朱荣妻，南安王拓跋桢之女。冯王寺：北魏孝文帝时太尉、冯太后之兄冯熙所建之寺。追福：为死者做功德，祈祷冥福。荐：进献祭品。斋：供奉神佛的食品。

②尔朱那律归：与尔朱侯皆朔北羯胡，因附于尔朱氏，冠尔朱之姓。一说尔朱那律归即尔朱度律，尔朱荣从父弟。鄙朴少言，聚敛无厌，所至之处，为百姓患毒。后为高欢所杀。

③主书：中书省属官，主管文书。

④铁券：古代皇帝赐给功臣、重臣的一种带有奖赏和盟约性质的凭证，允其世代享有优厚待遇及免死罪的一种特别证件，也叫免死券。

⑤格：至，到。

⑥款：诚心，真诚。

⑦便利：捷速。击刺：攻伐，诛杀。

⑧游魂：游荡的鬼魂。此指战死的人。

⑨李苗：字子宣，父李膺，为梁朝尚书郎、太仆卿，后过继给叔父李略。李略后为梁武帝萧衍所杀，李苗遂归附北朝，历官镇远将军、步兵校尉、尚书右丞、太府少卿。尔朱世隆攻洛阳时，李苗自请截断河桥，战死。《魏书·李苗传》："苗有文武才干，以大功不就，家耻未雪，常怀慷慨。尔朱荣从弟世隆拥荣部曲屯据河桥，还逼都邑。孝庄亲幸大夏门，集群臣博议。百僚恇惧，计无所出。苗独奋衣而起曰：

‘今小贼唐突如此，朝廷有不测之危，正是忠臣烈士效节之日！臣虽不武，窃所庶几。请以一旅之众，为陛下径断河梁！’庄帝壮而许焉。苗乃募人于马渚上流以舟师夜下，去桥数里便放火船，河流既驶，倏忽而至。贼于南岸望见火下，相蹙争桥，俄然桥绝，没水死者甚众。苗身率士卒百许人泊于小渚以待南援。既而官军不至，贼乃涉水，与苗死斗。众寡不敌，左右死尽，苗浮河而殁，时年四十六。”

⑩源子恭：字灵顺，北魏名将源贺之子，庄帝时为征南将军、给事黄门侍郎。《魏书·源子恭传》：“尔朱荣之死也，世隆、度律据断河桥，诏子恭为都督以讨之。”杨宽：北魏大臣杨钧之子，历官河南尹丞、给事黄门郎。轻薄无行，为时人所鄙。

译文

十月一日，尔朱世隆与尔朱荣的妻子北乡郡长公主至芒山冯王寺，为尔朱荣追福荐斋，随即派尔朱侯前往洛阳讨伐。尔朱那律归等率领胡骑一千，皆身穿白服，来至洛阳城下，索要太原王尸首。庄帝登上大夏门观望，派主书牛法尚对尔朱那律归等说：“太原王立功却不能善终，暗中图谋起衅作逆，王法不论亲情，已依法正刑，罪都归尔朱荣一人，其他人都不追究。卿等为何不降？官爵照旧。”尔朱那律归曰：“臣跟从太原王来朝见陛下，为何今日忽然妄自加害？臣要回晋阳，不忍空手而去，愿得太原王尸首，那么就生死无恨了。”说话时泪如雨下，不胜悲哀。群胡也一起恸哭，哭声震动京师。庄帝听到哭声，也为之伤怀。

庄帝派侍中朱元龙赠铁券给尔朱世隆，赦免他不死，官位照旧。尔朱世隆对朱元龙说：“太原王之功顶天盖地，他的治国之道拯救了黎民百姓，赤心对待国事，神明所共知。长乐不顾信誓，枉害忠良，如今这两行铁字，又怎能让人相信？我要为太原王报仇，至死不降！”朱元龙听尔朱世隆直呼庄帝为长乐，知道他不伏罪，并告诉了庄帝。庄帝立即拿出府库的财物，放置在城墙的西门外，招募敢死之士，来讨伐尔朱世隆。一天就招募了万人。敢死之士与尔朱那律归等在城外交战，未能摧破他们的气焰。尔朱那律归等久经沙场，击刺捷速。京城里的勇士不习军旅，虽然个个仗义勇敢，却力不从心。三日里频频交战，死伤无数。庄帝又招募人截断河桥。有一个汉中人李苗治领水军，从上流放火烧桥。尔朱世隆见河桥被烧，于是大肆掠夺附近百姓，然后北上太行。庄帝派侍中源子恭、黄门郎杨宽，领步骑兵三万人，镇守河内。

原 文

世隆至高都[①]，立太原太守长广王晔[②]为主，改号曰建明[③]元年。尔朱氏自封王者八人[④]。长广王都晋阳，遣颍川王尔朱兆[⑤]举兵向京师。子恭军失利[⑥]。兆自雷陂涉渡[⑦]，擒庄帝于式乾殿[⑧]。帝初以黄河奔急，谓兆未得猝济，不意兆不由舟楫，凭流而渡。是日水浅，不及马腹，故及此难[⑨]。书契[⑩]所记，未之有也。

衒之曰："昔光武受命，冰桥凝于滹水[⑪]；昭烈中起，的卢踊于泥沟[⑫]。皆理合于天，神祇所福，故能功济宇宙，大庇生民。若兆者，蜂目豺声[⑬]，行穷枭獍[⑭]。阻兵安忍[⑮]，贼害君亲，皇灵[⑯]有知，鉴其凶德！反使孟津由膝，赞[⑰]其逆心。《易》称'天道祸淫，鬼神福谦[⑱]'，以此验之，信为虚说。"

注 释

①高都：高都郡属建州，在今山西晋城东北。

②太原太守长广王晔：字华兴，南安王拓跋祯之孙。公元530年被尔朱世隆和尔朱兆拥立，次年即被废为东海王。后被孝武帝赐死。《魏书·元晔传》："性轻躁，有膂力。起家秘书郎，稍迁通直散骑常侍。庄帝初，封长广王，邑一千户。出为太原太守，行并州事。尔朱荣之死也，世隆等奔还并州，与尔朱兆会于建兴，乃推晔为主，大赦所部，号年建明。寻为世隆等所废。前废帝立，封晔为东海王，邑万户。出帝初，坐事赐死于第。"

③建明：公元530—531年，长广王元晔年号。

④尔朱氏自封王者八人：据《魏书》，尔朱氏封王者有六人，即尔朱兆、尔朱彦伯、尔朱仲远、尔朱世隆、尔朱度律、尔朱天光。

⑤颍川王尔朱兆：尔朱兆庄帝初都督颍川郡，后以平元颢之功，除汾州刺史。尔朱荣死，尔朱兆自汾州率骑据晋阳。元晔立，授大将军，爵为王。

⑥子恭军失利：《魏书·源子恭传》曰："既而尔朱兆率众南出，子恭所部都督史仵龙、羊文义开栅降兆。子恭退走，为兆所破。众既退

散，兆因入洛。”

⑦雷陂涉渡：《魏书·尔朱兆传》作“从河桥西涉渡”。《魏书·孝庄纪》作“自富平津上涉渡”。富平津即孟津，在河南孟县南。

⑧擒庄帝于式乾殿：《魏书·孝庄纪》：“甲辰，尔朱兆、尔朱度律自富平津上，率骑涉渡，以袭京城。事出仓卒，禁卫不守。帝出云龙门。兆逼帝幸永宁佛寺。尔朱度律自镇京师。甲寅，尔朱兆迁帝于晋阳。甲子，崩于城内三级佛寺，时年二十四。”

⑨故及此难：《魏书·元鸷传》曰：“庄帝既杀尔朱荣，荣从子兆为乱。帝欲率诸军亲讨，鸷与兆阴通，乃劝帝曰：‘黄河万仞，宁可卒渡！’帝遂自安。及兆入殿，鸷又约止卫兵。帝见逼，京邑破，皆由鸷之谋。”据此，庄帝之所以麻痹，是受了通敌的元鸷的蛊惑。

⑩书契：此指文字记载。

⑪昔光武受命，冰桥凝于滹水：指光武帝刘秀招抚河北时，王郎欲害之。途中欲渡滹沱河，本无舟可渡，河水结冰使其脱险。《汉书·光武帝纪》：“更始二年正月，光武以王郎新盛，乃北徇蓟。王郎移檄购光武十万户。于是光武趣驾南辕，晨夜不敢入城邑，舍食道傍。至饶阳，官属皆乏食。晨夜兼行，蒙犯霜雪。天时寒，面皆破裂。至滹沱河，无船。适遇冰合，得过。”滹水：即滹沱河。

⑫昭烈中起，的卢踊于泥沟：指三国蜀汉昭烈帝在荆州刘表处时，蔡瑁等欲害之，其坐骑的卢马助其脱险事。《三国志·蜀志二》裴松之注引《九州春秋》曰：“刘表曾请备宴会，蒯越、蔡瑁欲因会取备。备觉之，伪如厕，潜遁出。所乘马名的卢，骑的卢走，堕襄阳城西檀溪水中，溺不得出。备急曰：‘的卢，今日厄矣，可努力！’的卢乃一踊三丈，遂得过。”

⑬蜂目豺声：眼睛像胡蜂，声音似豺狼。形容人相貌凶恶，声音可怕。《左传·文公元年》：“楚子（楚成王）将以商臣为太子，访诸令尹子上。子上曰：‘是人也，蜂目而豺声，忍人也，不可立也。’”楚王不听从子上之言，后来不幸死于商臣之手。

⑭枭獍：皆凶逆之禽兽。比喻狠戾忘恩之人。枭为食母之恶鸟，獍为食父之恶兽。

⑮阻兵安忍：仗恃手握兵权，安于做残忍的事情。形容行凶作恶而有恃无恐。阻：倚仗。《左传·隐公四年》：“夫州吁，阻兵而安忍。阻兵无众，安忍无亲，众叛亲离，难以济矣。”

⑯皇灵：天神。

⑰赞：帮助，支持。

⑱天道祸淫，鬼神福谦：《易·谦卦》："天道亏盈而益谦，地道变盈而流谦，鬼神害盈而福谦。"又《尚书·汤诰》曰："天道福善祸淫。"

译文

尔朱世隆到达高都郡后，立太原太守长广王元晔为君，改年号为建明元年。尔朱氏自封王者有八人。长广王建都晋阳，遣颍川王尔朱兆率军攻打京城。源子恭军失利。尔朱兆从雷陂渡水，擒庄帝于式乾殿。起初庄帝因黄河水流湍急，以为尔朱兆不可能快速渡过黄河，想不到尔朱兆不用舟船，涉水而渡。当日黄河水浅，还不到马肚子，所以遭遇了这场大难。书上没有相关记载。

杨衒之说："从前光武帝禀受天命，滹沱河水为他结成冰桥；昭烈帝中兴汉室，他的的卢马从泥沟中跃出。这都理合于天意，神祇赐福，所以能够功德救济宇宙，大大地庇护生民。像尔朱兆这种人，胡蜂一样的眼睛，豺狼一样的声音，行为极为枭獍。他仗恃兵力，残忍地贼害国君，天神若有知，应该看到他的恶行！却反而使孟津渡口的黄河河水浅仅至膝，使其可涉水而渡，以助成其叛逆之心。《易经》称'天道给淫乱的人灾祸，鬼神给谦虚的人赐福'，由此事来验证，实在是虚妄之说。"

原文

时兆营军尚书省，建天子金鼓[①]，庭设漏刻[②]。嫔御妃主，皆拥之于幕[③]。锁帝于寺门楼上。时十二月，帝患寒，随兆乞头巾，兆不与。遂囚帝送晋阳，缢于三级寺[④]。帝临崩礼佛，愿不为国王。又作五言曰："权去生道促，忧来死路长。怀恨出国门，含悲入鬼乡。隧门[⑤]一时闭，幽庭岂复光[⑥]？思鸟吟青松[⑦]，哀风吹白杨。昔来闻死苦，何言身自当。"至太昌[⑧]元年冬，始迎梓宫[⑨]赴京师，葬帝靖陵[⑩]。所作五言诗即为挽歌词。朝野闻之，莫不悲恸，百姓观者，悉皆掩涕而已！

注释

①金：即金钲，形似钟带柄的乐器。鼓：即大鼓。

②漏刻：古代计时的器具，即漏壶。壶上刻符号表示时间，称作“漏刻”。古时漏刻为天子派官掌管，所以庭置漏刻与设天子金鼓都是僭行天子之礼。

③嫔御妃主，皆拥之于幕：《魏书·尔朱兆传》：“兆扑杀皇子，污辱妃嫔，纵兵虏掠。”嫔御：皇帝的宫女、侍妾。妃主：皇妃和公主。

④三级寺：在晋阳城内，因寺内的宝塔只有三层，故称。

⑤隧门：墓道的门。

⑥幽庭岂复光：陶渊明《挽歌》：“幽室一已闭，千年不复期。”

⑦思鸟吟青松：陆机《赠从兄车骑诗》：“思鸟有悲音。”

⑧太昌：公元532年，孝武帝元修年号，历时数月。

⑨梓宫：古代帝王、皇后所用以梓木制作的棺材。

⑩靖陵：《魏书》作“静陵”。

译文

那时尔朱兆驻军在尚书省，建起天子的金鼓，庭院里设立计时的漏刻。嫔御妃主，都挟持到自己的帐幕里。把庄帝锁在永宁寺的门楼上。时值十二月，庄帝怕冷，向尔朱兆乞要头巾，尔朱兆不给。于是将庄帝囚送洛阳，吊死在三级寺。庄帝临死前礼佛，立下誓愿来世不为国君。又作五言诗曰：“权去生道促，忧来死路长。怀恨出国门，含悲入鬼乡。隧门一时闭，幽庭岂复光？思鸟吟青松，哀风吹白杨。昔来闻死苦，何言身自当。”直到太昌元年冬，才迎接庄帝的梓宫到京城，葬在靖陵。他所作五言诗用作了挽歌词。朝野听闻，无不悲恸。围观的百姓，全都掩面哭泣！

原文

永熙[①]三年二月，浮图为火所烧，帝登陵云台[②]望火，遣南阳王宝炬、录尚书事长孙稚将羽林一千救赴火所[③]，莫不悲惜，垂泪而去。火初从第八级中平旦[④]大发，当时雷雨晦冥，杂下霰雪[⑤]，百姓道俗，咸来观火，悲哀之声，振动京邑。时有三比丘[6]，赴火而死。火经三月不灭。有火入地寻柱，周年犹有烟气。

其年五月中，有人从东莱郡[7]来云："见浮图于海中，光明照耀，俨然如新。海上之民，咸皆见之。俄然雾起，浮图遂隐。"至七月中，平阳王[8]为侍中斛斯椿所挟，奔于长安。十月而京师迁邺[9]。

注释

①永熙：公元532—534年，北魏孝武帝元修的年号。尔朱氏杀死孝庄帝后，先后拥立元晔、元恭为帝。高欢立元朗为帝，与尔朱氏分庭抗礼。公元532年，高欢击败尔朱氏，杀元恭、元朗，立平阳王元修为帝。

②陵云台：魏文帝黄初二年（221）筑，在宣扬门内。杨龙骧《洛阳记》云："陵云台高二十三丈，登之见孟津也。"《世说新语·巧艺》："陵云台楼观精巧，先称平众木轻重，然后造构，乃无锱铢相负揭。台虽高峻，常随风摇动，而终无倾倒之理。魏明帝登台，惧其势危，别以大材扶持之，楼即颓坏。论者谓轻重力偏故也。"

③宝炬：即元宝炬北魏孝文帝元宏之孙，京兆王元愉之子。宣武帝时，京兆王元愉谋反，兵败自缢而死，元宝炬兄弟被幽禁于宗正寺。宣武帝死后才重获自由。孝明帝在位，元宝炬与孝明帝谋诛胡太后亲信，事泄被免官。孝庄帝时封其为南阳王。孝武帝时任太尉，加侍中，进位太保、开府、尚书令。公元534年，孝武帝元修逃往关中，被宇文泰杀死。次年立元宝炬为帝，史称西魏。长孙稚：字承业，历官司徒公、太尉公、录尚书事等职。北魏分裂后随孝武帝元修入关中，投奔宇文泰，封上党王。

④平旦：古代十二时之一，相当于后来的寅时，即早晨三四点钟。后泛指清晨、黎明。

⑤霰（xiàn）雪：雪珠和雪花。

⑥比丘：梵语音译，一般意译为"乞士"，以上从诸佛乞法，下就俗人乞食得名，为佛教出家"五众"之一，俗称"和尚"。佛家指年满二十岁，受过具足戒的男性出家人。

⑦东莱郡：郡名，属光州，故地在今山东掖县。

⑧平阳王：即孝武帝元修。孝武帝不甘受制于高欢，永熙三年(534)亲率六军十余万众次于河桥，讨伐高欢。事不济，为斛斯椿所挟，逃奔长安。

⑨京师迁邺：元修逃奔长安后，高欢又立元善见为帝，是为孝静帝。高欢觉洛阳西近长安，南近梁国，决定迁都邺城。至此北魏分裂为西魏和东魏。

译文

永熙三年二月，宝塔被火所烧，孝武帝登上陵云台察看火情，派遣南阳王宝炬、录尚书长孙稚率领一千羽林军救火，但火势太大，难以扑灭，众人无不感到悲伤可惜，垂泪而去。火最初是黎明时分从第八级烧起，当时打雷下雨，天色昏暗，又杂下雪珠，百姓和僧人，都来观看火情，悲哀之声，震动京城。当时有三位僧人，投身火中而死。大火烧了三个月都不熄灭。有的火进入地下延伸到柱子底部，烧了一年还有烟火气。

这年五月中旬，有人从东莱郡来，他说："看见宝塔漂浮在海中，光明照耀，俨然就像新造的一样。海上的人都看见了它。忽然雾起，宝塔就隐没不见了。"到七月中旬，平阳王被侍中斛斯椿所挟持，奔往长安。十月，京城迁往邺城。

建中寺

原文

建中寺，普泰[①]元年尚书令乐平王尔朱世隆所立也。本是阉官司空刘腾[②]宅。屋宇奢侈，梁栋逾制[③]。一里之间，廊庑充溢。堂比宣光殿[④]，门匹乾明门[⑤]，博敞弘丽，诸王莫及也。

注释

①普泰：公元531年，北魏节闵帝元恭的年号。

②刘腾：字青龙，幼时坐事受刑，补小黄门，转中黄门。高祖时为大长秋卿、金紫光禄大夫、太府卿。灵太后临朝时，刘腾深受宠信。后与领军元义发动政变，废灵太后，幽禁于后宫，并杀死太傅元怿。此后刘腾、元义把持朝政多年。正光四年（523）三月，刘腾病亡。灵太后反政，追夺爵位，发其冢散露骸骨。《魏书·刘腾传》曰："腾幼充宫役，手不解书，裁知署名而已。奸谋有余，善射人意，故特蒙进宠，多所干托。四年之中，生杀之威，决于义、腾之手。八坐、九卿，旦造腾宅，参其颜色，然后方赴省府，亦有历日不能见者。公私属请，唯在财货。岁入利息以巨万计。又颇役嫔御，时有征求。妇女器物，公然受纳。逼夺邻居，广开室宇。天下咸患苦之。"

③逾制：古代为维护皇帝的权威和封建等级秩序，凡皇帝及高等贵族享用的礼仪、器物、车马、服饰等，臣下与低级贵族、平民皆不得僭越。如有僭越，称之为"逾制"，要治以重罪。

④宣光殿：洛阳北宫中殿名，位于今河南洛阳东北汉魏洛阳故城内。

⑤乾明门：魏宫东门。

译文

建中寺，是普泰元年尚书令乐平王尔朱世隆所建造的。它本来是阉官司空刘腾的宅邸。此屋宅非常奢侈，栋梁规格超越制度。一里路之间，处处是廊屋。大堂堪比宣光殿，大门堪比乾明门，宽敞宏大，富丽堂皇，诸王的宅邸也不能与之相比。

原文

在西阳门内御道北所谓延年里。刘腾宅东有太仆寺①，寺东有乘黄署②，署东有武库署③，即魏相国司马文王④府，东至阊阖宫门是也。

西阳门内御道南有永康里。里内复有领军将军元义⑤宅。掘故井得石铭云是汉太尉荀彧⑥宅。

注 释

①太仆寺：官署名，始置于春秋。秦、汉沿袭，为九卿之一。掌皇帝的舆马和马政。王莽一度更名为太御，南北朝不常置。北齐始称太仆寺卿，历代沿置不革。清废。

②乘黄署：官署名。东汉太仆寺有未央厩，三国魏改乘黄厩。北齐与隋、唐称乘黄署，有令及丞，掌皇室车马和驾驭之法。乘黄：传说中的神马，后指代御马。

③武库署：官署名。汉有武库令，属执金吾。晋属卫尉。南朝宋、齐属尚书库部。梁、陈又属卫尉卿。北齐、隋、唐武库署均隶卫尉寺。有令及丞，掌收藏兵械。

④司马文王：即司马昭，三国时期曹魏权臣。其子司马炎篡魏称帝，建立晋朝，追尊司马昭为文帝，庙号太祖。

⑤元乂：字伯俊，小字夜叉，江阳王元继长子。灵太后临朝，元乂因是灵太后的妹夫而深受宠信，意势日盛，迁散骑常侍，转光禄卿，累进侍中、领军将军、卫将军。太傅、清河王怿，以亲贤辅政，参决机事，以元乂恃宠骄盈，对其依法治裁。正光元年，元乂与宦官刘腾软禁灵太后，囚杀清河王元怿，其后把持朝政，胡作非为。刘腾死后，元乂防范松懈，更加肆意妄为，为远近所恶。灵太后反政，元乂被赐死。《魏书·元乂传》："初，乂之专政，矫情自饰，劳谦待士，时事得失，颇以关怀，而才术空浅，终无远致。得志之后，便骄愎，耽酒好色，与夺任情。乃于禁中自作别库掌握之，宝充牣其中。又曾卧妇人于食舆，以帕覆之，令人舆入禁内，出亦如之。直卫虽知，莫敢言者。轻薄趣势之徒，以酒色事之，姑姊妇女，朋淫无别。政事怠惰，纲纪不举，州镇守宰，多非其人。于是天下遂乱矣。"

⑥荀彧：字文若，东汉末年著名政治家、战略家，曹操的重要谋臣，被誉为"王佐之才"。后因反对曹操称魏公，被迫自杀。魏元帝咸熙二年赠太尉。

译 文

建中寺位于西阳门内御道北所谓的延年里。刘腾宅邸东面有太仆寺，太仆寺东面有乘黄署，乘黄署东面有武库署，就是魏国相国司马文王的府库，一直向东沿至阊阖宫门。

西阳门内御道南有永康里。里内还有领军将军元乂的宅邸。掘旧井得到石铭，上面说这是汉朝太尉荀彧的宅邸。

原 文

正光年中，元乂专权，太后幽隔永巷①，腾为谋主②。乂为江阳王继③之子，太后妹婿。熙平④初，明帝幼冲⑤，诸王权上⑥。太后拜乂为侍中、领军⑦左右，令总禁兵，委以腹心，反得幽隔永巷六年。太后哭曰："养虎自啮，长虺成蛇⑧。"

注 释

①太后幽隔永巷：《魏书·元乂传》："刘腾闭永巷门，灵太后不得出。"《魏书·刘腾传》："刘腾与领军元乂害元怿。废灵太后于宣光殿，宫门昼夜长闭，内外继绝。腾自执管钥，肃宗亦不得见，裁听传食而已。太后服膳俱废，不免饥寒。"永巷：皇宫中的长巷，本是未分配到各宫去的宫女的集中居住处，后成为幽禁失势或失宠妃嫔的地方。

②谋主：官名，东汉末年孙策置，掌顾问应对、参谋军事。一说指主谋。

③江阳王继：元继，字世仁，袭封江阳王，官至太师。为人贪婪，聚敛无度。倚仗其子元乂得势，收受贿赂，肆意妄为，法官不敢纠擿，天下患之。

④熙平：公元516—518年，孝明帝元诩的年号。

⑤幼冲：指年龄幼小。

⑥诸王权上：此指高阳王元雍、任城王元澄、广平王元怀、清河王元怿而言，诸王皆相继位列三公。

⑦领军：官名，与护军将军同为禁军的统领。领军有左右之分，掌管左右领军府。

⑧养虎自啮，长虺成蛇：比喻姑息养奸，招致祸患。啮：咬。虺：小蛇。

译 文

正光年间，元乂专权，灵太后被幽禁在永巷中，刘腾是谋主。元乂是江阳王元继之子，太后的妹婿。熙平初年，明帝年幼，诸王权重。太后拜元乂为侍中、领军左右，令他统率禁军，将他视作心腹，不想元乂反将灵太后幽禁在永巷中长达六年。灵太后哭诉道：“养虎自啮，长虺成蛇。”

原 文

至孝昌[①]二年，太后反政[②]，遂诛乂等，没腾田宅。元乂诛日，腾已物故[③]，太后追思腾罪，发墓残尸，使其神灵无所归趣[④]。以宅赐高阳王雍[⑤]。

注 释

①孝昌：公元525—528年，北魏孝明帝元诩的年号。

②反政：重新执政。

③物故：指死亡。刘腾于正光四年（523）三月死亡。

④归趣：一作“归聚”。

⑤高阳王雍：元雍，字思穆，献文帝之子，少而倜傥不恒。太和九年，封颍川王，加侍中、征南大将军。久之，拜中护军，领镇北大将军，改封高阳王。世宗时迁司空公，议定律令，常入参大议。转太尉公，加侍中。肃宗初，诏雍入居太极西柏堂，谘决大政，给亲信二十人。灵太后预政，除侍中太师，后进丞相。元乂废灵太后，元雍与元乂总摄内外，同决庶政。他岁禄万余，粟至四万，伎侍盈房，诸子榼冕，荣贵之盛，曾与河间王元琛斗富。元雍虽位重于元乂，而甚畏惮，因与肃宗太后计，解元乂领军，且除名为民。灵太后以元雍有功，以刘腾宅赐之。后死于“河阴之变”。

译 文

到孝昌二年，灵太后重新执政，于是诛杀元乂等人，没收刘腾的田宅。元乂被诛之日，刘腾已经死了，灵太后追想刘腾的罪过，派人掘开刘腾的墓穴，残毁刘腾的尸体，使其灵魂没有归宿。将刘腾的宅邸赐给了高阳王元雍。

原 文

建义元年，尚书令乐平王尔朱世隆为荣追福，题以为寺。

朱门黄阁，所谓仙居也。以前厅为佛殿，后堂为讲室。金花宝盖[①]，遍满其中。有一凉风堂，本腾避暑之处，凄凉常冷，经夏无蝇，有万年千岁之树也。

注　释

①金花：金银莲花。宝盖：华丽伞盖。《法显行传》："至竭叉国，值其王作般遮越师，汉言五年大会也。四方沙门皆来云集，众僧坐处，悬缯幡盖，作金银莲花，著僧座后。"按金花宝盖皆供具之物。

译　文

建义元年，尚书令乐平王尔朱世隆为尔朱荣追福，题字以刘腾故宅为建中寺。此朱门黄阁，好似神仙的居所。以前厅为佛殿，以后堂为讲室。金银的莲花，华丽的伞盖，遍满其中。寺中有一凉风堂，本是刘腾避暑的地方，阴凉常冷，整个夏天都不会有蚊蝇，其中长有万年千岁之树。

长秋寺

原　文

长秋寺刘腾所立也。腾初为长秋令卿[①]，因以为名。在西阳门内御道北一里。亦在延年里，即是晋中朝时金市处[②]。寺北有濛汜池[③]，夏则有水，冬则竭矣。

注　释

①长秋令卿：官名，亦称大长秋。长秋宫是汉朝皇后居住之所。大长秋为皇后近侍官首领，一般由宦官担任，负责宣达皇后旨意，管理宫中事宜。历代沿置，秦称将行，汉景帝时改称大长秋，北魏称大长秋卿，北齐称长秋寺卿。隋设内侍省，不用长秋为官名。炀帝改内侍省为长秋监，主管称长秋监令。唐后无此名。

②中朝：偏安江左的东晋、南宋分别称建都中原时的西晋、北宋为“中朝”。南北朝时，亦称南朝为“中朝”。一说中朝意谓盛朝、胜朝，日月中天之盛之胜之意。金市：洛阳城内的建筑区域，位于洛阳城雍门和上西门之间，是洛阳城市重要的工商业区，主要买卖兵器、农具、铁锅等物品。李善注潘岳《闲居赋》引陆机《洛阳记》云：“洛阳凡三市：大市名曰金市，在临商观之西（临商观，宫中观名，在宫之西）；马市在大城之东，洛阳市在大城南。”《元河南志·卷二》云：“一说三市谓平乐市、金市、马市也。金市在陵云台西，北对洛阳垒。”

③濛汜池：三国魏洛阳池沼名，魏明帝时开凿，在皇宫西，现在今河南洛阳东北汉魏故城内。《元河南志·卷二》：“明帝于宫西凿池，以通御沟，义取日入濛汜为名。至晋张载作赋曰：幽渎傍集，潜流独注。澹淡滂沛，更来迭去。仰承河汉，吐纳云雾。”濛汜：神话中日入之处。《楚辞·天问》：“（太阳）出自旸谷，次于蒙汜。”

译　文

长秋寺是阉官刘腾生前所建造。刘腾起初做长秋令卿，因此他建造的寺院以“长秋”为名。长秋寺在西阳门内御道北一里处。也在延年里，即是西晋时期的金市所在地。寺北有濛汜池，夏季池中有水，冬季则池水枯竭。

原　文

中有三层浮图一所，金盘灵刹，曜诸城内。作六牙白象负释迦在虚空中①。庄严佛事②，悉用金玉，作工之异，难可具陈。四月四日③，此像常出④，辟邪、师子导引其前⑤。吞刀吐火⑥，腾骧一面⑦。缘幢上索⑧，诡谲不常。奇伎异服，冠于都市。像停之处，观者如堵，迭相践跃，常有死人。

注　释

①六牙白象负释迦：此言佛祖降生之相。相传释迦牟尼从兜率天宫降生于人间时，乘六牙白象。其母摩耶夫人昼寝，梦六牙白象来降腹中，遂生释迦。释迦：即佛陀释迦牟尼，父迦毗罗卫城主净饭王，

母摩耶夫人。年三十五成道，行化四十余年，年八十于拘尸那城跋提河边示寂。

②庄严：佛教基本用语，其中有以善、美之物装饰国土，或精心地建筑、修缮佛寺像塔的含义。此指装饰。佛事：有佛的教化和佛教仪式两重意思。其中佛教仪式泛指佛教信徒、僧尼等诵经祈祷、拜忏礼佛、举行法会、追悼亡灵等活动。此指佛像建造之事。

③四月四日：本书卷三“景明寺”条称四月七日京师诸像皆至景明寺。本卷“昭仪尼寺”亦称佛像于四月七日出诣景明寺，故此处当作“四月七日”。农历四月八日为佛诞日，将举行行像活动，或提前一日将佛像集往景明寺。

④此像常出：指参加行像活动。行像又称出像、巡城，是一种佛教仪式，据说佛陀释迦牟尼死后，后人恨未能亲睹阵容，于是在佛陀生日这天，把佛像安置在装饰性的花车上，周行城市内外。众人随其巡行瞻仰、膜拜。此间伴有舞蹈、杂戏的演出。赞宁《大宋僧史略》曰：“行像者，自佛泥洹，王臣多恨不亲睹佛，由是立佛降生相，或作太子巡城相。”自南北朝至于唐、宋，行像的风气渐次推广，四川、湖广、西夏各地都见流行。据《魏书·释老志》，世祖初即位（424），亦遵太祖太宗之业，與四月八日与诸寺佛像，行与广衢，帝亲御门楼临观散花，以致礼敬。至孝文帝时，于太和二十一年（497）诏迎洛京诸寺佛像于阊阖宫中，受皇帝散花礼敬，岁一位常例，可见当时行像仪式的盛大。元、明之后，典籍中少见关于行像之记载。

⑤辟邪：传说中的神兽，似鹿，一角者或谓天鹿，二角者谓辟邪。师子：即狮子。相传佛陀初生时，有五百狮子从雪山来侍列门前。故行像之时，作狮子导引。

⑥吞刀吐火：古代杂技。张衡《西京赋》：“吞刀吐火，云雾杳冥。”

⑦腾骧：飞奔腾跃。此指马戏。一面：同一个方向。此指许多马匹向同一个方向驰骋。

⑧缘幢：即攀援旗杆，为古代一种杂技。上索：古代一种走绳戏，形式与今杂记中的走索略同。

译文

长秋寺内有三层宝塔一座，塔顶上的金盘和塔刹，光彩夺目，照耀全城。塔上还供奉着骑着六牙白象的释迦牟尼像，佛像高高在上，仿佛蹈空凌虚一般。这座庄严的佛像，完全用金玉雕刻而成，其做工之精奇罕见，难以仔细描述。每年的四月四日，这个佛像常被抬出来，前面由化装成辟邪、狮子的艺人引导。又有人能吞刀吐火，一路表演马戏。还有人爬杆走绳，所表演的内容诡异奇谲，寻常难见。此日之中，种种奇特的杂技和怪异的服饰，都在都城大街上招摇。长秋寺这尊珍贵佛像所停之处，朝拜围观的人争先恐后，把路堵得水泄不通，甚至相互践踏，常常有人因此而丧命。

瑶光寺

原　文

瑶光寺，世宗宣武皇帝[①]所立。在阊阖城门御道北，东去千秋门[②]二里。千秋门内道北有西游园，园中有陵云台，即是魏文帝所筑者。台上有八角井，高祖于井北造凉风观，登之远望，目极洛川[③]。台下有碧海曲池。台东有宣慈观，去地十丈。观东有灵芝钓台，累木为之，出于海[④]中，去地二十丈。风生户牖，云起梁栋，丹楹刻桷[⑤]，图写列仙。刻石为鲸鱼，背负钓台；既如从地踊出，又似空中飞下。钓台南有宣光殿，北有嘉福殿[⑥]，西有九龙殿[⑦]，殿前九龙吐水成一海。凡四殿，皆有飞阁[⑧]向灵芝往来。三伏[⑨]之月，皇帝在灵芝台以避暑。

注　释

①世宗宣武皇帝：北魏宣武帝元恪，孝文帝元宏次子，公元499—515年在位。宣武帝雅好经史，尤长佛典，常于禁中式乾殿亲讲经论，广集名僧，标明义旨。延昌中，天下州郡僧尼寺多至一万三千七百二十七所。景明初，诏白整于洛南伊阙山营石窟二所，窟顶去地三百一十尺，所费工力无算。据查考，瑶光寺为尼寺，孝文帝废皇后冯氏、宣武帝皇后高氏及灵太后胡氏入道为尼，皆居此寺。

②千秋门：洛阳皇宫西门，西对阊阖门。

③洛川：即今黄河支流洛河，在河南省境内。

④海：京城称苑囿之池为海。

⑤楹：厅堂前部的柱子。桷：方形的椽子。

⑥嘉福殿：宫殿名。三国曹魏时即有此殿，在今河南洛阳东北汉魏故城内。

⑦九龙殿：在曹魏旧殿崇华殿地基上增修的建筑。因当时郡国有九龙现，故改称九龙殿。

⑧飞阁：又称阁道、复道，即天桥。古代宫殿楼阁间的跨通道。

⑨三伏：初伏、中伏和末伏的统称，是一年中最热的时节。

译 文

瑶光寺是北魏世宗宣武帝所建造，位于阊阖城门御道北，往东距离千秋门二里。千秋门内路北有西游园，园中有陵云台，就是魏文帝所筑造的。台上有八角井，高祖在井的北面修造凉风观。登上凉风观远望，可看清洛河原野。台下有碧海曲池。台东有宣慈观，高达十丈。宣慈观东有钓台，名曰灵芝，用木材搭建而成，伸出海面，高达二十丈。户牖梁栋之间，生出风起云卷的气韵。楹柱涂上红漆，屋椽刻上花纹，描绘着众仙形象。钓台下用巨石刻凿成鲸鱼的形象，仿佛背负着钓台；既像从地底涌出，又似从空中飞下。钓台南面有宣光殿，北面有嘉福殿，西面有九龙殿，殿前雕刻有九条龙，吐水成一海。凡四处殿堂，皆有飞檐廊阁伸向灵芝台，可以相互往来。炎热的三伏之月，皇帝在灵芝台避暑。

原 文

有五层浮图一所，去地五十丈。仙掌[①]凌虚，铎垂云表，作工之妙，埒美[②]永宁。讲殿尼房，五百余间。绮疏连亘，户牖相通。珍木香草，不可胜言，牛筋狗骨之木[③]，鸡头鸭脚之草[④]，亦悉备焉。椒房[⑤]嫔御，学道之所；掖庭[⑥]美人，并在其中。亦有名族处女，性爱道场[⑦]，落发辞亲，来仪[⑧]此寺。屏珍丽之饰，服修道之衣，投心八正[⑨]，归诚一乘。

永安三年中，尔朱兆入洛阳，纵兵大掠。时有秀容胡骑数十人，入寺淫秽。自此后颇获讥讪。京师语曰："洛阳男儿急作髫，瑶光寺尼夺女婿。”

注 释

①仙掌：此指佛塔上的承露金盘。

②埒美：相媲美。《魏书·李崇传》奏请置学及修立明堂有云：“宜罢尚方雕靡之作，颇省永宁土木之功，并减瑶光材瓦之力，兼分石窟镌琢之劳。”可见瑶光寺与永宁寺极度奢侈为当时共识。

③牛筋：即檍树，材质坚硬，可制弓弩杆。狗骨：即枸书，也作枸骨，因其木质白如狗骨，故称。

④鸡头：即芡，水生植物，种子名芡实，花托形似鸡头，可食，亦可入药。鸭脚：又称鸭掌，世葵的一种，因其叶子像鸭脚掌而得名。

⑤椒房：西汉未央宫皇后所居殿名，亦称椒室。以椒和泥涂壁，使温暖、芳香，并象征多子。后泛指后妃居住的宫室。

⑥掖庭：宫中旁舍，为宫女居住和罪犯家属妇女配没入宫劳动之处。由掖廷令管理。

⑦道场：佛教诵经礼拜修行成道的场所。此指佛寺。

⑧来仪：降临，来到。常形容特殊人物的到来。

⑨投心：诚心归附。八正：佛教语，即八正道，为佛教修习圣道的八种基本法门，即正见、正思惟、正语、正业、正命、正精进、正念、正定。

译 文

瑶光寺内有一座五层的宝塔，高达五十丈。塔顶的金盘如仙佛的巨掌凌空托起，檐荐的金铎悬垂于高耸的云天，其做工之精妙，堪与永宁寺相媲美。寺中的讲经殿和尼姑的住房，有五百余间。屋宇疏落起落，连绵相接，门窗次第相挨，贯穿通连。寺中珍贵的树木和香草，不可胜言，俗称“牛筋”“狗骨”的树木，还有俗称“鸡头”“鸭脚”的花草，全都有所种植，相当完备。椒房里的妃嫔，将这里作为修习佛道的场所；掖庭的美人，也常混迹于尼姑中间。也有名门望族未出嫁的年轻女子，生性喜爱佛法，辞别亲人，落发修行，来到瑶光寺。她们摒弃了珍贵华丽的装饰，穿上修道的衣服，投心于佛教的八正道，归诚于佛教的一乘谛，潜心修行。

孝庄帝永安三年（530）中，尔朱兆攻破洛阳，纵容士兵大肆劫掠。

当时有秀容郡胡骑兵数十人，闯入瑶光寺，行淫秽之事。自此以后，瑶光寺的清誉毁于一旦，常遭世俗揶揄讥讽。京城人说：“洛阳男儿急作髻，瑶光寺尼夺女婿。”意思是说，洛阳城里未成年的少年都忙着将自己的头发挽成髻，表示可以娶妻了。而瑶光寺里受过凌辱的女尼因名声扫地，都争着抢着嫁人，另谋出路。

原文

瑶光寺北有承明门，有金墉城[①]，即魏氏所筑。晋永康中，惠帝幽于金墉城[②]。东有洛阳小城[③]，永嘉[④]中所筑。城东北角有魏文帝百尺楼[⑤]，年虽久远，形制如初。高祖在城内作光极殿，因名金墉城门为光极门。又作重楼飞阁，遍城上下，从地望之，有如云也。

注释

①金墉城：古城名，位于今河南洛阳东北，三国魏明帝时筑，是当时洛阳城西角的一个小城，魏晋时被废的帝、后均安置于此。城小而坚固，是攻战防守要地。北魏初年为“河南四镇”之一。

②惠帝幽于金墉城：晋惠帝为赵王伦所废，居于金墉城。但据《晋书·惠帝纪》，此事在永宁元年正月（301），此文作永康年间，为永宁元年前一年，二者有异。

③洛阳小城：《水经注》：“因阿旧城，凭结金墉，故向城也。永嘉之乱，结以为垒，号洛阳垒。”

④永嘉：公元307—312年，晋怀帝司马炽年号。

⑤百尺楼：《元河南志·卷二》引《洛阳记》曰：“洛阳城内西北隅有百尺楼，文帝造。”

译文

瑶光寺北面有承明门，又有金墉城，这是曹魏魏明帝时所筑。是西晋永康年间，晋惠帝司马衷被幽禁于金墉城。金墉城东面有洛阳小城，是西晋永嘉年间所筑。小城东北角有魏文帝所筑百尺楼，年代虽已久远，但形制如初。高祖孝文帝在城内建造光极殿，因此命名金墉城城门为光极门。孝文帝还建造了重楼与飞阁，高低错落遍布城内，从地面望上去，犹如天上的飞云。

景乐寺

原　文

景乐寺太傅清河文献王怿[1]所立也。怿是孝文皇帝之子，宣武皇帝之弟。

在阊阖南，御道东，西望永宁寺正相当[2]。寺西有司徒府，东有大将军高肇[3]宅，北连义井里。义井里北门外有丛树数株，枝条繁茂。下有甘井一所，石槽铁罐，供给行人。饮水庇荫，多有憩者。

注　释

①清河文献王怿：即元怿，字宣仁，北魏孝文帝第四子。《魏书·元怿传》："元怿博涉经史，兼综群言，有文才，善谈理，宽仁容裕，喜怒不形于色。太和二十一年（497）封清河王。世宗初，拜侍中，转尚书仆射。怿才长从政，明于断决，割判众务，甚有声名。肃宗初，迁太尉，侍中如故。诏怿裁门下之事。灵太后以怿肃宗懿叔，德先具瞻，委以朝政，事拟周霍。怿竭力匡辅，以天下为己任。正光元年七月，元义与刘腾逼肃宗于显阳殿，闭灵太后于后宫，囚怿于门下省。诬怿罪状，遂害之，时年三十四。朝野贵贱，知与不知，含悲丧气，惊振远近。夷人在京及归，闻怿之丧，为之劈面者数百人。"元怿兄弟皆信佛，曾立景乐、冲觉、融觉等寺。

②正相当：此指遥遥相对。

③高肇：字首文，北魏孝文帝文昭皇后高照容之兄，宣武帝舅父。娶宣武帝姑高平公主为妻。后逐渐掌权，权倾朝野，残害诸王，官至

司徒、大将军。孝明帝元诩继位后，为高阳王元雍所杀。《魏书·高肇传》："肇出自夷土，时望轻之。及在位居要，留心百揆，孜孜无倦，世咸谓之为能。世宗初，六辅专政，后以咸阳王禧无事构逆，由是遂委信肇。肇既无亲族，颇结朋党，附之者旬月超升，背之者陷以大罪。以北海王详位居其上，构杀之。肇又赞杀彭城王勰。由是朝野侧目，咸畏恶之。因此专权，与夺任己。"

译文

景乐寺是太傅清河文献王元怿所建造。元怿是孝文皇帝之子，宣武皇帝之弟。

景乐寺在阊阖门南面，御道的东面，向西正对着永宁寺。寺的西面有司徒府，东面有大将军高肇的宅邸，北面连着义井里。义井里北门外有数株树木，枝繁叶茂。树下有一口井，井水甘甜，井栏边放有石槽和铁罐，供给行人取水用。有很多人来此休憩，饮水庇荫。

原文

有佛殿一所，像辇①在焉。雕刻巧妙，冠绝一时。堂庑周环，曲房②连接，轻条拂户，花蕊被庭。至于六斋③，常设女乐，歌声绕梁，舞袖徐转，丝管寥亮，谐妙入神。以是尼寺，丈夫不得入。得往观者，以为至天堂。及文献王薨，寺禁稍宽，百姓出入，无复限碍。

注释

①像辇：四轮像车，即装载佛像的车子。

②曲房：深邃幽深的房间、密室。

③六斋：六斋日，佛教认为农历每月有六日是"恶日"，当专心一意，持斋修福，悔过自新。若逢大月，为农历每月初八、十四、十五、廿三、廿九、三十日；若逢小月，为农历每月初八、十四、十五、廿三、廿八、廿九日。

译文

景乐寺有一座佛殿，装载佛像的车子都收藏在这里。其车雕刻巧妙，冠绝一时。堂廊环绕，房间曲折倚连，摇曳的枝条轻拂门户，飘散的花蕊遍布庭院。到了六斋日，便备有女乐演奏，歌声回绕梁柱，舞女的衣袖徐徐转动，丝管之乐嘹亮，和谐美妙，出神入化。因为景乐寺是尼寺，男子不得进入。准许进入观赏的人，都以为到了天堂。等到文献王元怿薨逝，寺禁稍为宽松，百姓出入，不再有限碍。

原文

后汝南王悦[①]复修之。悦是文献之弟。召诸音乐，逞伎寺内。奇禽怪兽，舞抃[②]殿庭。飞空幻惑，世所未睹；异端[③]奇术，总萃其中。剥驴投井[④]，植枣种瓜[⑤]，须臾之间，皆得食之。士女观者，目乱睛迷。自建义已后，京师频有大兵，此戏遂隐也。

注释

①汝南王悦：元悦，北魏孝文帝之子，封汝南王，官至侍中、太尉。元悦好读佛经，览书史。为性不伦，俶傥难测。尔朱荣作乱洛阳，元悦南投梁朝，被梁武帝萧衍立为魏主，年号更兴。萧衍派将军王辩送其至魏梁边境，以觊侵逼。高欢灭尔朱氏后，欲立元悦为帝，于是招元悦北归。可元悦轻狂如故，暴戾无常，高欢遂作罢。孝武帝即位后，杀之。

②舞抃：拊手而舞，因喜悦而翩翩起舞。

③异端：此指奇异不为人所知的外域。一说来自异域的奇异之术。

④剥驴：肢解驴马之技。见《后汉书·西南夷传》。投井：亦作“拔井”“扳井”，具体不详。

⑤植枣种瓜：一种幻术，种植枣瓜，须臾可食。《法苑珠林·卷六十一》引孔炜《七引》：“弄幻之士，因时而作。植瓜种菜，立起寻尺。投芳送臭，卖黄售白。麾天兴云雾，画地成江海。”又卷七十六云：“三国时吴有徐光者，不知何许人也。常行幻化之术，于市廛内从人乞

瓜。其主弗与。便从索子，掘地而种。顾眄之间瓜生，俄而蔓延生华，俄而成实。百姓咸瞩目焉。子成，取而食之，因以赐观者。”

译 文

后来汝南元悦重修景乐寺。元悦是文献王元怿的弟弟。他召集全部的伎乐和演奏人员，在寺内举行大型演出。还有各种奇禽怪兽在殿堂前表演。那些空中飞舞的幻术，世人之所未见；各种惊险奇异的魔术，都聚集在这里。像肢解驴马、投入井中的幻术，也可一见；填土种枣种瓜，不一会儿就能长大结果，都可食用。观看的男女老少，眼花缭绕，心意迷乱。可自从建义（528）以后，京师常有大兵乱，这些戏法就销声匿迹了。

昭仪尼寺　愿会寺　光明寺

原 文

昭仪尼寺，阉官等所立也。在东阳门内一里御道南。东阳门内道北有太仓、导官二署①。东南治粟里，仓司官属住其内。

注 释

①太仓：古代京师储谷的总粮仓称太仓，属大司农，其长官称太仓令。导官：官名。掌御用和祭祀的米食干粮。汉置，少府属官，东汉时改属大司农。颜师古注《汉书·百官公卿表上》曰：“导官主择米。”

译 文

昭仪尼寺，由阉官们所建造。寺位于东阳门内一里处御道南。东阳门内路北有太仓、导官两个衙署。东南有治粟里，太仓和导官的官员及其部属都住在其中。

原文

太后临朝，阉寺[①]专宠，宦者之家，积金满堂。是以萧忻云：“高轩斗升者[②]，尽是阉官之嫠妇[③]；胡马鸣珂[④]者，莫非黄门之养息也[⑤]。”忻，阳平[⑥]人也。爱尚文籍，少有名誉，见阉寺宠盛，遂发此言，因即知名，为治书侍御史[⑦]。

注释

①阉寺：阉人和寺人，古代宫中掌管门禁的官。后代指宦官。

②高轩：高车，显贵者所乘。亦借指显贵者。斗升：车帐。如覆斗一样的车帐称斗帐。

③嫠妇：寡妇。当时风气，宦官亦蓄妻妾，如大太监刘腾，就曾公然蓄养妇人。

④鸣珂：显贵者所乘的马以玉为饰，行则作响，因名。

⑤黄门：宦官之称。东汉给事内廷的黄门令、中黄门诸官皆以宦官充任，后世遂称宦官为黄门。养息：养子。

⑥阳平：郡名，治馆陶，即今山东馆陶西南。

⑦治书侍御史：官名。秦置，亦称治书御史、持书侍御史。汉为御史台属官，职掌依据法律审理疑狱，与符节郎共平廷尉奏事，选御史考试高第、明习法律者充任。地位高于一般御史。北魏时，掌管纠禁内朝会失时、服章违错、飨宴会见等。

译文

孝明帝在位时，灵太后临朝，近侍阉官受宠专权，宦官的家中聚积了大量的金银珠宝。因此当时文人萧忻讽刺道：“坐着高大马车，顶着覆斗状帐幕的人，都是宦官包养的寡妇；骑着胡马，佩着玉制马饰的人，无不是宦官的养子。”萧忻，是阳平人。他爱好文籍，少有名誉，见宦官受宠得势，于是说了这些话，他也因此事知名，官至治书侍御史。

原 文

寺有一佛二菩萨，塑工精绝，京师所无也。四月七日常出诣景明[①]，景明三像恒出迎之。伎乐之盛，与刘腾[②]相比。堂前有酒树面木[③]。

注 释

①四月七日常出诣景明：佛教以每年四月八日为佛诞节，要举行盛大的行像仪式。北魏时指定京师诸寺在四月七日将佛像先集中至景明寺，次日行像。

②刘腾：此指刘腾建造的长秋寺。

③酒树：即椰子树。取其花浸在瓮里，数日就可成酒。面木：指桄榔树、櫰树之类，木中出屑可以做饼。

译 文

昭仪尼寺中有一尊佛像和两尊菩萨像，雕刻的功夫精妙绝伦，京师所不能见。每年农历四月七日，佛像和菩萨像都被送至景明寺，景明寺的三尊佛像经常被抬出来迎接。奏乐演出的盛况，可以与刘腾建造的长秋寺里的拜佛仪式相比。佛堂前有酒树和面木。

原 文

昭仪寺有池，京师学徒谓之翟泉也。衒之按杜预[①]注《春秋》云：“翟泉，在晋太仓西南[②]。”按晋太仓在建春门内[③]，今太仓在东阳门内。此地今在太仓西南，明非翟泉也。后隐士赵逸[④]云：“此地是晋侍中石崇[⑤]家池，池南有绿珠[⑥]楼。”于是学徒始寤，经过者想见绿珠之容也。

注 释

①杜预：字元凯，西晋名臣、军事统帅，灭吴统一战争的统帅之

一。历任曹魏尚书郎、西晋河南尹、安西军司、秦州刺史、度支尚书、镇南大将军，官至司隶校尉。杜预又是著名学者，他耽思经籍，博学多通，多有建树，被誉为“杜武库”。著有《春秋左氏经传集解》，是现存最早的《左传》注解。

②翟泉，在晋太仓西南：《春秋·僖公二十九年》杜预注曰：“翟泉，今洛阳城内太仓西南池水也。”

③晋太仓在建春门内：《水经注·卷十六》：“翟泉在广莫门道东，建春门路北。”

④赵逸：字思群，自称晋武帝时人，隐士，能记晋朝旧事。

⑤石崇：字季伦，小名齐奴，大司马石苞之子，西晋文学家、官员、富豪。早年历任修武县令、城阳太守、散骑侍郎、黄门郎等职，吴国灭亡后获封安阳乡侯。后任南中郎将、荆州刺史、南蛮校尉、鹰扬将军，在任上劫掠往来富商，因而致富。其后任徐州刺史、卫尉等职。贾后专权时，石崇阿附外戚贾谧。永康元年（300），贾后等为赵王司马伦所杀，司马伦党羽孙秀向石崇索要其宠妾绿珠未果，因而诬陷其为乱党，遭夷三族。

⑥绿珠：石崇爱妾，相貌美艳，善吹笛。石崇有别墅金谷园，遗址在今洛阳老城东北七里处的金谷洞内。石崇因山形水势，筑园建馆，挖湖开塘，周围几十里内，楼榭亭阁，高下错落，金谷水萦绕穿流其间，鸟鸣幽村，鱼跃荷塘。石崇专门为绿珠建了个崇绮楼，以慰绿珠的思乡之愁，里面装饰以珍珠、玛瑙、琥珀、犀角、象牙，极尽豪华奢侈之能事。石崇和当时的名士左思、潘岳等二十四人曾结成诗社，号称“金谷二十四友”。每次宴客，必命绿珠出来歌舞侑酒，见者都忘失魂魄，因此绿珠之美名闻于天下。石崇获罪时，绿珠为明心迹，自投于楼下而死。

译文

昭仪尼寺中有一泉池，京师佛教弟子称之为翟泉。衒之按杜预注《春秋》说：“翟泉在晋朝太仓西南。”按晋朝太仓在建春门内，现在的太仓在东阳门内。如今这翟泉位于现在的太仓的西南，明显不是晋时的翟泉。后来隐士赵逸说：“昭仪尼寺此池本是晋朝侍中石崇的家池，池南有绿珠楼。”由此佛教信徒们才明白泉池的真正来历，经过泉池的人，都在想象绿珠的绝世美貌。

原 文

池西南有愿会寺，中书侍郎王翊[①]舍宅所立也。佛堂前生桑树一株，直上五尺，枝条横绕，柯叶傍布，形如羽盖[②]。复高五尺，又然。凡为五重，每重叶椹[③]各异。京师道俗，谓之神桑，观者成市，布施者甚众。帝闻而恶之，以为惑众，命给事中黄门侍郎元纪[④]伐杀之。其日云雾晦冥，下斧之处，血流至地，见者莫不悲泣。

注 释

①王翊：字士游，风神秀立，好学有文才。历司空主簿、中书侍郎、济州刺史、国子监祭酒。王翊颇锐于荣利，然清静爱民，有政治之称。

②羽盖：古时以鸟羽为饰的车盖。

③椹：桑葚，桑树的果实。

④元纪：字子纲，任城王元澄之子，永熙中为给事黄门侍郎。后随孝武帝殁于关中。

译 文

昭仪尼寺池的西南面有愿会寺，这是中书侍郎王翊捐献住宅所建造。佛堂前长有一株桑树，树身向上高出地面五尺，枝条横绕，枝叶散布，形如羽毛华盖。又向上高出五尺，又是这样。如此共有五重，每重的叶子和桑葚各不相同。京师的出家之人与世俗之人都称之为神桑，观看的人聚集多得像集市，布施钱物的人很多。孝武帝听说此事后很是反感，认为这是迷惑众人，便命给事中黄门侍郎元纪砍掉神桑。砍树之日，漫天云雾，天色昏暗，斧头砍下的地方，血流至地，看到的人无不悲泣。

原 文

寺南有宜寿里。内有苞信县[①]令段晖宅。地下常闻钟声，时见五色光明，照于堂宇。晖甚异之，遂掘光所，得金像一躯，可[②]高三尺，并有二菩萨。趺坐[③]上铭云："晋泰始二年五月十五日侍中中书监荀勖造[④]。"晖遂舍宅为光明寺。时人咸云此荀勖旧宅。其后，盗者欲窃此像，像与菩萨合声喝贼，盗者惊怖，应即殒倒[⑤]。众僧闻像叫声，遂来捉得贼。

注释

①苞信县：北魏属新蔡郡，故城在今河南息县东北七十里处的苞信镇。

②可：约摸，大概。

③趺坐：佛教徒的修行方式，盘腿端坐，右脚盘放于左腿上，左脚盘放于右腿上。此指佛像跏趺（双足交叠而坐）下的石座。

④泰始：公元265—274年，晋武帝司马炎年号。中书监：中书省的最高长官。荀勖（xù）：字公曾，东汉司空荀爽曾孙。魏晋时期音律学家、文学家、藏书家。少年时聪慧好学，初仕于魏，为大将军曹爽掾属。曹爽被诛，迁安阳令、骠骑从事中郎、廷尉正。又为大将军司马昭记室，数进策谋，深见信任。与裴秀、羊祜共掌机密。司马炎代魏后，封济北郡公，但辞让不受，降封济北郡侯。后拜中书监、加侍中、领著作。累迁光禄大夫、仪同三司，守尚书令。荀勖博学多才，曾与贾充一起修订法令。掌管乐事，又修正律吕。领秘书监时，曾与张华一起，按刘向《别录》整理典籍。后守尚书令，下令核查并罢除尚书中不称职之人。太康十年（289）卒，追赠司徒，谥号成。有文集三卷。

⑤殒倒：跌倒。殒：通"陨"。

译文

昭仪尼寺的南面有宜寿里。里内有苞信县令段晖的住宅。段晖常听到地下有钟声，又时常看到五色光芒照在堂前和屋上。段晖感到非常奇怪，就挖掘发光的地方，得到金像一尊，约高三尺，还有两尊菩萨像。佛像底座上刻有铭文曰："晋泰始二年五月十五日侍中中书监荀勖造。"于是段晖捐献住宅建造光明寺。当时人都说此地是荀勖旧宅。后来，有盗贼想盗窃这尊佛像，佛像与菩萨像一起高声喝斥盗贼，盗贼惊吓恐怖，当即应声倒在地上。众僧听见佛像和菩萨像的叫声，于是捉得盗贼。

胡统寺

原文

胡统寺，太后从姑[1]所立也。入道为尼，遂居此寺。

在永宁南一里许。宝塔五重，金刹高耸。洞房周匝[2]，对户交疏[3]。朱柱素壁，甚为佳丽。其寺诸尼，帝城名德[4]，善于开导，工谈义理，常入宫与太后说法。其资养缁流[5]，从无比也。

注释

①从姑：旧时对从祖姑的简称，即父亲的堂姐妹。

②洞房：幽暗深邃的房间。周匝：环绕。

③交疏：交错镂刻着花格子的窗户。疏：镂刻着花纹的窗饰。此处代指窗户。

④名德：即大德，是佛家对年长德高僧人或佛、菩萨的敬称。

⑤缁流：佛教术语，僧着缁衣，故谓之缁流或缁徒。缁：黑色。

译文

胡统寺是胡太后的从姑所建造的。她笃信佛教，入佛门出家为尼，于是居住在此寺。

胡统寺位于永宁寺南面一里多的地方。寺中有五层宝塔，上面有塔刹高高耸立。周围有幽深的房子回绕，门对门，彼此交接。朱漆的楹柱，白粉的墙壁，很是赏心悦目。寺中众尼，都是京城中的大德，善于开示劝导，能谈佛教义理，常入宫与胡太后讲论佛法。胡太后对胡统寺的资助供养，其丰厚程度是其他寺院难以比拟的。

修梵寺　嵩明寺

原　文

修梵寺，在青阳门内御道北。嵩明寺复在修梵寺西。并雕墙峻宇①，比屋连甍②，亦是名寺也。

注　释

①雕墙峻宇：彩绘的墙壁和高大的屋宇。形容居处豪华奢侈。

②比屋连甍：相邻的房子屋脊都连在了一起，用来形容屋舍紧密相连，指住户众多。甍（méng）：屋脊。

译　文

修梵寺，位于青阳门内御道北。嵩明寺又在修梵寺的西面。两寺皆宏伟壮丽，墙壁布满雕刻，屋宇高大峻拔，屋屋相靠，屋脊相连，蔚然成势，都是京城有名的寺院。

原　文

修梵寺有金刚①，鸠鸽不入，鸟雀不栖。菩提达摩云得其真相②也。

注　释

①金刚：本梵文，音译为嚩日罗、伐折罗、伐阇罗。金中最刚之意，用以譬喻牢固、锐利、能摧毁一切者。一般为“金刚力士”的略称，即执金刚杵守护佛法的天神。汉传佛教寺院中有安置于山门左右二金刚，左称“密执金刚”，右称“那延罗金刚”，俗称“哼哈二将”。塑像多裸露全身，缠衣裳于腰部，怒目作勇猛之相。寺院四天王也俗称为“四大金刚”。

②真相：佛教语。犹言本相、实相。

译文

修梵寺内有金刚力士塑像，怒目威严，因此鸠鸽不敢飞入，鸟雀不敢止栖。菩提达摩当年来到该寺，见此清幽景象，认为修梵寺具有佛门修行道场的本来面貌。

原文

寺北有永和里，汉太师董卓[①]之宅也。里南北皆有池，卓之所造。今犹有水，冬夏不竭。

里中有太傅录尚书事长孙稚、尚书右仆射郭祚、吏部尚书邢峦、廷尉卿元洪超、卫尉卿许伯桃、凉州刺史尉成兴等六宅[②]。皆高门华屋，斋馆[③]敞丽。楸槐荫途，桐杨夹植。当世名为贵里。掘此地者，辄得金玉宝玩之物。时邢峦家常掘得丹砂及钱数十万，铭云"董太师之物"。后卓夜中[④]随峦索此物，峦不与之。经年[⑤]，峦遂卒矣。

注释

①董卓：字仲颖，本是凉州豪强，东汉灵帝时，任并州牧。中平六年（189），董卓因受大将军何进、司隶校尉袁绍所召，率军进京讨伐十常侍，却趁着何进死亡后参与朝政。随后董卓废除少帝，改立献帝，引发袁绍等人不满。次年，袁绍联合关东各地刺史、太守讨伐董卓。董卓挟献帝西迁长安，自封太师。他残暴专横，曾纵火焚烧洛阳周围数百里。后被王允、吕布设计杀死。

②尚书右仆射：官名。汉始指尚书仆射，为尚书令之副。初置一人，东汉献帝建安四年（199）始分左右，而置二人。右仆射位在左仆射之下。郭祚：字季祐，少孤贫，姿貌不伟，涉历经史，尺牍文章见称于世。弱冠为州主簿，刺史孙小委之书记。孝文帝初举秀才，拜中书博士，转中书侍郎，迁尚书左丞，领黄门侍郎。清勤在公，夙夜匪懈，颇得赏识。迁散骑常侍，力主汉化改革。孝文帝驾崩，咸阳王元

禧荐为吏部尚书、并州大中正，进金紫光禄大夫，迁尚书左仆射。出为雍州刺史，后为领军于忠矫诏杀害。正光中，赠使持节、车骑将军、仪同三司、雍州刺史，谥号文贞。《魏书·郭祚传》曰：“祚达于政事，凡所经履，咸为称职。每有断决，多为故事。名器既重，时望亦深，一朝非罪见害，远近莫不惋惜。”邢峦：字洪宾，少而好学，负帙寻师，家贫厉节，遂博览书传。有文才干略，美须髯，姿貌甚伟。州郡表贡，拜中书博士，迁员外散骑侍郎，为高祖所知赏。累官散骑常侍、中书侍郎，兼尚书。邢峦征战南北，战功无数，延昌三年暴病而亡。峦才兼文武，朝野瞻望，上下悼惜之。谥曰文定。廷尉卿：官名，亦称廷尉，九卿之一，掌管刑狱。元洪超：卫辽西公拓拔意烈之玄孙，武川镇将吒奴之子，长孙稚的姨兄。卫尉卿：亦称卫尉，九卿之一，掌管宫门警卫。许伯桃：生平不详。尉成兴：名聿，字成兴。性格耿直。肃宗时，担任武卫将军。领军元乂掌权，百官无不向他表示礼敬，尉聿独揖不拜。出为平西将军、东凉州刺史。卒于官。追赠安北将军、朔州刺史。

③斋馆：斋戒时所住的馆舍。此处当指房屋。

④夜中：此指夜间梦里。

⑤经年：一年之后。

译文

修梵寺北面有永和里，本是汉朝太师董卓的住宅。永和里南北都有水池，都是董卓命人开凿的。如今池中仍然有水，冬夏两季都不会枯竭。

后来永和里中有太傅录尚书事长孙稚、尚书右仆射郭祚、吏部尚书邢峦、廷尉卿元洪超、卫尉卿许伯桃、凉州刺史尉成兴等六人的住宅。这些住宅都是高门华屋，宽敞宏丽。楸树槐树浓荫遮蔽着大路，桐树杨树夹道种植。当世称之为贵里。在此挖掘兴建者，往往能得到金玉宝玩之物。当时邢峦家就曾掘得丹砂及钱数十万，钱上的铭文为“董太师之物”。据说邢峦曾梦见董卓向他索要钱物，邢峦没有给他。一年之后，邢峦就死了。

景林寺

原 文

景林寺，在开阳门内御道东。讲殿叠起，房庑连属。丹楹炫日，绣桷迎风，实为胜地。

寺西有园，多饶奇果。春鸟秋蝉，鸣声相续。中有禅①房一所，内置祇洹精舍②，形制虽小，巧构难比。加以禅阁虚静，隐室凝邃③，嘉树④夹牖，芳杜⑤匝阶，虽云朝市⑥，想同岩谷。净行⑦之僧，绳坐⑧其内，餐风服道⑨，结跏数息⑩。

注 释

①禅：梵语音译，又称“禅那”，其意译为“思维修”或“静虑”，是佛教的一种修持方法。言思维修者是依因立名，意指一心思维研修为因，得以定心，故谓之思维修；言静虑者是依体立名，其禅那之体，寂静而具审虑之用者，故谓之静虑。禅房即习静之房，是佛教徒习静修禅的地方，后代指寺院。

②祇洹精舍：全称祇树给孤独园，亦称胜林给孤独园、祇苑精舍、祇园精舍等，著名佛教圣地。位于古印度憍萨罗国王都舍卫城城南门外五里，内有浮图十二，讲堂七十二，房屋三千六百，楼阁五百。始建于释迦牟尼佛成佛后第六年。据《贤愚因缘经·须达起精舍缘品第四十三》载，舍卫城有名须达者，居家巨富，财宝无数，好布施，赈济贫乏及诸孤老，时人称之曰“给孤独长者”。须达皈依佛陀，欲购买太子祇陀在舍卫城南的花园，建筑精舍，作为佛陀在舍卫城居住说法的场所。祇陀太子只愿出售花园土地，自己将园中树木献给佛陀，作为供养。故此精舍算是须达和祇陀太子共同发心建造，故称“太子祇陀树给孤独园”，其后名称流变。佛陀在此居住约二十五年，宣讲了许多著名的经典，如《楞严经》《金刚经》《阿弥陀经》等。精舍遗址约

在今印度境内拉布提河南岸的塞特马赫特。据《大唐西域记》，玄奘法师赴天竺取经来此时，精舍已然湮毁。精舍：僧道居住或讲道说法之处。

③凝邃：形容居室幽静而深邃。

④嘉树：美树。

⑤芳杜：此指杜若草。

⑥朝市：周代市场制度，即朝廷居中，左边是祖庙，右边是社稷，后边是市场。因朝廷与市场前后相连，往往连称“朝市”，以泛指都市。

⑦净行：即梵行、清净行，佛教用语。一指戒离淫欲；二指符合于佛教戒律，可趋求解脱的修行。佛家认为远离一切恶行、过失与烦恼的萦绕叫清静。

⑧绳坐：正坐。

⑨餐风：此指食气，是一种修炼的方法。服道：指潜心修道。

⑩结跏：指结跏趺坐。为佛教徒的一种坐禅形式，交叠左右脚背于左右股上而坐。又分为“吉祥坐”与“降魔坐”两种。数息：默数气息的出入。为僧尼修静摄身之法。

译　文

景林寺是在开阳门内御道东面。寺内讲殿重叠而起，屋舍廊宇依次相连。朱漆的楹柱映日发光，雕绘的屋椽迎送流风，实在是一处难得的胜地。

景林寺西面有处园林，园内盛产奇异的果子。春天的鸟叫，秋天的蝉鸣，相续不断。园林有禅房一所，里面设立祇洹精舍，其形制虽小，但构造精巧，无可比拟。加上禅房安静清幽，隐蔽的房屋显出深邃的气氛，长势良好的树木围着窗户，散发芳香的杜若草环绕台阶，使得这里虽处朝廷市集，却如同在山谷中一般幽静。清修的僧人，正坐在里面，食气并潜心修道，静坐调息。

原　文

有石铭一所，国子博士卢白头为其文[①]。白头，一字景裕，范阳[②]人也。性爱恬静，丘园放敖[③]。学极六经[④]，说通百氏[⑤]。

普泰[6]初，起家为国子博士。虽在朱门，以注述为事，注《周易》行之于世也。

注释

①国子博士：学官名。晋武帝咸宁四年（278）始置，掌管经学传授。卢白头：即卢景裕，字仲儒，小字白头，范阳涿人。少聪敏，专经为学。隐居不营世事，居无所业，唯在注解。他止于园舍，情在郊野，谦恭守道，贞素自得。前废帝普泰初，除国子博士，参议正声，甚见亲遇，待以不臣之礼。东魏孝静帝天平年间，赴邺城，寓托僧寺，讲听不已。未几，归本郡。高欢闻景裕经明行著，特征其教诸子。在馆十日一归家。《魏书·卢景裕传》："景裕风仪言行，雅见嗟赏。先是景裕注《周易》《尚书》《孝经》《礼记》《老子》，其《毛诗》《春秋左氏》未讫，齐文襄王入相，于第开讲，招延时隽，令景裕解所注《易》。景裕理义精微，吐发闲雅。时有问难，或相诋诃，大声厉色，言至不逊，而景裕神采俨然，风调如一，从容往复，无际可寻。由是士君子嗟美之。进退其间，未曾有得失之色。性清静，淡于荣利，弊衣粗食，恬然自安，终日端严，如对宾客。"

②范阳：郡名，治所在今河北涿县。

③丘园：丘壑田园，多代指隐居之地。放敖：放纵自傲。一说纵情游赏。

④六经：《诗经》《尚书》《礼记》《易经》《乐经》《春秋》的合称。

⑤百氏：指诸子百家。

⑥普泰：北魏节闵帝元恭的年号，公元531年二月至十月。

译文

有一处石头铭文，内容为国子博士卢白头撰写。卢白头，一字景裕，范阳人。生性喜欢恬静，纵情于丘壑田园。他的学问穷极六经，讲说通贯百家。普泰初年，被启用为国子博士。虽寄身于官府，仍以著述为事，他注解的《周易》在当时很通行。

原文

建春门内御道南有勾盾、典农、籍田三署[1]。籍田南有司农寺[2]。御道北有空地，拟作东宫，晋中朝时太仓处也。太仓西南有翟泉，周回三里，即《春秋》所谓“王子虎、晋狐偃盟于翟泉[3]”也。水犹澄清，洞底明净，鳞甲[4]潜藏，辨其鱼鳖。

高祖于泉北置河南尹[5]。中朝时步广里[6]也。

注 释

①勾盾：官署名。掌管京城附近苑囿，以苑囿所产供宫廷所需。典农：官署名。掌管有关农业生产之事，设有典农中郎、典农校尉等官。籍田：官署名。掌管耕种宗庙社稷之田。

②司农寺：官署名，掌管粮食积储、仓廪管理及京朝官之禄米供应等事务。

③王子虎、晋狐偃盟于翟泉：《春秋·僖公二十九年》：“夏六月，会王人、晋人、宋人、齐人、陈人、蔡人、秦人盟于翟泉。”王子虎：周襄王之子。狐偃：春秋时晋国国卿。

④鳞甲：指鱼虾。

⑤河南尹：原本指都城洛阳的行政长官，此指其官署。

⑥步广里：《水经注》引陆机《洛阳记》曰：“步广里，在洛阳城内宫东。”

译 文

建春门内御道南面有勾盾、典农、籍田三座衙署。籍田署南面有司农寺。御道北面有空地，原本准备建造东宫，是晋朝太仓的所在地。太仓西南面有翟泉，翟泉四周三里长，就是《春秋》所说的“王子虎、晋狐偃盟于翟泉”中的翟泉。泉水还是澄清的，清澈明净，可以洞察见底，看见其中潜游的鱼虾，可以辨别鱼和鳖。

高祖在翟泉北面设立河南尹官署。这就是晋朝时的步广里。

原 文

泉西有华林园[1]。高祖以泉在园东，因名苍龙海[2]。华林园中有大海，即汉天渊池[3]。池中犹有魏文帝九华台[4]。高祖于台上造清凉殿。世宗在海内作蓬莱山。山上有仙人馆，台上有钓台殿[5]，并作虹蜺阁[6]，乘虚来往。至于三月禊日[7]，季秋巳辰，皇帝驾龙舟鹢首[8]，游于其上。

注释

①华林园：《洛阳图经》："华林园在城内东北隅，魏明帝起名芳林园，齐王芳改为华林。"《河南志》："华林园，即汉芳林园，文帝黄初五年穿天渊池，六年又于池中筑九华台。避齐王芳名，改曰华林。"

②苍龙海：《史记·天官书》："东宫苍龙七宿。"此泉既在华林园东，故以苍龙为名。

③汉天渊池：天渊池乃魏文帝黄初五年凿，言汉朝，从习俗。

④九华台：《三国志·魏书·文帝纪》："黄初七年三月，筑九华台。"《河南志》作"六年"。

⑤钓台殿：亦在九华台上。《水经注·谷水》："谷水枝分，南入华林园，历景阳山北，其水东注天渊池。池中有魏文帝九华台，殿基悉是洛中故碑累之。今造钓台于其上。"

⑥虹蜺阁：即阁道。由于阁道高出拱起的样子好像虹蜺，故称之。

⑦三月禊日：古人依习俗在三月上巳日(魏以后始固定为三月三日)到水边嬉游，以消除不祥，称为"修禊"，故此日称禊日。按古俗，三月上巳日为春禊，七月十四日为秋禊。自魏以后，只用三月三日春禊。

⑧鹢首：船头。古代画鹢鸟于船头，故称。

译文

翟泉西面有华林园。高祖因翟泉在园东，取名为"苍龙海"。华林园中有大池，即汉朝的天渊池。池中还有魏文帝建造的九华台。高祖在台上建造清凉殿。世宗在池内筑蓬莱山。山上有仙人馆，台上有钓台殿，又在殿台楼台间造虹蜺阁，往来期间，如同乘空而行。到了三月修禊日，或是暮秋巳辰日，皇帝乘坐船头画有鹢鸟的龙舟，在池中游赏。

原文

海西有藏冰室，六月出冰，以给百官。海西南有景阳山。山东有羲和[1]岭，岭上有温风室。山西有姮娥[2]峰，峰上有寒露馆。并飞阁相通，凌山跨谷。山北有玄武[3]池。山南有清暑殿。殿东有临涧亭，殿西有临危台。

注释

①羲和：神话人物，一说为太阳的母亲，一说为主管日月之神，一说为太阳驾车之神。

②姮娥：即月神嫦娥，本称姮娥，因西汉时为避汉文帝刘恒讳而改称嫦娥。神话传说中，嫦娥是后羿之妻，因偷食不死药而奔月成仙，居住在月亮上的广寒宫。

③玄武：北方水神。

译文

大池西面有藏冰室，六月取出冰块，供给百官。大池西南有景阳山。山的东面有羲和岭，岭上有温风室。山的西面有姮娥峰，峰上有露寒馆。并且有横空的阁道相通，驾凌山上跨过山谷。山的北面有玄武池。山的南面有清暑殿。殿的东面有临涧亭，殿的西面有临危台。

原文

景阳山南有百果园。果别作林，林各有堂[①]。有仙人枣，长五寸，把之两头俱出，核细如针。霜降乃熟，食之甚美。俗传云出昆仑山[②]，一曰西王母枣[③]。又有仙人桃，其色赤，表里照彻，得霜即熟。亦出昆仑山，一曰王母桃[④]也。

注释

①果别作林，林各有堂：《元河南志·卷二》："晋城阙宫殿古迹：更有百果园，果别作一林，林各有一堂，如桃闲堂、杏闲堂之类。晋宫阙名，华林园桃七百三十株，白桃三株，果六十二株，王母枣十四株。"

②昆仑山：又称昆仑虚、昆仑丘或玉山，中国西部山系的主干。山脉西起帕米尔高原东部，横贯新疆、西藏间，伸延至青海境内，全长约2500公里，平均海拔5500—6000米，宽130—200公里，西窄东宽，总面积达50多万平方公里。昆仑山在中华民族的文化史上具有

"万山之祖"的显赫地位，古人称昆仑山为中华"龙脉之祖"。古代神话认为昆仑山中居住着一位神仙"西王母"，人头豹身，由两只青鸟侍奉，是道教正神，与东王公分掌男女修仙登引之事。

③西王母枣：《齐民要术·卷四》引陆翙《邺中记》曰："石虎苑中有西王母枣，九月生花，十二月乃熟，三子一赤。"

④王母桃：《酉阳杂俎·续集》："王母桃，洛阳华林园内有之。十月始熟，形如栝蒌，俗语曰王母甘桃，食之解劳，亦名西王母桃。"

译文

景阳山南面有座百果园。果树以类分别，各自为林，每片林内各有一间房舍。有仙人枣，长五寸，用手一抓，果肉就从两头溢出，枣核细小如针。霜降时枣熟，味道甚美。世俗相传此仙人枣出自昆仑山，一说叫西王母枣。又有一种仙人桃，呈红色，里外透明，经霜打后即成熟。亦出自昆仑山，一说叫王母桃。

原文

柰①林南有石碑一所，魏文帝所立也，题云"苗茨之碑②"。高祖于碑北作苗茨堂③。永安年中，庄帝马射④于华林园，百官皆来读碑，疑"苗"字误。国子博士李同轨⑤曰："魏文英才，世称三祖⑥。公干、仲宣⑦，为其羽翼。但未知本意如何，不得言误也。"衒之时为奉朝请⑧，因即释曰："以蒿覆之，故言苗茨。何误之有？"众咸称善，以为得其旨归。

注释

①柰：果木名，也称沙果，苹果的一种。

②苗茨之碑：《水经注》："天渊池南置魏文帝茅茨堂，堂前有茅茨碑，是黄初中所立也。"此处"魏文帝"或作"魏明帝"，实误。据查考，"苗"与"茅"古通。

③苗茨堂：《魏书·元澄传》："高祖引见王公侍臣于清徽堂。次之凝闲堂。高祖曰：'名目要有其义，此盖取夫子闲居之义。不可纵奢以忘俭，自安以忘危，故此堂后作茅茨堂。'"则此堂魏文帝初立时为凝

闲堂，至北魏高祖时改作茅茨堂。

④马射：古代一种武艺项目。练习时于场地中央设置矮墙，与箭垛相等，墙上依次安放用皮缝制的小鹿，然后骑马射鹿，称“马射”。

⑤李同轨：北魏学者。《魏书·李同轨传》：“李同轨体貌魁岸，腰带十围，学综诸经，多所治诵，兼读释氏，又好医术。年二十二，举秀才，射策，除奉朝请，领国子助教。转著作郎，典仪注，修国史，迁国子博士，加征虏将军。同轨经义素优，辩析兼美。天平中，转中书侍郎。兴和中，兼通直散骑常侍，使萧衍。衍深耽释学，遂集名僧于其爱敬、同泰二寺，讲《涅盘大品经》，引同轨预席。衍兼遣其朝臣并共观听。同轨论难久之，道俗咸以为善。卢景裕卒，齐献武王引同轨在馆教诸公子，甚加礼之。每旦入授，日暮始归。缁素请业者，同轨夜为说解，四时恒尔，不以为倦。”

⑥三祖：此指魏武帝曹操、魏文帝曹丕、魏明帝曹睿。

⑦公干：即刘桢，字公干，汉魏名士，官至尚书令。博学有才，警悟辩捷，以五言诗闻名，后人以其与曹植并举。仲宣：即王粲，汉末名士，官至侍中。王粲善文章，其诗赋为建安七子之冠，又与曹植并称“曹王”。刘桢、王粲同属“建安七子”。

⑧奉朝请：官名。古称春季的朝见为“朝”，秋季的朝见为“请”，定期参加朝会者，称奉朝请。至南北朝，常用以安置闲散官员，齐永明中曾达六百余人。隋罢奉朝请，另设朝散大夫、朝散郎，作为文散官的官号。

译文

柰林南面有座石碑，是魏文帝所立，题云“苗茨之碑”。高祖于此碑北面建苗茨堂。永安年间，庄帝在华林园骑马射箭，百官都来读碑，有怀疑“苗”字讹误的。国子博士李同轨说：“魏文帝一代英才，与其父曹操、其子曹睿并称三祖。且有文士刘桢、王粲为其羽翼，他立的碑应该不会有讹误，只是我们不知道本意罢了。”杨衒之当时为奉朝请，因此解释道：“以蒿草盖屋，所以叫苗茨。哪里有什么讹误呢？”众人都说解释得好，认为我的解释可以表明了碑名的首趣与要领。

原文

柰林西有都堂[①]，有流觞池[②]。堂东有扶桑海。凡此诸海，皆有石窦[3]流于地下，西通谷水，东连阳渠[4]，亦与翟泉相连。若旱魃为害[5]，谷水注之不竭；离毕滂润[6]，阳渠泄之不盈。至于鳞甲异品，羽毛殊类，濯波浮浪，如似自然也。

注释

①都堂：即都亭，在华林园之西隅。

②流觞池：古代依习俗每逢三月上巳日聚集在环曲的水旁，于上流放置酒杯，任其顺流而下，停在谁面前，谁就饮杯中酒，称流觞，其水称流觞池，也称曲水。

③石窦：石穴，石洞。此指洞穴暗流。

④阳渠：渠道名。相传最初是周公所开，原先环绕洛阳城四周，后因西渎无水，便导谷水使东出王城北，合瀍水东注为阳渠。

⑤旱魃为害：旱魃是中国古代神话传说中引起旱灾的怪物。旱魃为害即指发生旱灾。

⑥离毕：月亮经过毕星。是天将降雨的征兆。毕：二十八宿之一。语出《诗经·小雅·渐渐之石》："月离于毕，俾滂沱矣。"滂润：雨势大貌。

译文

柰林西面有都堂，有流觞池。都堂东面有扶桑海。上述这些湖池，都有石洞导引流入地下，西通谷水，东连阳渠，也与翟泉相连。若遇旱年，谷水就能注入扶桑海内，使其不致枯竭；如果遇上滂沱大雨，阳渠就会泄流，使扶桑海不致满溢。至于不同的鱼虾，各类飞鸟，在波上洗濯或在浪中浮游，自然而富有意趣。

卷二　城东

明悬尼寺

原文

明悬尼寺，彭城武宣王勰[①]所立也。在建春门外石桥南。谷水[②]周围绕城，至建春门外，东入阳渠石桥。桥有四石柱[③]，在道南铭云："汉阳嘉四年将作大匠马宪造[④]。"逮我孝昌[⑤]三年，大雨颓桥，南柱始埋没。道北二柱，至今犹存。衒之按，刘澄之《山川古今记》、戴延之《西征记》并云晋太康元年造[⑥]，此则失之远矣[⑦]。按澄之等并生在江表，未游中土，假因征役[⑧]，暂来经过；至于旧事，多非亲览，闻诸道路，便为穿凿，误我后学，日月已甚。

注释

①彭城武宣王勰：即元勰，字彦和，北魏献文帝第六子。太和九年（485）封始平王，后改封彭城王，深得孝文帝信任。孝文帝驾崩，元勰辅佐孝文帝长子宣武帝元恪，官至太师。为外戚高肇毒杀。追谥武宣王。元勰素有威望，笃信佛教，礼敬僧人，他死后，景明、报德二寺僧人嗟痛为之不食，但饮水而斋。

②谷水：古河流名，为今河南渑池南渑水及其下游涧水。东流至洛阳西注入洛河，是阳渠的上游。东汉、三国魏、西晋、北魏都洛阳，曾导谷水，使东出王城北，合瀍水东注为阳渠，经洛阳城，东至偃师东南入洛。隋复故道。近世改称上源为渑水，自渑池东合涧水以下称涧河。

③桥有四石柱：《水经注·谷水》："谷水经广莫门北，又东屈南，迳建春门石桥下，桥首建两石柱。"据查考，"两"当为"四"字之误。

④汉阳嘉四年将作大匠马宪造：《水经注·谷水》："桥之石柱，铭云：阳嘉四年（135）乙酉壬申，诏书以城下漕渠东通河济，南引江

淮，方贡委输，所由而至。使中谒者魏郡清渊马宪监作石桥梁柱，敦敕工匠，尽要妙之巧。三月起作，八月毕成，其水依柱。又自乐里道屈而东出阳渠。'”据查考，马宪当是以中谒者充将作大匠。阳嘉：公元132—135年，东汉顺帝刘保年号。将作大匠：官名，秦代始置，掌管宫室、宗庙、陵寝及其他土木营建。

⑤孝昌：公元525—528年，北魏孝明帝元诩年号。

⑥刘澄之：南朝齐人，官至都官尚书。著有《永初山川古今记》二十卷。戴延之：即戴祚，东晋至南朝宋人。曾随刘裕西征后秦。作《西征记》二卷。后任西戎主簿。

⑦失之远矣：据查考，洛阳城东有两座石桥，一处是建春门外的石桥，另一处为建春门外一里有余的东石桥。东石桥于晋朝太康元年（280）造，孝文帝时也叫市南桥。桥南有北魏时期的马市，孝文帝时称牛马市，是嵇康受刑之处。此处文中提及的石桥，靠近建春门，为了区别于东石桥（市南桥），所以也叫作北桥，乃是东汉阳嘉四年（135）由马宪建造。刘澄之等不谙洛阳故事，以致二者讹误。

⑧假因：借着。假因征役：指戴祚曾随南朝宋武帝北伐事。

译文

明悬尼寺是彭城武宣王元勰所建造。它位于建春门外石桥南面。谷水环绕着洛阳城，至建春门外，往东流入阳渠石桥下。石桥有四座石柱，在道南的石柱上刻有铭文曰：“汉阳嘉四年（135）将作大匠马宪造。”到了北魏孝昌三年（527），由于大雨冲击，桥基倾塌，道南的石柱便埋没了。道北的两座石柱，至今还保存着。据杨衒之考证，刘澄之《山川古今记》和戴延之《西征记》皆称这座石桥是晋朝太康元年（280）建造的，这种说法距离史实相去太远。据查，刘澄之等人都生活在江南一带，并未游历过中土，只是借南朝军队征战之机，偶尔途径此地；至于洛阳城的旧事，他们大多没有亲自经历和了解过，只是道听途说，便穿凿附会，其错误的论断，耽误我们后学已经很长时间了。

原文

有三层塔一所，未加庄严。寺东有中朝时常满仓[①]，高祖令为租场，天下贡赋[②]所聚蓄也。

注 释

①常满仓：官方设立的大粮仓。非一处。《汉书·王莽传上》："是岁，莽奏起明堂、辟雍、灵台，为学者筑舍万区，作市、常满仓，制度甚盛。"《晋书·食货志》："永平五年作常满仓，立粟市于城东，粟斛直钱二十。"

②贡赋：土贡与军赋的合称。中国历代王朝规定臣民和藩属向君主进献的珍贵土特产品称作贡；赋原为军赋，即臣民向君主缴纳的军车、军马等军用物品。随着朝代变迁，赋的概念遂从军赋扩大到来自农田，甚至关市、山林川泽的所有课征物，贡赋逐渐演变成为税收的别称。

译 文

明悬尼寺内有一座三层宝塔，没有过多的修饰。寺东有晋朝时的常满仓，高祖下令将它改称为"租场"，天下各地向朝廷上缴的租税贡赋都聚积在这里。

龙华寺

原 文

龙华寺，宿卫羽林虎贲等所立也[①]。在建春门外阳渠南。寺南有租场。

注 释

①宿卫：值宿禁闼常护之任。《周礼·天官·官正》："宿卫正宫。"《后汉书·耿秉传》："秉常领禁兵，宿卫左右。"羽林：禁卫之名，掌天子宿卫。汉武帝置建章营骑，寻改羽林。颜师古注《汉书·百官公卿表》曰："羽林，亦宿卫之官，言其如羽之疾，如林之多。"虎贲：古时指勇士或武士。汉武帝时置期门，掌执兵送从。汉平帝时更名虎贲郎，置中郎将。颜师古曰："贲读与奔同，言如猛兽之奔。"

译文

龙华寺是由宿卫皇宫的羽林军、虎贲军等所建造。它位于建春门外阳渠南。寺的南面有租场。

原文

阳渠北有建阳里，里内有土台，高三丈，上作二精舍。赵逸云："此台是中朝旗亭[①]也。"上有二层楼，悬鼓击之以罢市。

注释

①旗亭：古代出于市场管理的需要，在市场中为市官建立官舍，就近对市场进行管理。由于市场巨大，所以官舍多为高楼重叠，以便市官能够随时居高临下，俯察市场，故又称市楼。市楼上高悬旗帜，用来指挥集市，故又称旗亭。

译文

阳渠北面有建阳里，里内有座土台，高达三丈，上面建有两间精舍。赵逸说："这台是晋朝的旗亭。"台上有两层楼，悬挂着两面鼓，击鼓代表集市结束。"

原文

有钟一口，撞之闻五十里。太后以钟声远闻，遂移在宫内，置凝闲堂前，与内讲沙门打为时节[①]。孝昌初，萧衍子豫章王综[②]来降，闻此钟声，以为奇异，遂造《听钟歌》三首[③]，行传于世。综字世谦，伪齐昏主宝卷遗腹子[④]也。宝卷临政淫乱，吴人苦之。雍州刺史萧衍立南康王宝融为主[⑤]，举兵向秣陵[⑥]，事既克捷，遂杀宝融而自立。宝卷有美人吴景晖，时孕综经月。衍因幸景晖，及综生，认为己子，小名缘觉，封豫章王。综形貌举止甚似昏主[⑦]，其母告之，令自方便[⑧]。综遂归我圣阙，更改名曰缵，字德文，始为宝卷追服三年丧。明帝拜综为太尉公，封丹阳王。永安年中，尚庄帝姊寿阳公主[9]，字莒犁。公主容色美丽，综甚敬之。与公主语，常自称下官[10]。授齐州[11]刺史，加开府[12]。及京师倾覆[13]，综弃州北走[14]。时尔朱世隆专权，遣取公主至洛阳，世隆逼之。公主骂曰："胡狗，敢辱天王女乎！"世隆怒，遂缢杀之[15]。

注 释

①打为时节：以打钟为时节号令。沙门讲经时，告以聚散，打钟作为召令。

②豫章王综：萧综，字世谦，入魏后改名萧缵，《魏书》《南史》作"萧赞"，字德文。实为南齐东昏侯萧宝卷遗腹子，但梁武帝萧衍曾幸其母吴淑媛，遂认萧综为子，封豫章王。后萧综得知自己身份，加之受到萧衍诸子的排斥和猜忌，遂于公元525年流亡北魏，受到北魏朝廷礼遇，娶寿阳公主为妻。公元530年，齐州人赵洛周据城叛乱，身为齐州刺史的萧综被驱逐，出家为僧，先后逃往长白山、白鹿山。到阳平，病殁。

③遂造《听钟歌》三首：《梁书·萧综传》："初，综既不得志，尝作《听钟鸣》《悲落叶》辞，以申其志。大略曰：听钟鸣，当知在帝城。参差定难数，历乱百愁生。去声悬窈窕，来响急徘徊。谁怜传漏子，辛苦建章台。听钟鸣，听听非一所。怀瑾握瑜空掷去，攀松折桂谁相许？昔朋旧爱各东西，譬如落叶不更齐。漂漂孤雁何所栖，依依别鹤夜半啼。听钟鸣，听此何穷极？二十有余年，淹留在京域。窥明镜，罢容色，云悲海思徒掩抑。"

④伪齐昏主宝卷遗腹子：《梁书·萧综传》："初，其母吴淑媛自齐东昏宫得幸于高祖，七月而生综，宫中多疑之者。及淑媛宠衰怨望，遂陈疑似之说，故综怀之。"《南史·萧综传》："初，综母吴淑媛在齐东昏宫，及得幸于武帝，七月而生综，宫中多疑之。"《魏书·萧赞传》："初，萧衍灭宝卷，宝卷宫人吴氏始孕，匿而不言。衍乃纳之，生赞，以为己子，封豫章王。"伪齐昏主宝卷：即萧宝卷，南朝齐皇帝。为政荒淫残暴，动辄大开杀戒，致使朝野离心。公元501年，萧衍在襄阳起兵。同年十月，萧宝卷被近臣所害，年仅十九岁。萧衍贬他为东

昏侯，谥号炀。

⑤雍州：州名，治所在襄阳（今湖北襄樊）。宝融：萧宝卷同母弟，初封随郡王，后改封南康王，历任冠军将军、西中郎将、荆州刺史等。中兴元年（501），萧衍发兵攻打萧宝卷，并立萧宝融为帝。中兴二年（502），萧衍接萧宝融入建康。同年，萧宝融封萧衍为梁王。不久萧宝融便被迫禅位于萧衍，南朝齐至此灭亡。萧衍即位后，封萧宝融为巴陵王，后又派人杀害萧宝融，时年十五岁，追尊齐和帝。

⑥秣陵：即建康，当时南朝都城，今江苏南京。

⑦综形貌举止甚似昏主：《魏书·萧赞传》："赞机辩，文义颇有可观，而轻薄俶傥，犹有父之风尚。"

⑧方便：佛教语。谓以灵活方式因人施教，使悟佛法真义。《维摩经·法供养品》："以方便力，为诸众生分别解说，显示分明。"《坛经·般若品》："欲拟化他人，自须有方便。"后引申为根据时机而采取适宜的方法、手段。据查考，萧综得知实情后，悲愤不已，加之受萧衍诸子排挤，遂仇视萧衍，有投北之心。《梁书·萧综传》："每高祖有敕疏至，萧综辄忿恚形于颜色，群臣莫敢言者。恒于别室祠齐氏七庙，又微服至曲阿拜齐明帝陵。然犹无以自信，闻俗说以生者血沥死者骨，渗，即为父子。综乃私发齐东昏墓，出骨，沥臂血试之。并杀一男，取其骨试之，皆有验，自此常怀异志。"《南史·萧综传》："及综年十四五，恒梦一年少肥壮，自挈其首对综，如此非一，综转成长，心惊不已。频密问淑媛曰：'梦何所如？'梦既不一，淑媛问梦中形色，颇类东昏。因密报之曰：'汝七月日生儿，安得比诸皇子？汝今太子次弟，幸保富贵勿泄。'综相抱哭，每日夜恒泫泣。在西州，于别室岁时设席，祠齐氏七庙。又累微行至曲阿拜齐明帝陵。然犹无以自信，闻俗说以生者血沥死者骨渗，即为父子。综乃私发齐东昏墓，出其骨，沥血试之。既有征矣，在西州生次男月余日，沥杀之。既瘗，夜遣人发取其骨又试之，其酷忍如此。"《魏书·萧赞传》："及长，学涉有才思。其母告之以实，赞昼则谈谑如常，夜则衔悲泣涕。结客待士，恒有来奔之志。为衍诸子深所猜疾，而衍甚爱宠之。"

⑨尚：指娶帝王之女为妻。寿阳公主：字莒犁（jǔ lí），北魏彭城王元勰之女，孝庄帝元子攸之姐。据查考，参考孝庄帝生母李媛华的墓志，其有两女，长女元楚华，嫁光禄大夫、长乐郡开国冯颢；次女元季王，嫁员外散骑、侍郎清河世子陇西李彧。则寿阳公主乃孝庄帝异母姐。

⑩下官：官吏自称的谦辞。

⑪齐州：州名，治所在历城，今山东济南。

⑫开府：古代官员开建府署，自选僚属。汉制只有三公才能开府，置官属。至东汉末，大将军、骠骑将军、车骑将军，并得开府，如三公。魏因置开府仪同三司之名，晋代诸州刺史多以将军开府，北魏承之。

⑬京师倾覆：此指尔朱兆攻入洛阳。

⑭综弃州北走：《魏书·萧赞传》："尔朱兆入洛，为城民赵洛周所逐。萧赞既弃州为沙门，潜诣长白山。未几，趣白鹿山。至阳平，遇病而卒，时年三十一。"

⑮世隆怒，遂缢杀之：《魏书·萧赞传》："公主被录还京，尔朱世隆欲相陵逼，公主守操被害。"

译文

寺内有一口钟，钟声可传达五十里外。胡太后因钟声能使远处闻见，于是将钟移到宫内，放置在凝闲堂前，给宫内讲经的僧人用以打钟为时节号令。孝昌初年，南梁皇帝萧衍之子豫章王萧综北上来降，听闻此钟声，认为奇异，于是作《听钟歌》三首，流传于世。萧综字世谦，是伪齐东昏侯萧宝卷的遗腹子。萧宝卷当国执政时，荒淫无度，吴地的百姓深感痛苦。雍州刺史萧衍拥立南康王萧宝融为主，举兵攻向秣陵，事成之后，杀萧宝融而自立为帝。萧宝卷有一位美人名叫吴景晖，当时怀有萧综已一个月。萧衍因曾临幸过吴景晖，所以等到萧综出生时，将他认作自己的儿子，取小名缘觉，封他为豫章王。萧综的形貌举止极像东昏侯，他的母亲将实情告诉了他，由他见机行事。于是萧综归降我圣朝，改名为缵，字德文，开始为萧宝卷追服三年丧。孝明帝拜萧综为太尉公，封丹阳王。永安年间，萧综娶孝庄帝的姐姐寿阳公主为妻。公主字莒犁，容貌美丽，萧综十分尊敬她。与公主说话时，萧综常自称下官。后萧综被授予齐州刺史，加开府。等到京师为胡贼攻破，萧综弃州往北逃。当时尔朱世隆专权，派人捉拿寿阳公主到洛阳，并对其逼迫。公主骂道："胡狗，竟敢侮辱天王之女！"尔朱世隆大怒，于是缢杀公主。

璎珞寺 慈善寺 晖和寺 通觉寺 晖玄寺 宗圣寺（见后） 魏昌寺（见后） 熙平寺 崇真寺（见后） 因果寺

原文

璎珞寺，在建春门外御道北，所谓建阳里也。即中朝时白社[①]地，董威辇[②]所居处。

里内有璎珞、慈善、晖和、通觉、晖玄、宗圣、魏昌、熙平、崇真、因果等十寺。里内士庶二千余户，信崇三宝[③]。众僧利养[④]，百姓所供也。

注释

①白社：里名，在今洛阳东。汉代以来，多有隐士居于此。遂后来引申为隐士或隐士所居之处。南朝梁萧统《锦带书十二月启·林钟六月》："但某白社狂人，青缃末学。"唐白居易《长安送柳大东归》诗："白社羁游伴，青门远别离。"

②董威辇：即董京，字威辇，晋朝隐士。《晋书·隐逸传》："董京初与陇西计吏俱至洛阳，被发而行，逍遥吟咏，常宿白社中。时乞于市，得残碎缯絮，结以自覆，全帛佳绵则不肯受。或见推排骂辱，曾无怒色。后数年，遁去，莫知所之。"

③三宝：佛教称"佛、法、僧"为三宝，佛宝指圆成佛道的本师释迦牟尼佛；法宝指佛的一切教法，包括三藏十二部经、八万四千法门；僧宝指依佛教法如实修行、弘扬佛法、度化众生的出家沙门。后以指佛教。

④利养：利财。《法华经·序品》："贪著利养，虽复读诵众经而不通利，多所忘失。"一作"刹养"，指寺院维修保养之事。

译文

璎珞寺，在建春门外御道北面，就是所谓建阳里。它是晋朝时的白社里，董威辇居住的地方。

建阳里内有璎珞、慈善、晖和、通觉、晖玄、宗圣、魏昌、熙平、崇真、因果十座寺院。里内有士庶二千余户，皆信奉尊崇三宝。众僧的利养，皆是百姓所供。

宗圣寺

原文

宗圣寺，有像一躯，举高三丈八尺，端严殊特[①]，相好[②]毕备。士庶瞻仰，目不暂瞬[③]。此像一出，市井皆空。炎光辉赫[④]，独绝世表[⑤]。妙伎杂乐，亚于刘腾。城东士女，多来此寺观看也。

注释

①殊特：出类拔萃，与众不同。

②相好：佛教语。谓佛身的相状微妙可爱。按佛之报身，相有八万四千，好则无量。佛之化身，相有三十二，好有八十。《观无量寿经》："心想佛时，是心即是三十二相，八十随形好。"又曰："无量寿佛有八万四千相，一一相各有八万四千随形好。"《金光明经》："相好圆明，普利一切。"

③瞬：眨眼。

④辉赫：明亮显赫貌。

⑤世表：尘世之外。

译文

宗圣寺内有一尊佛像，高达三丈八尺，佛相庄严端正，具有所有佛像的优点，且又出类拔萃。前来瞻仰朝拜的士人百姓，被吸引而目不转睛。行像仪式时，这尊佛像一出，众人皆去围观，市井为之一空。佛像光彩夺目，世上独一无二。伴随表演的杂技音乐，不亚于刘腾所建的长秋寺。城东的男男女女，大多来宗圣寺观看。

崇真寺 宝明寺（见后） 城内般若寺 城西融觉寺（见后） 禅林寺 灵觉寺

原　文

崇真寺比丘惠嶷，死经七日还活，经阎罗王[1]检阅，以错召放免。

惠嶷具说过去之时，有五比丘同阅。一比丘云是宝明寺智圣，以坐禅苦行得升天堂[2]。有一比丘是般若寺道品，以诵四十卷《涅槃[3]》，亦升天堂。有一比丘云是融觉寺昙谟最[4]，讲《涅槃》《华严》[5]，领众千人。阎罗王曰："讲经者心怀彼我，以骄凌物，比丘中第一粗行。今唯试坐禅、诵经，不问讲经。"其昙谟最曰："贫道立身以来，唯好讲经，实不暗[6]诵。"阎罗王敕付司[7]，即有青衣[8]十人，送昙谟最向西北门。屋舍皆黑，似非好处。有一比丘云是禅林寺道弘，自云教化四辈檀越[9]，造一切经[10]，人中[11]金像十躯。阎罗王曰："沙门之体，必须摄心守道，志在禅诵，不干世事，不作有为。虽造作经像，正欲得他人财物；既得财物，贪心即起；既怀贪心，便是三毒[12]不除，具足烦恼[13]。"亦付司，仍与昙谟最同入黑门。有一比丘云是灵觉寺宝真，自云出家之前，尝作陇西太守，造灵觉寺。寺成，即弃官入道。虽不禅诵，礼拜[14]不阙。阎罗王曰："卿作太守之日，曲理枉法，劫夺民财，假作此寺，非卿之力，何劳说此！"亦付司，青衣送入黑门。"

注释

①阎罗王：梵语音译，又译作夜摩耶摩、焰摩、焰魔、琰魔等，意为地狱的统治者，据说能判人生之功德与罪孽，并在阴间加以赏罚，佛教称其为管理地狱的魔王。《翻译名义集》："琰魔，或云琰罗，此翻静息，以能静息造恶者不善业故。或翻遮，谓遮令不造恶故。或阎磨罗。《经音义》应云：夜磨卢迦，此云双世。鬼官之总司也。亦云阎罗焰魔，声之转也。"

②坐禅：梵语音译，又作"禅那"，简称"禅"，意谓思维修或静虑。就是趺坐而修禅，是佛教修持的主要方法之一。苦行：起源于印度的修行，谓通过受冻、挨饿、拔发、裸形、炙肤等刻苦自己身心的行为，以求得解脱。

③涅槃：梵语音译，又译为般涅槃、波利昵缚男、泥洹、涅槃那，意译为无为、自在、不生不灭、圆寂等，谓永离诸趣，入于不生不灭之门。此指佛经名。分为大乘、小乘两类。中国佛教史上，主要通行大乘《涅槃经》。西晋后出现的大乘《涅槃经》的译本主要有三个：东晋义熙十四年（418）僧人法显和觉贤合译的《大般泥洹经》六卷；北凉玄始十年（421）由著名的译经师昙无谶在北凉都城凉州所译的《大般涅槃经》四十卷，又称《北本涅槃经》。该译本首次将原经的完整面目现于中土世人面前；刘宋元嘉年间（424—453），慧严、慧观与诗人谢灵运等根据上述两译本进行改编的《大般涅槃经》三十六卷，又称作《南本涅槃经》。这三个译本中，以昙无谶的译本最为完善，对中国佛教的发展影响也最大。

④昙谟最：俗姓董，善于禅学，尤精通《涅槃》《华严》，僧徒千人。撰《大乘义章》。《续高僧传·卷二十四》："释昙无最。姓董氏。武安人也。灵悟洞微，餐寝玄秘。讽诵经论，坚持律部，偏爱禅那，心虚静谧，时行汲引，咸所推宗。兼博贯玄儒，尤明论道。曾于邯郸崇尊寺说戒，徒众千余。后敕住洛都融觉寺。妙达《涅槃》《华严》。僧徒千人常业无怠。"

⑤华严：《华严经》，全称《大方广佛华严经》，大乘佛教主要经典，

华严宗的立宗之经。是释迦牟尼成道之后，于菩提树下为文殊、普贤等大菩萨所宣说，经中记佛陀之因行果德，并开显重重无尽、事事无碍之妙旨。该经汉译本有三种，分别为东晋佛驮跋陀罗译本，六十卷；唐武周时实叉难陀译本，八十卷；唐贞元中般若译本，四十卷。

⑥不暗：即“不谙”，不熟悉。

⑦司：即有司，指某一方面的主管部门。

⑧青衣：汉以后卑贱者穿青衣，故称婢仆、差役等人为青衣。

⑨四辈：指比丘、比丘尼、优婆塞、优婆夷四众，即僧、尼和在家奉佛的男女。檀越：本梵语，音译陀那钵底、陀那婆，指施主，即与僧众衣食，或出资举行法会等之信众。

⑩一切经：原为一切佛教圣典之总称。其后则专指汇聚经、律、论及其他佛典而成的丛书。又称“大藏经”或略称“藏经”，亦称“众经”。

⑪人中：即人中尊，佛陀之敬称。佛陀于人中为最尊贵、最殊胜者，故称人中尊。

⑫三毒：佛教语，指一切痛苦的根源：贪、嗔、痴。贪为饿鬼之源，嗔为地狱之源，痴为畜生之源。

⑬具足烦恼：具备烦恼。烦恼：佛教语，谓迷惑不觉，包括贪、嗔、痴等根本烦恼和随根本烦恼而起的随烦恼。能扰乱身心，引生诸苦，为轮回之因。《百喻经·五人买婢共使作喻》：“五阴亦尔，烦恼因缘合成此身。而此五阴，恒以生老病死无量苦恼搒笞众生。”《坛经·般若品》：“凡夫即佛，烦恼即菩提。前念迷即凡夫，后念悟即佛。前念著境即烦恼，后念离境即菩提。”

⑭礼拜：佛教徒向佛或菩萨、上座大德等顶礼膜拜，表示敬意。在古印度，礼拜共有九种形式：发言慰问、俯首示敬、据守高揖、合掌平拱、屈膝、长跪、手膝踞地、五轮俱屈、五体投地。

译文

崇真寺的和尚惠凝，死后七日又复活了，经过阎罗王查察，是因为征召错了所以放他回到阳间。

惠凝详细地叙述死后在阴间的见闻，说有五名和尚一同在阎罗王那里受审。一位和尚据说是宝明寺的智圣，因坚持坐禅、苦行，得以升入天堂。又有一位和尚据说是般若寺道品，因念诵四十卷《涅槃经》，也得以升入天堂。又有一位和尚据说是融觉寺昙谟最，他讲解《涅槃经》《华严经》，座下千人听讲。阎罗王说：“讲经者心怀彼我，彼是听讲的人，我是讲经的人。以我的骄气，傲慢欺人，这是和尚中的第一粗浅的行为。现在只请你试着坐禅、诵经，不要提讲经的事。”昙谟最说：“我立身以来，只爱好讲经，实在不会诵经。”阎罗王命令把他交付有司，就有十个穿青衣的人，送昙谟最往西北门。那里的屋舍都是黑的，似乎不是什么好地方。又有一位和尚据说是禅林寺道弘，自称教化过四辈檀越，并刻写一切经，塑造佛陀金像十尊。阎罗王曰：“沙门之大体，必须摄心守法，志向在禅诵，不干预世事，不做有所为的事。你虽然刻经塑像，目的是索要他人财物；既得了财物，就会生起贪心；既怀有贪心，便是三毒不除，具足烦恼。”说完也将他交付有司，与昙谟最同入黑门。又有一位和尚据说是灵觉寺宝真，自称出家之前，曾作陇西太守，建造灵觉寺。寺成之后，就弃官入了佛门。虽然不坐禅、诵经，但礼拜不曾少过。阎罗王曰：“你做太守的时候，曲理枉法，劫夺民财，建造这个佛寺，不是你的力量，有什么功劳竟说这些！”说完也将他交付有司，青衣人把他送入黑门。

原　文

时太后闻之，遣黄门侍郎徐纥依惠嶷所说即访宝明等寺。城东有宝明寺，城内有般若寺，城西有融觉、禅林、灵觉等三寺。问智圣、道品、昙谟最、道弘、宝真等，皆实有之。议曰：“人死有罪福。”即请坐禅僧一百人常在殿内供养之。诏：“不听持经象沿路乞索；若私有财物造经像者，任意①。”

慧嶷亦入白鹿山②，隐居修道。自此以后，京邑比丘，悉皆事禅诵，不复以讲经为意③。

注　释

①“不听持经象沿路乞索”三句：王昶《金石萃编·北朝造像诸碑总论》：“按造像立碑，始于北魏，迄于唐指中叶。大抵所造者以释迦、弥陀、弥勒及观音、势至为多。或刻山崖，或刻碑石，或造石窟，或造佛龛，或造佛图。其初不过刻石，其后或施以金涂彩缯。其形模之大小广狭，制作之粗精不等。造像或称一躯，必有记，有题名。”

②白鹿山：在今河南辉县西北。《太平寰宇记·卷五十六》：“白鹿山在县西北五十三里，西与太山连接，上有天门谷、百家岩。卢思道《西征记》云：‘孤岩秀出，上有石自然为鹿形，远视皎然独立，其状明净，有类人工，故此山以白鹿为称。’”

③悉皆事禅诵，不复以讲经为意：汤用彤《汉魏两晋南北朝佛教史》曰：“此故事或虽伪传，然颇可反映当时普通僧人之态度。后魏佛法本重修行。自姚秦颠覆以来，北方义学衰落。一般沙门自悉皆禅诵，不以讲经为意；遂至坐禅者，或常不明经义，徒事修持。道宣《僧传习禅篇》曾论及此。道宣所言，虽指隋唐僧人，然禅法兴盛，智学废替，自更易发生此类现像。北朝末叶，衡岳慧思、天台智𫖮极言定慧之必双修，或亦意在纠正北朝一般禅僧之失欤？”据查考，惠嶷之故事当出于坐禅派之伪造，以攻击异派。甚至昙谟最本修禅学，只是兼明论道，坐禅派亦不惜加以诬蔑。佛门宗派斗争之激烈，可见一斑。

译文

当时胡太后听闻这件事后，就派黄门侍郎徐纥按照惠嶷所说的去查访宝明等寺。果然城东有宝明寺，城内有般若寺，城西有融觉、禅林、灵觉三座寺院。再问智圣、道品、昙谟最、道弘、宝真等，也都确有其人。议论说：“原来人死之后，有的受罪，有的有福。”胡太后随即请一百个坐禅和尚常在殿内，供养他们。还下诏曰：“不允许和尚拿着佛经和佛像沿路乞讨；若是以私有财物刻写经书、塑造佛像，不加管制。”

慧嶷也进入白鹿山，隐居修道。自此以后，京城的和尚都从事坐禅诵经，不再讲解佛经了。

原文

出建春门外一里余，至东石桥。南北而行，晋太康元年造。桥南有魏朝时马市[①]，刑嵇康[②]之所也。

桥北大道西有建阳里，大道东有绥民里，里内有河间[③]刘宣明宅。神龟[④]年中，以直谏忤旨，斩于都市[⑤]。讫目不瞑，尸行百步，时人谈以枉死。宣明少有名誉，精通经史，危行[⑥]及于诛死。

注释

①桥南有魏朝时马市：或作“桥南即中朝牛马市”。据查考，魏朝时马市即晋朝之马市，二者一意。李善注潘岳《闲居赋》引陆机《洛阳记》云：“洛阳凡三市，大市名金市，在大城西南；羊市在大城南；马市在大城东。”

②嵇康：字叔夜，魏晋名士，“竹林七贤”之一。娶曹操曾孙女长乐亭主为妻，官至中散大夫，世称“嵇中散”。后隐居不仕，屡拒为官。因得罪钟会，遭其构陷，而被司马昭处死。嵇康行刑当日，三千太学生为其请愿。临刑前，嵇康神色如常，轻抚一曲《广陵散》。曲罢从容赴死。

③河间：郡名，魏属瀛洲，治所乐城，今河北献县东南。地处黄河与永定河之间，故名河间。

④神龟：公元518—520年，北魏孝明帝元诩年号。

⑤以直谏忤旨，斩于都市：《魏书·肃宗纪》言“刘宣明聚众谋反，事觉伏诛”。又《魏书·杨昱传》言神龟二年，刘宣明谋反，事觉逃窜。元义与杨昱有隙，遂使人告发杨昱藏匿刘宣明。然查无实据，遂罢。据此文，刘宣明谋反之事恐非实情，疑其直谏而忤旨，因而获罪被诛。

⑥危行：正直的行为。

译文

出建春门外一里多，到达东石桥。石桥南北走向，晋朝泰康元年（280）造。桥的南面有魏朝时的马市，也就是嵇康受刑的地方。

东石桥北大路西有建阳里，大路东有绥民里，里内有河间刘宣明的住宅。神龟年间，刘宣明因直言进谏，忤逆圣旨，被斩于都市。行刑结束后，他死不瞑目，尸体行走了上百步，当时人都认为他是枉死的。刘宣明小时候就有名声，精通经史，行为正直，竟至被诛死。

魏昌尼寺

原 文

魏昌尼寺，阉官瀛州刺史李次寿[①]所立也。在里东南角。即中朝牛马市处也，刑嵇康之所。

注 释

①李次寿：即李坚，字次寿。《魏书·阉官传》："高宗初，因事为阉人。文明太后临朝，稍迁至中给事中，赐爵魏昌伯。小心谨慎，常在左右，虽不及王遇、王质等，而亦见任用。高祖迁洛，转被委授，为太仆卿，检课牧产，多有滋息。世宗初，出为安东将军、瀛州刺史，本州之荣，同于王质。所在受纳，家产巨万。值京兆王愉反于冀州，坚勒众征愉，为愉所破。代还，遇风疾，拜光禄大夫，数年卒。赠抚军将军、相州刺史，赗帛五百匹。"

译 文

魏昌尼寺是阉官瀛州刺史李次寿建造的。位于建阳里的东南角。就是晋朝牛马市所在地，也是嵇康受刑的地方。

原 文

东临石桥。此桥南北行，晋太康元年造，中朝时市南桥也。澄之等盖见此桥铭[①]，因而以桥为太康初造也。

注 释

①澄之等：即刘澄之、戴延之。《水经注》言此桥无铭，故此言"盖见"。一说"此桥"作"北桥"。据查考，洛阳城东有两座石桥，一为"明悬尼寺"条提及之桥，又称北桥。北桥有铭文曰："汉阳嘉四年

(135) 将作大匠马宪造。”一为此处之桥，称东石桥，又称市南桥。刘澄之《山川古今记》和戴延之《西征记》将二石桥混淆，曾言北桥亦太康元年造。然纵混淆，据北桥之铭文也显然不可能断言东石桥是太康元年造。疑刘澄之等曾见东石桥铭文，言其太康元年造，而未见北桥铭文，故言二桥同时造。

译　文

寺东靠近石桥。此桥南北走向，晋太康元年（280）造，就是晋朝时的市南桥。刘澄之等大概是看见了这座桥上所刻的铭文，因此认为桥是太康初年修造的。

景兴尼寺　灵应寺

原　文

石桥南道有景兴尼寺，亦阉官等所共立也。有金像辇，去地三丈，上施宝盖，四面垂金铃、七宝珠①，飞天②伎乐，望之云表。作工甚精，难可扬榷③。像出之日，常诏羽林一百人举此像，丝竹杂伎，皆由旨给。

注　释

①七宝：佛教语。具体所指，不同佛经所载有异。《般若经》以金、银、琉璃、砗磲、玛瑙、珊瑚、琥珀为七宝；《法华经》以金、银、琉璃、砗磲、玛瑙、珍珠、玫瑰为七宝；《阿弥佗经》《大智度论》以赤金、银、琉璃、玻璃、砗磲、珍珠、玛瑙为七宝；《无量寿经》以金、银、琉璃、玛瑙、珊瑚、玻璃、砗磲为七宝。

②飞天：飞舞空中使用各种技艺乐器之神。此指画在像车上的诸天侍从。

③扬榷：亦作“扬擢”。约略，举其大概。据查考，《法显行传》载于阗像辇曰：“作四轮像车，高三丈余，状如行殿，七宝庄校。悬

缯幡盖，像立车中，二菩萨侍，作诸天侍从，皆以金银雕莹，悬于虚空。”此可以与本文参见。

译文

东石桥南路有景兴尼寺，也是阉官们共同建造的。寺中有黄金做的装载佛像的车辇，高达三丈，上面覆盖着宝盖，四面垂挂着金铃和七种宝珠，还有天女歌舞演奏的塑像，远远望去，好似在云端之上。做工非常精巧，难以用语言形容。像车出寺当日，皇上常下诏令一百个羽林士兵抬举，丝竹乐器和杂耍歌舞的人，也都是皇上下旨供给的。

原文

建阳里东有绥民里，里内有洛阳县，临渠水①。县门外有洛阳令杨机②《清德碑》。

绥民里东有崇义里，里内有京兆人杜子休宅。地形显敞，门临御道。时有隐士赵逸，云是晋武时人，晋朝旧事，多所记录。正光③初，来至京师，见子休宅，叹息曰：“此宅中朝时太康寺也。”时人未之信，遂问寺之由绪。逸云：“龙骧将军王濬④平吴之后，始立此寺。本有三层浮图，用砖为之。”指子休园中曰：“此是故处。”子休掘而验之，果得砖数十万。并有石铭云：“晋太康六年，岁次乙巳，九月甲戌朔，八日辛巳⑤，仪同三司襄阳侯王濬敬造。”时园中果菜丰蔚，林木扶疏，乃服逸言，号为圣人。子休遂舍宅为灵应寺。所得之砖，还为三层浮图。

注释

①渠水：即阳渠。

②杨机：《魏书·杨机传》：“杨机，字显略，天水冀人。少有志节，为士流所称。河南尹李平、元晖并召署功曹，晖尤委以郡事。解褐奉朝请。于时皇子国官，多非其人，诏选清直之士。机见举为京兆王愉国中尉，愉甚敬惮之。延昌中，行河阴县事。机当官正色，不避权势，明达政事，断狱以情，甚有声誉。熙平中，为泾州平西府长史。寻授

河阴令，转洛阳令，京辇伏其威风，希有干犯。凡诉讼者，一经其前后，皆识其名姓，并记事理，世咸异之。机方直之心久而弥厉，奉公正己，为时所称。家贫无马，多乘小犊车，时论许其清白。”

③正光：公元520—524年，北魏孝明帝元诩年号。

④王濬：字士治，小字阿童，西晋名将。王濬博学多闻，美姿貌。早年不修名行，不为乡曲所称。晚乃变节，疏通亮达，恢廓有大志。初为河东从事。泰始八年（272），转任广汉太守，羊祜再上表推荐其为益州刺史，受诏造舰。咸宁五年（279），上书请求伐吴，被拜为龙骧将军。他发兵自成都，一路上破铁锁，除铁锥，连克西陵、夏口、武昌，不久直抵建业。吴主孙皓出降。以功拜辅国大将军，封襄阳侯。后转抚军大将军，开府仪同三司。太康六年（286）十二月卒，谥曰武。

⑤晋太康六年，岁次乙巳，九月甲戌朔，八日辛巳：陈垣《二十史朔闰表》曰：“晋太康六年乙巳，九月朔丙辰，八日为癸亥。杨书殆误。又九月甲戌朔为太康八年，八日实为辛巳。然王濬已死于六年十二月矣。亦不属。或王濬卒年有误也。”

译文

建阳里的东面有绥民里，里内有洛阳县府，临近阳渠。县府门外有洛阳令杨机的《清德碑》。

绥民里的东面有崇义里，里内有京兆人杜子休的宅邸。此宅地形开阔宽敞，门临御道。当时有隐士赵逸，据说是晋武帝时人，晋朝的旧事，他大多作了记录。正光初年，赵逸来到京师，看见杜子休的住宅，叹息说：“此宅是晋朝时的太康寺。”当时人不相信，就问他太康寺的来由。赵逸说：“晋龙骧将军王濬平定吴国之后，才开始建造此寺。寺内本有三层佛塔，用砖砌成。”他指着杜子休园中说：“这里就是佛塔旧址。”杜子休命人挖掘检验，果真挖到数十万块砖。且有石铭曰：“晋太康六年，岁次乙巳，九月甲戌朔，八日辛巳，仪同三司襄阳侯王濬敬造。”当时园中蔬菜水果丰富，树木生长茂盛，一般人很难看出这里是旧佛塔遗址，于是众人信服赵逸的话，称他为圣人。于是杜子休捐出住宅建成灵应寺。挖出来的几十万块砖，还用来建造三层佛塔。

原文

好事者遂寻问晋朝京师何如今日。逸曰：“晋时民少于今日，王侯第宅与今日相似。”又云：“自永嘉已来二百余年，建国称王者十有六君[1]，吾皆游其都邑，目见其事。国灭之后，观其史书，皆非实录，莫不推过于人，引善自向。苻生[2]虽好勇嗜酒，亦仁而不杀。观其治典，未为凶暴；及详其史，天下之恶皆归焉。苻坚[3]自是贤主，贼[4]君取位，妄书生恶。凡诸史官，皆是类也。人皆贵远贱近[5]，以为信然。当今之人，亦生愚死智，惑已甚矣。”

人问其故，逸曰：“生时中庸[6]之人耳，及其死也，碑文墓志，莫不穷天地之大德，尽生民[7]之能事。为君共尧舜连衡[8]；为臣与伊皋等迹[9]；牧民[10]之官，浮虎[11]慕其清尘；执法之吏，埋轮谢其梗直[12]。所谓生为盗跖[13]，死为夷齐[14]，佞言伤正，华辞损实。”当时构文之士，惭逸此言。

注　释

①建国称王者十有六君：即前赵刘渊、后赵石勒、前燕慕容儁、前秦苻健、后秦姚苌、成汉李雄、后凉吕光、后燕慕容垂、西秦乞伏国仁、北燕冯跋、南凉秃发乌孤、南燕慕容德、北凉沮渠蒙逊、夏赫连勃勃、前凉张轨、西凉李暠等十六君。十六国割据北方，先后与南方东晋王朝对峙，史称“东晋十六国”。

②苻生：字长生，前秦景明帝苻健第三子，十六国时期前秦君主。《晋书·载记第十二》：“苻生幼而无赖，祖洪甚恶之。生无一目，为儿童时，洪戏之，问侍者曰：‘吾闻瞎儿一泪，信乎？’侍者曰：‘然。’生怒，引佩刀自刺出血，曰：‘此亦一泪也。’洪大惊，鞭之。生曰：‘性耐刀槊，不堪鞭捶。’洪曰：‘汝为尔不已，吾将以汝为奴。’生曰：‘可不如石勒也。’洪惧，跣而掩其口，谓健曰：‘此儿狂勃，宜早除之，不然，长大必破人家。’健将杀之，雄止之曰：‘儿长成自当修改，何至便可如此！’健乃止。及长，力举千钧，雄勇好杀，手格猛兽，走及奔马，击刺骑射，冠绝一时。健卒，僭即皇帝位。杀其妻梁氏（梁皇后，梁安之女）及太傅毛贵，车骑、尚书令梁楞，左仆射梁安。未几，又诛侍中、丞相雷弱儿及其九子、二十七孙。生虽在谅暗，游饮自若，

荒耽淫虐，杀戮无道，常弯弓露刃以见朝臣，锤钳锯凿备置左右。飨群臣于太极前殿，饮酣乐奏，生亲歌以和之。命其尚书辛牢典劝，既而怒曰：'何不强酒？犹有坐者！'引弓射牢而杀之。于是百僚大惧，无不引满昏醉，污服失冠，蓬头僵仆，生以为乐。生剥牛羊驴马，活爓鸡豚鹅，三五十为群，放之殿中。或剥死囚面皮，令其歌舞，引群臣观之，以为嬉乐。宗室、勋旧、亲戚、忠良杀害略尽，王公在位者悉以疾告归，人情危骇，道路以目。"《晋书》和《十六国春秋前秦录》载苻生残酷嗜杀事，不一而足。

③苻坚：字永固，又字文玉，小名坚头，十六国时期前秦君主。苻坚在位前期励精图治，重用汉人王猛，推行一系列政策，与民休息，加强生产，终令国家强盛，接着以军事力量消灭北方多个独立政权，成功统一北方，并攻占了东晋领有的蜀地，与东晋南北对峙。苻坚于公元383年发兵南下意图消灭东晋，史称淝水之战；但最终兵败，前秦国家亦陷入混乱，各民族纷纷叛变独立。苻坚最终亦遭羌人姚苌杀害。

④贼：杀害。苻生在位时，欲杀苻坚兄弟，苻坚先发制人，杀苻生自立。《晋书·载记第十二》："生夜对侍婢曰：'阿法兄弟亦不可信，明当除之。'是夜清河王苻法梦神告之曰：'旦将祸集汝门，唯先觉者可以免之。'寤而心悸。会侍婢来告，乃与特进梁平老、强汪等率壮士数百人潜入云龙门，苻坚与吕婆楼率麾下三百余人鼓噪继进，宿卫将士皆舍杖归坚。生犹昏寐未寤。坚众既至，引生置于别室，废之为越王，俄而杀之。生临死犹饮酒数斗，昏醉无所知矣。"

⑤贵远贱近：指重视相距远者，轻视相隔近者。"远近"不仅指时间，也指空间。三国魏曹丕《论文》："杨班俦也，常人贵远贱近，向声背实，又患瘖于自见。"

⑥中庸：指资质一般的人。

⑦生民：世间的人民。

⑧尧舜：唐尧和虞舜，古时圣君。连衡：即比肩。

⑨伊皋：指商初贤相伊尹和舜之贤臣皋陶。等迹：即并驾齐驱。

⑩牧民：治民。古时统治者蔑视人民，以牧养牲畜比喻官吏治民。

⑪浮虎：《后汉书·儒林传上·刘昆》："昆字桓公，陈留东昏人，光武时为江陵令。稍迁侍中、弘农太守。先是崤、黾驿道多虎灾，行旅不通。昆为政三年，仁化大行，虎皆负子度河。"后以"浮虎"作为地方官为政仁德的典故。

⑫埋轮：《后汉书·张纲传》："纲字文纪，少明经学，司徒辟为御

史。时顺帝委纵宦官，有识危心。纲常慨然叹曰：‘秽恶满朝，不能奋身出命扫国家之难，虽生，吾不愿也。’汉安元年，选遣八使徇行风俗，皆耆儒知名，多历显位，唯纲年少，官次最微。余人受命之部，而纲独埋其车轮于洛阳都亭，曰：‘豺狼当路，安问狐狸！’遂奏大将军梁冀无君之心十五事。”后以“埋轮”喻官吏不畏权贵，勇于斗争。谢：惭愧。

⑬盗跖：传说原名展雄，名跖，一作蹠，又名柳下跖、柳展雄。《庄子》称他是鲁国大夫柳下惠之弟，说他“从卒九千人，横行天下，侵暴诸侯，穴室枢户，驱人牛马，取人妇女，贪得忘亲，不顾父母兄弟，不祭先祖”。盗跖之身份，或称他是盗匪，或称他是奴隶起义领袖，但“盗跖”的称呼显然是侮称。

⑭夷齐：即伯夷、叔齐兄弟，商末孤竹君之子。曾叩马谏阻周武王伐纣，武王不听。商亡后，他们耻食周粟，隐居首阳山采薇而食，最终饿死。

译文

于是好事者询问赵逸晋朝时京师与现在相比如何。赵逸说：“晋朝时京师民众比今日少，王侯的宅邸与今日相似。”又说：“自永嘉以来二百余年，建国称王的有十六个君主，我都曾游历过他们的都城，亲眼看过他们的事迹。可他们的国家灭亡之后，翻看其国史书，都不是真实的记录，无不将过失推给别人，把善事引向自己。苻生虽然好勇嗜酒，但也仁爱不杀人。观看他治理国家的法典，也算不上凶暴；但仔细看史书对他的记载，却把天下凶恶的坏事都归罪于他。苻坚自然算是一位贤主，可他杀死国君，夺取帝位，还肆意地记载苻生的恶行，实在算不上光明磊落。凡各朝史官，都是如此。世人都贵远贱近，真是这样。当今之人，也是活着时愚蠢，等到死了，在人们口中反倒充满智慧了，后人受迷惑太严重了！”

人们问他为何这样说，赵逸说：“生前为中庸之人，等到死后，碑文和墓志铭上对他们的形容，无不穷尽天地间的大德，穷尽生民的能耐。如果是做国君的，就可以和尧、舜相比；如果是做臣子的，就可以和伊尹、皋陶相比；如果是做地方官的，就连浮虎太守刘昆也会仰慕他的清廉；如果是执法的官员，就连埋轮的张纲都会羞愧于他的耿直。正所谓生前为盗跖一般的贼寇，死后就成了伯夷、叔齐一样的高士。谄媚佞言伤害了正直，华美文辞掩盖了事实。”当时写文章的士子，听了赵逸的话都很惭愧。

原　文

步兵校尉李澄问曰："太尉府前砖浮图，形制甚古，犹未崩毁，未知早晚造？"逸云："晋义熙[①]十二年，刘裕伐姚泓[②]，军人所作。"

注　释

①义熙：公元405—418年，东晋安帝司马德宗年号。十二年即公元416年。

②刘裕：字德舆，小名寄奴，东晋名将，后篡位建立南朝宋，是为宋武帝。姚泓：字元子，后秦文桓帝姚兴长子。义熙十二年（416）即位。后秦内部叛乱迭起，政权不稳，时为东晋将领的刘裕便率四路大军北伐。十月，王镇恶军占领洛阳。次年，姚泓投降，后晋灭亡。姚泓被押到东晋都城建康，在建康闹市中被斩首。

译　文

步兵校尉李澄问赵逸说："太尉府前砖砌佛塔，形制看起来很古老，多年还未崩毁，不知是何时建造的？"赵逸说："晋义熙十二年，刘裕北伐姚泓，由军人建造。"

原　文

汝南王闻而异之，拜为义父。因而问何所服饵[①]，以致长年。逸云："吾不闲养生[②]，自然长寿。郭璞[③]尝为吾筮云，寿年五百岁，今始逾半。"帝给步挽车[④]一乘，游于市里。所经之处，多记旧迹。三年以后遁去，莫知所在。

注　释

①服饵：道教术语，指服食草木、丹药的养生法。

②闲：通"娴"，娴熟，精于。养生：指摄养身心，以期保健延年。

③郭璞：字景纯，两晋时期人，好经术，博学有高才，而讷于言论，词赋为中兴之冠。好古文奇字，妙于阴阳算历。有郭公者，客居河东，精于卜筮，璞从之受业。公以《青囊中书》九卷与之，由是遂洞五行、天文、卜筮之术，攘灾转祸，通致无方。西晋末渡江，为宣城太守殷祐参军。晋元帝时拜著作佐郎，与王隐共撰《晋史》。后为大将军王敦记室参军，以卜筮不吉劝阻王敦谋反而遇害。

④步挽车：一种用人力拉的类似步辇的车子。

译文

汝南王元悦听闻赵逸的事迹后，觉得十分惊异，于是拜赵逸为义父。趁机问他服用什么东西可以长寿。赵逸说："我不精通养生，是自然而长寿。郭璞曾为我卜卦说，我可以活五百岁，如今才活了一半。"皇帝赐给赵逸步挽车一乘，让他游历市里。他所经之处，多记得过去的事迹。三年后赵逸遁去，没人知道他去了哪里。

原文

崇义里东有七里桥，以石为之。中朝时，杜预[①]之荆州，出顿[②]之所也。

七里桥东一里，郭门开三道，时人号为三门。离别者多云："相送三门外。"京师士子，送去迎归，常在此处。

注释

①杜预：字元凯，西晋著名政治家、军事家和学者，灭吴统一战争的统帅之一。著有《春秋左氏经集解》及《春秋释例》等。

②顿：驻扎，留宿。

译文

崇义里东面有七里桥，用石头建造而成。晋朝时，杜预到荆州，就驻扎在这里。

七里桥东一里处，城门开了三条路，当时人称之为"三门"。离别的人常说："相送三门外。"京师的士子，常在此处迎来送往。

庄严寺

原 文

庄严寺，在东阳门外一里御道北，所谓东安里也。北为租场[①]。里内有驸马都尉司马悦、济州刺史刀宣、幽州刺史李真奴、豫州刺史公孙骧等四宅[②]。

注 释

①租场：即晋朝时的常满仓，北魏孝文帝令为租场。

②驸马都尉：汉武帝时始置，掌副车之马。皇帝出行时自己乘坐的车驾为正车，其他随行的马车均为副车。正车由奉车都尉掌管，副车由驸马都尉掌管。至三国时，魏国何晏以帝婿的身份授官驸马都尉，以后又有晋代杜预娶晋宣帝司马懿之女安陆公主，王济娶晋武帝司马炎之女常山公主，都授驸马都尉。魏晋以后，帝婿照例都加驸马都尉称号，简称驸马，非实官。司马悦：字庆宗，晋宣帝司马懿弟司马馗裔孙。世宗初，除镇远将军、豫州刺史。善断狱。史籍记司马悦尚公主，其子朏尚世宗妹华阳公主，拜驸马都尉。刀宣：尚广川王元略姐饶安公主。北海王元颢入洛阳时，刀宣曾与陈庆之战，败降。李真奴：即李欣，字元盛，小名真奴。官至侍中、镇南大将军、开府仪同三司、徐州刺史，进爵范阳公。李欣父李崇曾官幽州刺史，恐此混淆。公孙骧：事迹无考。

译 文

庄严寺，在东阳门外一里处御道的北面，就是所谓的东安里。北面是租场。里内有驸马都尉司马悦、济州刺史刀宣、幽州刺史李真奴、豫州刺史公孙骧四家的住宅。

秦太上君寺

原　文

秦太上君寺，胡太后所立也。当时太后正号崇训[①]，母仪[②]天下，号父为秦太上公[③]，母为秦太上君[④]。为母追福，因以名焉。

注　释

①崇训：胡太后居崇训宫，又号崇训皇太后。

②母仪：即母范，封建社会做一个良母的道德规范。旧时多用作对皇后或贵妇人的谀辞。《古列女传·小序》："唯若母仪，贤圣有智，行为仪表，言则中义。"

③秦太上公：即胡国珍，字世玉。《魏书·胡国珍传》："国珍少好学，雅尚清俭。女以选入掖庭，生肃宗，即灵太后也。肃宗践祚，以国珍为光禄大夫。灵太后临朝，加侍中，封安定郡公，给甲第，赐帛布绵谷奴婢车马牛甚厚。寻进位中书监、仪同三司，侍中如故，赏赐累万。延和初，加国珍使持节、雍州刺史、骠骑大将军、开府。灵太后以国珍年老，不欲令其在外，且欲示以方面之荣，竟不行。迁司徒公，侍中如故，就宅拜之。灵太后、肃宗率百僚幸其第，宴会极欢。国珍年虽笃老，而雅敬佛法，时事齐洁，自强礼拜。至于出入侍从，犹能跨马据鞍。神龟元年四月七日，步从所建佛像，发第至阊阖门四五里。八日，又立观像，晚乃肯坐。劳热增甚，因遂寝疾。灵太后亲侍药膳。十二日薨，年八十。临死与太后诀云：'母子善治天下，以万人之心。勿视大臣面也。'殷勤至于再三。追崇假黄钺、使持节、侍中、相国、都督中外诸军事、太师、领太尉公、司州牧，号太上秦公，加九锡。"

④秦太上君：胡太后母皇甫氏，景明三年（502）薨于洛阳。胡太后临朝时，皇甫氏已去世多年，遂追其为京兆郡君，后又追为秦太上君。

译文

秦太上君寺，由胡太后所建。当时胡太后称号叫崇训，母仪天下，追尊父亲为秦太上公，母亲为秦太上君。为母亲追福，因此以秦太上君为寺名。

原文

在东阳门外二里御道北，所谓晖文里。里内有太保崔光、太傅李延寔、冀州刺史李韶、秘书监郑道昭等四宅①。并丰堂崛起，高门洞开。赵逸云："晖文里是晋马道里，延寔宅是蜀主刘禅②宅。延寔宅东有修和③宅，是吴主孙皓④宅。李韶宅是晋司空张华⑤宅。"

注释

①崔光：字长仁，本名孝伯，孝文帝赐名光。家贫好学，昼耕夜诵，佣书以养父母。太和六年（482），拜中书博士，转著作郎，与秘书丞李彪参撰国书。迁中书侍郎、给事黄门侍郎，甚为高祖所知待。以参赞迁都之谋，赐爵朝阳子，拜散骑常侍，黄门、著作如故，又兼太子少傅。寻以本官兼侍中、使持节，为陕西大使，巡方省察，所经述叙古事，因而赋诗三十八篇。还，仍兼侍中，以谋谟之功，进爵为伯。崔光少有大度，喜怒不见于色。有毁恶之者，必善言以报之，虽见诬谤，终不自申曲直。世宗即位，任侍中。肃宗即位，胡太后临朝，崔光多次劝谏。崔光宽和慈善，不逆于物，进退沉浮，怡然自得。正光三年（522）九月进位太保。李延寔：字禧，尚书仆射李冲长子。性温良，少为太子舍人。世宗初，袭父爵清泉县侯。累迁左将军、光州刺史。庄帝即位，以元舅之尊，超授侍中、太保。徙封濮阳郡公，改授太傅。寻转司徒公，出为使持节、侍中、太傅、录尚书事、青州刺史。尔朱兆入洛，以延寔外戚，遣人至青州将其杀害。出帝初，归葬洛阳。李韶：字元伯，其祖父李宝为后西凉君主，后归顺北魏，官至镇北将军。李韶有器量，高祖时，出为安东将军、衮州刺史。世宗时，为抚军将军、并州刺史。肃宗朝，出为冀州刺史。清简爱民，甚收名

誉，政绩之美，声冠当时。及赴中山，冀州父老皆送出西境，相聚而泣。二州境既连接，百姓素闻风德，州内大治。正光五年（524）四月，卒于官，年七十二。郑道昭：字僖伯，少而好学，综览群言。高祖朝，除中书郎，转通直散骑常侍。太和十九年（495）随高祖南征，在悬瓠君臣联句作歌，传为佳话。宣武帝初，迁秘书监，因从弟郑思和事株连，出为光州刺史，转青州刺史。后复入为秘书监。死后追赠镇北将军、相州刺史，谥文恭。在光州、青州期间，政务宽厚，不任威刑，为吏民所爱。道昭好为诗赋，凡数十篇。他又是魏碑体的鼻祖，在当时与王羲之齐名，有“北郑南王”之称，也被誉为“北方书圣”。

②刘禅：字公嗣，小名阿斗，三国时蜀汉后主，昭烈帝刘备之子。公元223年继位为帝，期间拜诸葛亮为相父，并支持姜维北伐，在位后期宠信黄皓，致使蜀汉逐渐走向衰弱。公元263年魏将邓艾攻蜀，刘禅投降。蜀汉灭亡后，刘禅即被迁往洛阳居住，受封为安乐公，后在洛阳去世。

③修和：即崔修和，光州刺史崔挺从祖弟，官州主簿。

④孙皓：字元宗，一名彭祖，字皓宗，三国时吴大帝孙权之孙，废太子孙和之子。公元264年被拥立为帝，在位初期虽施行过明政，但不久即沉溺酒色，专于杀戮，变得昏庸暴虐。公元280年，吴国被西晋所灭，孙皓投降西晋，被封为归命侯，四年后在洛阳去世。

⑤张华：字茂先，西汉留侯张良裔孙，魏晋名臣、文学家。曹魏时历任太常博士、河南尹丞、佐著作郎、中书郎等职。西晋建立后，拜黄门侍郎，封关内侯。他学识渊博、工于书法、记忆力极强，被比作子产。后拜中书令，加散骑常侍，与杜预坚决支持建晋武帝司马炎伐吴，战时任度支尚书。灭吴后，进封广武县侯，因声名太盛而出镇幽州，政绩卓然。后入朝任太常。晋惠帝继位，任太子少傅，因功拜右光禄大夫，累官开府仪同三司、侍中、中书监，被皇后贾南风委以朝政。后封壮武郡公，迁司空。永康元年（300），赵王司马伦发动政变，张华被杀，享年六十九岁。

译文

秦太上君寺在东阳门外二里御道的北面，就是所谓的晖文里。里内有太保崔光、太傅李延寔、冀州刺史李韶、秘书监郑道昭四家的住宅。尽皆大堂崛起，高门洞开。赵逸说：“晖文里是晋朝的马道里，李延寔的住宅曾是蜀汉后主刘禅的宅邸。李延寔住宅的东面有崔修和的住宅，曾是吴主孙皓的宅邸。李韶的住宅曾是晋朝司空张华的宅邸。”

原文

中有五层浮图一所，修刹入云，高门向街。佛事庄饰，等于永宁。诵室禅堂，周流重叠。花林芳草，遍满阶墀。常有大德名僧，讲一切经。受业沙门，亦有千数。太傅李延寔者，庄帝舅也。永安年中除青州刺史，临去奉辞，帝谓寔曰：“怀砖之俗，世号难治。舅宜好用心，副朝廷所委。”寔答曰：“臣年迫桑榆①，气同朝露②，人间稍远，日近松丘③。臣已久乞闲退，陛下渭阳④兴念，宠及老臣，使夜行罪人⑤，裁锦万里⑥，谨奉明敕⑦，不敢失坠⑧。”时黄门侍郎杨宽⑨在帝侧，不晓怀砖之义，私问舍人温子升⑩。子升曰：“吾闻至尊兄彭城王⑪作青州刺史，问其宾客从至青州者，云：‘齐土之民，风俗浅薄，虚论高谈，专在荣利。太守初欲入境，皆怀砖叩首以美其意；及其代下还家，以砖击之。’言其向背速于反掌。是以京师谣语曰：‘狱中无系囚，舍内无青州。假令家道恶，腹中不怀愁。’怀砖之义起在于此也。”

注释

①桑榆：日落时光照桑榆树端，因以指日暮。此指人至晚年。

②朝露：早晨的露水。比喻存在时间短促，很快就会消亡。

③松丘：坟墓旁多植松树，故以“松丘”代指坟墓。

④渭阳：《诗经·秦风》有诗《渭阳》，乃秦公子罃（秦康公）送其舅晋公子重耳（晋文公）归国时所作，指甥舅之情。因以“渭阳”代指甥舅之情。据查考，孝庄帝生母为李延寔妹，正光五年（524）卒。

⑤夜行罪人：三国曹魏正始年间，大臣田豫多次请求退职。太傅司马懿认为田豫年纪正壮，下书告谕不予同意。田豫复信说：“年过七十而以居位，譬犹钟鸣漏尽，而夜行不休，是罪人也。”于是坚决称病辞职。朝廷拜他为太中大夫，仍领取九卿的俸禄。后以“夜行罪人”

比喻年纪大还居高位的人。

⑥裁锦万里：担任地方官的谦逊语。裁锦：制作锦衣，古人比喻治理邑县。《左传·襄公三十一年》："子皮欲使尹何为邑。子产曰：'少，未知可否？'子皮曰：'吾爱之，不吾叛也。使夫往而学焉，夫亦愈知治矣。'子产曰：'不可。子有美锦，不使人学制焉。大官大邑，身之所庇也，而使学者制焉。其为美锦，不亦多乎？'"

⑦明敕：明白的训示或告诫。

⑧失坠：指因怠慢而出现差错或闪失。

⑨杨宽：字景仁。孝庄帝时，历官通直散骑侍郎、河南尹丞、太府卿、右光禄大夫、澄城县开国伯。尔朱兆攻陷洛阳时，逃奔梁。梁武帝待之甚厚，不久礼送还朝。孝武帝初，除给事黄门侍郎。坐事去官。永熙三年，兼武卫将军，又除黄门郎。随孝武帝入关西。轻薄无行，为人流所鄙。

⑩舍人：中书舍人的略称。中书舍人为皇帝亲近属官，掌管起草诏令，参与机密，权位颇重。温子升：字鹏举，晋大将温峤后人。少年求学精勤，以夜继昼，昼夜不倦。成年后博览百家，文章清婉。初为广阳王渊低贱门客，在马坊教诸奴子书。作《侯山祠堂碑文》，为常景所赏，由是知名。孝明帝初年，东平王元匡召募辞人，以充御史。正光末，广阳王元渊召为郎中，军国文翰皆出其手。于是才名转盛。孝庄帝即位，为南主客郎中，修起居注。元颢入洛阳，以其为中书舍人。孝庄帝还宫，仍以其为舍人。孝庄帝谋杀尔朱荣，温子升预谋。尔朱兆入洛，子升惧祸逃匿。孝武帝时，为侍读兼舍人。入东魏，为高澄大将军府谘议参军。东魏武定五年（547），元瑾、刘思逸、荀济等作乱，高澄怀疑温子升同谋，囚入晋阳监狱，饿死狱中。《魏书·温子升传》："子升外恬静，与物无竞，言有准的，不妄毁誉，而内深险。事故之际，好预其间，所以终致祸败。"

⑪至尊兄彭城王：即元劭，彭城武宣王元勰嫡长子，孝庄帝元子攸兄长。善于武艺，少有气节。起家宗正少卿，袭封彭城王，又除使持节、假散骑常侍、平东将军、青州刺史。孝昌末，灵太后失德，四方纷扰，劭遂有异志。为安丰王延明所启，乃征入为御史中尉。庄帝即位，尊为无上王。寻遇害河阴。追谥曰孝宣皇帝。

译文

寺内有一座五层佛塔，塔刹高耸入云，大门正对街道。寺庙装饰得庄严华丽，堪与永宁寺相比。诵室禅堂，紧密地分布在四周。花林芳草，遍布于台阶。经常有大德名僧到寺中讲解经文。受业的僧人有千人之多。太傅李延寔，是庄帝的舅舅，永安年间任青州刺史，临出发前向庄帝告辞。庄帝对李延寔说："青州人情淡薄，有怀砖之俗，是世间出了名的难治理的地方。舅舅应好好用心，不要辜负朝廷的委托。"李延寔回答说："臣已年近桑榆之年，生命就像早晨的露水，人世离我越来越远，我却越来越接近松丘。我已经久请罢官闲居。陛下念及甥舅之情，宠信老臣，让我这个年迈仍居高位的罪人，在万里远处为官主政，我只有谨奉教令，不敢怠慢。"当时黄门侍郎杨宽在庄帝身旁，不知道怀砖的意思，就私下询问舍人温子升。温子升曰："我听说陛下的哥哥彭城王元劭做青州刺史时，询问随从他到青州的宾客，宾客说：'齐地的民众，风俗浅薄，高谈阔论，一心在荣华名利。太守入境赴任之初，都怀砖对太守磕头，用来赞美太守；等到太守离任返家，却用砖来掷他。'奉承一个人和蔑视一个人竟如反掌之快。因此京城有歌谣唱道：'家中无人囚禁在狱，家里也没有青州人。那么即使家道不顺，心中也不忧愁。'怀砖的意思就起源于这里。"

原　文

颍川荀济[①]，风流名士，高鉴妙识，独出当世。清河崔叔仁称齐士大夫[②]，济曰："齐人外矫仁义，内怀鄙吝[③]，轻同羽毛，利等锥刀[④]。好驰虚誉，阿附成名，威势所在，侧肩竞入，求其荣利，甜然浓泗[⑤]。譬于四方，慕势最甚。"号齐氏子为慕势诸郎。

注　释

①颍川：郡名，故地在今河南省中部及南部。荀济：字子通，世居江左。初与萧衍为布衣之交。萧衍为王后，负气不服。梁武将诛之，遂奔东魏。东魏大将军当国，倨慢顿甚，孝静帝不堪忧辱。常侍、侍讲荀济知帝意，乃与祠部郎元瑾、长秋卿刘思逸、华山王大器、淮南王宣洪、济北王徽等谋诛高澄。事败被诛。

②清河：郡名，治所青阳县，今河北清河东南。崔叔仁：崔休之

子，性轻侠，重衿期。历通直散骑侍郎、司徒司马、散骑常侍，出为骠骑将军、颍州刺史，以贪污为御史所劾。兴和中，赐死于宅。临刑，赋诗与诸弟诀别而不及其兄，以其不甚营救故也。

③鄙吝：庸俗，鄙俗。形容心胸狭窄。

④锥刀："锥刀之末"的略称，常用以比喻微末小利。《明史·齐之鸾传》："陛下贵为天子，富有四海，乃竞锥刀之利，如倡优馆舍乎？"又指追逐微利。梁启超《灭国新法论》："好望角之英商某，一攫而获巨万之利，于是锥刀之徒，相率麇至。"

⑤浓泗：浓鼻涕。

译文

颍川人荀济，乃风流名士，他那高明的洞察力与高妙的见解在当世出类拔萃。清河崔叔仁称道齐地的士大夫，荀济却说："齐地人外表矫饰仁义，内心却怀有鄙吝之念，视仁义轻于羽毛，争财利就像锥刀。他们爱好追逐虚名，喜欢攀附成名之士，威势所在，就侧着肩争着进去，求得荣利。其丑鄙之态，好似舔舐别人的浓鼻涕却还恬然自得。与四方之人比较，齐地人最是爱慕权势。"荀济称齐地士人为慕势诸郎。

原文

临淄[①]官徒布在京邑，闻怀砖慕势，咸共耻之，唯崔孝忠[②]一人不以为意。问其故，孝忠曰："营丘[③]风俗，太公[④]余化；稷下[⑤]儒林，礼义所出。今虽凌迟[⑥]，足为天下模楷。荀济人非许、郭[⑦]，不识东家[⑧]，虽复莠言[⑨]自口，未宜荣辱也。"

注释

①临淄：先秦时齐国都城，故址在今山东淄博东北。

②崔孝忠：崔修和子，官侍御史、秘书郎。并容貌，无他才识。

③营丘：古邑名，在今山东昌乐县东南二十公里。周武王封姜尚于齐，建都于此。

④太公：即姜太公，姜姓，吕氏，名尚，西周开国元勋，齐国始祖。

⑤稷下：古地名，齐国都城临淄的稷门附近。战国时齐国在此建

稷下学宫，是世界上第一所由官方举办、私家主持的特殊形式的高等学府。学宫吸引了当时各个学派的名家到此讲学，百家争鸣，学风颇盛。

⑥凌迟：衰败，崩坏。

⑦许：即许劭，字子将，东汉末年著名人物评论家。据说他每月都要对当时人物进行一次品评，人称为“月旦评”。郭：即郭泰，字林宗，东汉名士，与许劭并称“许郭”。许、郭皆以擅长品鉴人物著称。《后汉书·许劭传》：“天下言拔士者，咸称许、郭。”

⑧东家：东家丘，即孔丘。孔子的西邻不知孔子的学问，称孔子为“东家丘”。指不识人物。

⑨莠言：恶言，坏话。

译文

分布在京城做官的临淄人，听闻齐地人怀砖慕势之说，都以为耻辱，只有崔孝忠一人不以为意。问他原因，崔孝忠曰：“营丘风俗，是姜太公遗留下的教化；战国时稷下儒林，礼义由此所出。如今虽然倒退，仍足以为天下楷模。荀济不是许劭、郭泰那样的人，不识人才，虽然恶言从他口中说出，也不足引为荣耀或耻辱。”

正始寺

原文

正始寺，百官等所立也。正始[1]中立，因以为名。

在东阳门外御道南，所谓敬义里也。里内有典虞曹[2]。

注释

①正始：公元504—508年，北魏宣武帝元恪年号。

②典虞曹：官署名，属太仆，掌车马和马政。

译文

正始寺是由百官共同出资建造的。正始年间建造，故以此命名。寺在东阳门外御道的南面，就是所谓的敬义里。里内有典虞曹。

原文

檐宇清净，美于景林，众僧房前，高林对牖，青松绿柽[①]，连枝交映。多有枳树[②]，而不中食。有石碑一枚，背上有侍中崔光施钱四十万[③]，陈留侯李崇[④]施钱二十万，自余百官各有差，少者不减五千已下。后人刊之。

注释

①柽：即柽柳，又称西河柳、垂丝柳，一种落叶小乔木，枝条纤弱，老枝红色，夏秋两季开花，花呈淡红色。耐碱抗旱，适于造防沙林。

②枳树：又称枳实、铁篱寨、枸橘、臭杞，小乔木，如桔而小，高五七尺，叶如橙，多刺，春生白花，至秋成实，七八月采者为实，九月采者为壳。

③崔光施钱四十万：《魏书·崔光传》："（崔光）崇信佛法，礼拜读诵，老而逾甚，终日怡怡，未曾恚忿。曾于门下省昼坐读经，有鸽飞集膝前，遂入于怀，缘臂上肩，久之乃去。道俗赞咏诗颂者数十人。每为沙门朝贵请讲《维摩》《十地经》，听者常数百人，即为二经义疏三十余卷。"

④李崇：字继长，小字继伯，其父李诞是文成元皇后李氏之兄。初拜主文中散，袭爵陈留公，拜镇西大将军。后例将为侯，改授安东将军。李崇历经高祖孝文帝、世宗宣武帝、肃宗孝明帝三朝，历治八州，五拜都督将军，政绩显赫，战功卓著，堪称一代名臣。孝昌元年（525）薨于位，年七十一，追赠侍中、骠骑大将军、太尉公、雍州刺史，谥号武康。《魏书·李崇传》："崇沉深有将略，宽厚善御众。在州凡经十年，常养壮士数千人，寇贼侵边，所向摧破，号曰'卧虎'，贼甚惮之。萧衍恶其久在淮南，屡设反间，无所不至，世宗雅相委重，衍无以措其奸谋。"

译文

寺内房屋清净，比景林寺更显美丽精致。众僧房前，高高的树木与窗户对应，青松绿柳树枝相连交映。有很多枳树，但结的果子不能吃。有一块石碑，背面上有碑文，显示侍中崔光为建寺施钱四十万，陈留侯李崇施钱二十万，其余百官施钱各有差别，最少的不低于五千。后人将这些数目刻在碑上。

原文

敬义里南有昭德里。里内有尚书仆射游肇、御史中尉李彪、七兵尚书崔休、幽州刺史常景、司农张伦等五宅①。彪、景出自儒生，居室俭素。唯伦最为豪侈，斋宇光丽，服玩精奇，车马出入，逾于邦君。园林山池之美，诸王莫及。伦造景阳山，有若自然。其中重岩复岭，嵚崟②相属；深溪洞壑，逦迤③连接。高林巨树，足使日月蔽亏；悬葛垂萝，能令风烟出入。崎岖石路，似壅而通；峥嵘④涧道，盘纡⑤复直。是以山情野兴之士，游以忘归。

注释

①游肇：游明根之子，字伯始，其名高祖所赐。高祖年间历官内秘书侍御中散、通直郎、散骑侍郎、太子中庶子。世宗景明末，授黄门侍郎，兼侍中。为畿内大使，黜陟善恶，赏罚分明。转太府卿，徙廷尉卿。持法仁平，断狱务于矜恕。权臣高肇乃世宗之舅，为百僚慑惮，以肇名与己同，欲令改易。肇以高祖所赐，秉志不许，高肇甚衔之。世宗嘉其刚梗。肃宗时，历官中书令、光禄大夫、太常卿、尚书右仆射。正光元年（520）八月卒，年六十九。《魏书·游肇传》："肇于吏事，断决不速。主者谘呈，反复论叙，有时不晓，至于再三，必穷其理，然后下笔；虽宠势干请，终无回挠。方正之操，时人服之。及领军元义之废灵太后，将害太傅、清河王怿，乃集公卿会议其事。于时群官莫不失色顺旨，肇独抗言以为不可，终不下署。肇外宽柔，

内刚直，耽好经传，手不释书。治《周易》《毛诗》，尤精《三礼》。为《易集解》，撰《冠婚仪》《白珪论》，诗赋表启凡七十五篇，皆传于世。谦廉不竞，曾撰《儒棋》，以表其志焉。清贫寡欲，资仰俸禄而已。”七兵尚书：即兵部尚书。三国曹魏始置五兵尚书，谓中兵、外兵、别兵、都兵、骑兵。晋初无。太康中，始有五兵尚书，而又分中、外兵各为左右，合旧五兵为七曹。然尚书唯至五兵，至后魏始有七兵尚书。崔休：字惠盛。少孤贫，矫然自立。举秀才，入京师，与中书郎宋弁、通直郎邢峦交好。孝文帝即位，以为尚书主客郎，兼给事黄门侍郎。及南伐，以为尚书左丞，辅佐北海王。世宗即位，除渤海太守。他个性严明，雅长治体，到任一下车先戮豪猾数人，广布耳目，所在奸盗，莫不擒剪，百姓畏之，寇盗止息，清身率下，渤海由是大治。入为吏部郎中，迁散骑常侍，权兼选任。爱才好士，多所拔擢。后历官洛州刺史、光禄大夫、河南尹。肃宗时，历官平北将军、幽州刺史、安东将军、青州刺史。休在幽、青州五六年，皆清白爱民，甚著声绩，二州怀其德泽，百姓追思之。征为安南将军、度支尚书，寻进号抚军将军、七兵尚书，又转殿中尚书。正光四年（523）卒，年五十二，谥文贞。《魏书·崔休传》：“休聪明强济，雅善断决，幕府多事，辞讼盈几，剖判若流，殊无疑滞，加之公平清洁，甚得时谈。休久在台阁，明习典礼，每朝廷疑议，咸取正焉。诸公咸相谓曰：‘崔尚书下意处，我不能异也。’”司农：官名，汉始置，掌钱谷之事。亦称大司农，为九卿之一。汉建安改为大农，由魏至明，历代相沿，或称司农，或称大司农。明朝以户部司漕粮田赋，故别称户部尚书为大司农，清代因袭。张伦：字天念，张白泽长子，历官护军长史、大司农少卿、燕州大中正、后将军、肆州刺史。孝庄初，迁太常少卿，不拜，转大司农卿。卒于官。

②嵚崟：山高峻貌。

③逦迤：山曲折连绵貌。

④峥嵘：高峻貌。一指卓越，不平凡。

⑤盘纡：迂回曲折。

译文

敬义里南面有昭德里。里内有尚书仆射游肇、御史中尉李彪、七兵尚书崔休、幽州刺史常景、司农张伦五家住宅。李彪、常景都是儒生出身，居室朴素。唯有张伦的宅邸最为豪华奢侈，房屋光鲜亮丽，府中收藏的服饰古玩精致珍奇，出入车马的精美，超过了国君。园林山池之美，诸王都比不上。张伦造的景阳山，就好像是自然界的山一样。其中岩岭重重叠叠，高耸相连；幽深的溪流和山洞沟壑，曲折连绵，互相接续。高大的树木，足以遮蔽日月；悬挂的葛萝，也可使风烟缥缈。崎岖的石路，看似阻断，实则连通；深隐的涧道，曲折之后，复又直达。所以爱好山野情趣之士，在此游览而忘归。

原　文

天水人姜质[①]，志性疏诞，麻衣葛巾，有逸民[②]之操。见伦山爱之，如不能已，遂造《庭山赋》，行传于世。

其辞曰：夫偏重者，爱昔先民[③]之由朴由纯，然则纯朴之体，与造化而梁津[④]。濠上之客[⑤]，柱下之史[⑥]，悟无为以明心，托自然以图志。辄以山水为富，不以章甫[⑦]为贵。任性浮沉，若淡兮无味[⑧]，今司农张氏，实踵[⑨]其人。巨量焕于物表，夭矫[⑩]洞达其真，青松未胜其洁，白玉不比其珍。心托空而栖有，情入古以如新。既不专流宕[⑪]，又不偏华尚，卜居[⑫]动静之间，不以山水为忘。庭起半丘半壑，听以目达心想。进不入声荣，退不为隐放。尔乃决石通泉，拔岭岩前，斜与危云等并，旁与曲栋[⑬]相连。下天津[⑭]之高雾，纳沧海之远烟，纤列之状如一古[⑮]，崩剥之势似千年。若乃绝岭悬坡，蹭蹬蹉跎[⑯]。泉水纡徐如浪峭，山石高下复危多。五寻百拔，十步千过[⑰]，则知巫山[⑱]弗及，未审蓬莱[⑲]如何。其中烟花露草，或倾或倒。霜干风枝，半耸半垂。玉叶金茎，散满阶坪。然目之绮[⑳]，烈鼻[㉑]之馨，既共阳春等茂，复与白雪齐清。或言神明之骨，阴阳之精，天地未觉生此，异人[㉒]焉识其名？羽徒纷泊[㉓]，色杂苍黄。绿头紫颊[㉔]，好翠连芳。白鹤生于异县，丹足[㉕]出自他乡，皆远来以臻此，借水木以翱翔，不忆春于沙漠，遂忘秋于高阳[㉖]。非斯人之感至，何候鸟之迷方[27]？岂下俗之所务，实神怪之异趣。能造者其必诗，敢往者无不赋。或就饶风之地，或入多云之处，□菊岭与梅岑，随春秋之所悟。远为神仙所赏，近为朝士所知。求解脱于服佩，预参次于山陲[28]。子英[29]游鱼于玉质，王乔系鹄于松枝[30]，方丈不足以妙□，咏歌此处态多奇。嗣宗[31]闻之动魄，叔夜[32]听此惊魂。恨不能钻地一出，醉此山门。别有王孙公子，逊遁容仪[33]，思山念水，命驾相随。逢岑爰曲[34]，值石陵欹[35]。庭为仁智之田，故能种此石山。森罗[36]兮草木，长育兮风烟。孤松既能却老，半石亦可留年。若不坐卧兮于其侧，春夏兮其游陟。白骨兮徒自朽，方寸[37]兮何所忆？

注 释

①天水人姜质：《魏书·成淹传》："（成淹子成霄）好为文咏，但词彩不伦，率多鄙俗。与河东姜质等朋游相好，诗赋间起。知音之士，共所嗤笑；闾巷浅识，颂讽成群，乃至大行于世。"据此，姜质则为河东人。

②逸民：古称节行超逸、避世隐居的人。

③先民：古代贤人。

④造化：天地自然之理。梁津：桥梁。此指相通。

⑤濠上之客：代指庄子。《庄子·秋水》："庄子与惠施游于濠梁之上。"濠：水名。

⑥柱下之史：代指老子。老子曾为周朝柱下史，掌方书。

⑦章甫：亦作"章父"，商代的一种冠。《礼记·儒行》："丘少居鲁，衣逢掖之衣；长居宋，冠章甫之冠。"孙希旦集解："章甫，殷玄冠之名，宋人冠之。"此处借指仕宦。

⑧若淡兮无味：《老子》："道之出口，淡乎其无味。"扬雄《解嘲》："大味必淡，大音必希。"

⑨踵：此指继承。

⑩夭矫：纵恣貌。一说自由达通，屈伸自如。

⑪流宕：放荡，不受约束。

⑫卜居：用占卜的方法选择居地或判定拟选居地的吉凶。

⑬曲栋：深邃幽隐的房屋。

⑭天津：即天汉，指天上的河流。

⑮纤列：分裂。纤：细。列：通“裂”。

⑯蹭蹬：险阻难行。蹉跎：失足。此指山势险峻，难以攀登。

⑰五寻百拔，十步千过：言山路极其曲折。寻：古代度量单位，八尺为一寻。

⑱巫山：山名，在四川、湖北两省边界，与大巴山相连。山上峰峦叠嶂，多有神话传说。

⑲蓬莱：即蓬莱山，古时方士传说是仙人居住的地方，位于渤海之中，山上有金阙银殿。与方丈、瀛洲合称三神山。

⑳然目：耀眼貌。绮：光色。此言花色之明丽炫目。

㉑烈鼻：形容香味极其浓烈。

㉒异人：此指常人。一作“人鬼”。

㉓羽徒：指鸟类。泊：停泊。此指栖息。

㉔绿头紫颊：鸭头色绿，鹤颊色赤。

㉕丹足：此指红足的鸟。

㉖高阳：高并且向阳之地。一说地名，在高河之北，故址在今河北清苑东南。

㉗候鸟之迷方：候鸟随季节不同周期性进行迁徙，夏末秋初时往南迁徙过冬，春天时则北返。此言候鸟迷路是说候鸟都来到张氏景阳山而忘了迁徙。

㉘“求解脱于服佩”二句：言神仙与官员都想脱离束缚托身于此山。服：穿着。佩：古代系于衣带上的饰物。服佩：此指神仙的服饰和官员的组绶。

㉙子英：《列仙传》：“子英者，舒乡人也，善入水捕鱼。得赤鲤，爱其色好，持归著池中，数以米谷食之。一年长丈余，遂生角，有翅翼。于英怪异，拜谢之。鱼言：‘我来迎汝。汝上背，与汝俱升天。’即大雨。子英上其鱼背，腾升而去。”

㉚王乔：亦称王子乔。《列仙传》：“王子乔者，周灵王太子晋也。好吹笙，作凤凰鸣。游伊洛之间，道士浮丘公接以上嵩高山三十余年。后求之于山上，见桓良曰：‘告我家，七月七日待我于缑氏山巅。’至时，果乘白鹤驻山头，望之不得到。举手谢时人，数日而去。”鹤、鹄古通用。

㉛嗣宗：即阮籍，字嗣宗，竹林七贤之一。

㉜叔夜：即嵇康，字叔夜，亦竹林七贤之一。据查考，竹林七贤好游山水，乐而往返，喝酒纵歌，肆意酣畅，好老庄，玄默自守。

㉝逊遁：隐退，逃避。容仪：仪容，礼节。

㉞岑：小而高的山。曲：此指山势蜿蜒曲折。

㉟值：遇到。陵：登上。欹：斜，倾倒。

㊱森罗：草木繁盛杂陈貌。

㊲方寸：指心。心处胸中方寸间，故称。

译文

天水人姜质，志性疏放怪诞，身穿麻衣，头戴葛巾，有隐士的操守。他见到张伦的景阳山，喜爱得不能自已，于是作《庭山赋》，流传于世。

赋文曰：人世特别偏重的，是喜爱从前先民的质朴纯真，然而淳朴的本质，是与造化相通的。濠梁客与柱下史，懂得用无为来表明心迹，托自然来寄托志向。往往以山水为富，不以仕宦为贵。任凭性情的浮或沉，体会人生的淡和无为，如今的司农张氏，确实继承了先民。他宽宏的气量焕发在世俗之外，自得地通达他的率真，青松胜不过他的高洁，白玉比不上他的珍贵。心寄托于无而不离于有，情专注于古而更显其新。既不一味放荡，也不偏爱华尚，在动与静之间择地卜居，从不忘怀山水。在庭院里修起半丘半壑，通过眼睛观赏通达内心。进不追逐声色荣华，退不堕入隐世狂放。张氏开掘石洞，以通幽泉，山岭在岩石前拔地而起，斜处与高云相齐，旁同曲栋相连。落下天河的高雾，容纳沧海的远烟，纤裂的形状好像由来已久，崩剥的姿势好像历经千年。至于绝岭与悬坡，险峻难以攀登。泉水迂回舒缓，仍激起高浪；山石高高低低，到处是险境。五寻之内，十步之间，跨越千百个弯道，才知巫山所不能及，不知胜过蓬莱多少。其中烟雾笼罩、沾着清露的花草，或倾或倒。饱经风霜的树干树枝，半耸半垂。金玉般茎叶的植物，散漫台阶和平地。耀眼的绮丽景色，刺鼻的浓烈芳香，既与阳春争相烂漫，又如白雪一般清澈。有人说那是神明之骨，阴阳之精，天地不知不觉地生长了，常人哪能知道它们的名字？鸟类纷纷在此栖息，颜色夹杂着苍黄。绿头紫颊的禽兽亦汇聚在此，满眼翠色连着芳草。白鹤生于异县，丹足出自他乡，皆远来到此，依赖水木而翱翔，它们不再追忆沙漠之春，也忘却了高阳之秋。若非张氏的诚心之至，这些候鸟怎会迷失方向？这岂是俗人的事啊，实在是神怪特别的乐趣。能来造访的一定能吟诗，敢于前来的无不能作赋。要么去到多风的地方，要么前往多云的地方，登上菊岭梅岭，随着春秋变化而感悟。远的被神仙所赞赏，近的被朝士所了解，他们都想解脱俗务，恣情于山水之间。子英让鱼游于池中，王乔将鹄系在松枝，方丈不足以妙比，咏歌此处态多奇。阮嗣宗闻之而动魄，嵇叔夜听此而惊魂，恨不能从地底钻出，在此山门一醉！别有王孙公子，为了隐退逃避，思山念水，乘车前来游赏。每逢山岭，爱其盘曲；每逢岩石，凭依玩赏。正因庭园为仁智之田，才能种此石山。繁茂的草木啊，长育于风烟。与孤松为伴可以不老，与半石为友也可延年。若不坐卧于其侧，春去夏来常游赏，那真是空让白骨自朽，方寸心又有什么可追忆的？

平等寺

原　文

平等寺，广平武穆王怀[①]舍宅所立也。在青阳门外二里御道北，所谓孝敬里也。堂宇宏美，林木萧森，平台复道，独显当世[②]。

注　释

①广平武穆王怀：即元怀，字宣义，北魏孝文帝元宏第五子，宣武帝元恪同母弟。《魏书》本传阙，《北史》亦脱落不全。《河南金石志图》有《广平王元怀墓志》略记其生平，称其熙平二年（517）三月廿六日丁亥薨，年仅三十岁，追崇使持节、假黄钺、都督中外诸军事、太师、领太尉公、侍中，王如故。谥曰武穆。又据《魏书·肃宗纪》，延昌四年（515）二月元怀为司马，八月己丑为太保领司徒。

②独显当世：《金石萃编》载北齐武平三年（572）冯翊王高润《修平等寺碑》，称此寺“背负崇邙，面临清洛，右依城雉，左滞洪陂，嵩岳拥其前，灵河行其后”。

译　文

平等寺是广平武穆王元怀捐出住宅建造的。在青阳门外二里处御道的北面，就是所谓的孝敬里。寺内堂宇宏伟壮美，树木茂密，有平台阁道，独显当世。

原文

寺门外有金像一躯[①]，高二丈八尺，相好端严，常有神验。国之吉凶，先炳祥异[②]。孝昌三年十二月中，此像面有悲容，两目垂泪，遍体皆湿，时人号曰佛汗。京师士女空市里往而观之。有一比丘以净棉拭其泪，须臾之间，棉湿都尽。更换以它棉，俄然复湿。如此三日乃止。明年四月，尔朱荣入洛阳，诛戮百官，死亡涂地。永安二年三月，此像复汗，京邑士庶复往观之。五月，北海王入洛，庄帝北巡。七月，北海王大败，所将江淮子弟五千，尽被俘虏，无一得还[③]。永安三年七月，此像悲泣如初。每经神验，朝野惶惧，禁人不听观之。至十二月，尔朱兆入洛阳，擒庄帝。帝崩于晋阳。在京宫殿空虚，百日无主，唯尚书令司州牧乐平王尔朱世隆镇京师，商旅四通，盗贼不作[④]。

注释

①金像一躯：《修平等寺碑》："永平中，造定光铜像一区，高二丈八尺。永熙年金涂讫功，像在寺外，未得移入。"

②国之吉凶，先炳祥异：《魏书·灵征上·金沴》："永安、普泰、永熙中京师平等寺定光金像每流汗，国有事变，时咸畏异之。"

③"北海王大败"四句：《梁书·陈庆之传》："颢大败，走至临颍，遇贼被擒，洛阳陷。庆之马步数千，结阵东反，荣亲自来追，值嵩高山水洪溢，军人死散。"

④"唯尚书令"三句：《资治通鉴》卷一百五十五："魏自敬宗被囚，宫室空近百日。尔朱世隆镇洛阳，商旅流通，盗贼不作。"永安三年十月，尔朱世隆与尔朱度律共推长广王元晔为主。晔乃以尔朱世隆为开府仪同三司、尚书令、乐平郡王，加太傅，行司州牧。

译文

寺门外有一尊金佛像，高二丈八尺，相貌庄严，常有神奇的应验。国家的吉凶，常在它身上显现祥瑞和怪异。孝昌三年（527）十二月中，此佛像面有悲容，两眼流泪，遍体全湿，当时人称之为佛汗。京师士女都前往观看，集市、里巷为之一空。有一位和尚用干净的棉帕为佛像拭泪，一会儿工夫，棉帕就湿了。再换别的棉帕，也是不一会儿就湿了。像这样三天才停。次年四月，尔朱荣入洛阳，杀戮百官，死者遍地。永安二年（529）三月，这佛像再次冒汗，京师士庶又前往观看。五月，北海王元颢入洛阳，庄帝到北地巡视。七月，北海王大败，所率的江淮子弟五千人，全被俘虏，无一得还。永安三年（530）七月，此佛像又像当初那样悲泣。每次神奇应验，朝野上下都惊惶恐惧，因此禁止百姓前往观看。到十二月，尔朱兆入洛阳，捉住庄帝。庄帝后死于晋阳。京城宫殿空虚，百日无主，只有尚书令司州牧乐平王尔朱世隆镇守京师，商旅才得以往来畅通，盗贼不出来作奸犯科。

原文

建明二年，长广王从晋阳赴京师，至郭外，世隆以长广本枝①疏远，政行无闻，逼禅与广陵王恭②。恭是庄帝从父兄也。正光中，为黄门侍郎，见元乂秉权，政归近习③，遂佯哑不语，不预世事。永安中遁于上洛④山中，州刺史泉企⑤执而送之。庄帝疑恭奸诈，夜遣人盗掠衣物，复拔刀剑欲杀之，恭张口以手指舌，竟乃不言。庄帝信其真患，放令归第。恭常住龙华寺，至是，世隆等废长广而立焉⑥。

注释

①本枝：比喻同一家族嫡出与庶出子孙。据查考，元晔乃北魏太武帝拓拔焘玄孙，景穆帝拓跋晃曾孙，南安惠王拓跋祯之孙，扶风王元怡次子，故言其疏远。

②广陵王恭：即元恭，北魏献文帝拓跋弘之孙，广陵惠王元羽之子。少端谨，有志度。长而好学，事祖母、嫡母以孝闻。正始年间袭

爵为广陵王。历官通直散骑常侍、给事黄门侍郎。正光年间，元乂专权，元恭遂称病不起。孝庄帝践祚，隐居龙华寺，与世隔绝。后被尔朱世隆立为帝。高欢诛尔朱氏，亦杀元恭。谥节闵帝，又称前废帝。

③近习：亲信宠爱的人。

④上洛：在今陕西商县。《魏书·前废帝广陵王传》："王既绝言，垂将一纪，居于龙花寺，无所交通。永安末，有白庄帝者，言王不语，将有异图；民间游声，又云有天子之气。王惧祸，逃匿上洛，寻见追蹑，执送京师，拘禁多日，以无状获免。"

⑤泉企：字思道，上洛丰阳人也。年十二为县令，虽童幼，而好学恬静，百姓安之。孝昌初，除上洛郡守。迁左将军、淅州刺史，别封泾阳县伯。永安中，除抚军将军、使持节，假镇南将军、东雍州刺史，进爵为侯。高欢专政，孝武帝有西顾之心，欲委泉企以山南之事，乃除洛州刺史、当州都督。不久，孝武帝西迁，高欢追击，泉企遣其子元礼督乡里五千人，北出大谷以御之。高欢不能进。大统初，加开府仪同三司，兼尚书右仆射，进爵上洛郡公。后洛州城为东魏名将高敖曹所破，泉企被俘，死于邺城。

⑥世隆等废长广而立焉：《魏书·尔朱世隆传》："世隆与兄弟密谋，以元晔疏远，欲推立前废帝。而尔朱度律意在宝炬，乃曰：'广陵不言，何以主天下？'世隆兄彦伯密相敦喻，乃与度律同往龙花佛寺观之，后知能语，遂行废立。"又《魏书·前废帝广陵王传》："及庄帝崩，尔朱世隆等以元晔疏远，又非人望所推，以王潜默晦身，有过人之量，将谋废立。恐实不语，乃令王所亲申其意，且兼迫胁。王遂答曰：'天何言哉！'世隆等大悦。"

译文

建明二年（531），长广王元晔从晋阳赴京师，到了洛阳城外，尔朱世隆认为长广王距离北魏皇族本枝太疏远，且政绩德行没有声名，就逼他禅位给广陵王元恭。元恭是庄帝的从父兄。正光年间，为黄门侍郎，见元乂秉权，政权都归于他亲近的人，于是装作哑巴，不再说话，不过问世事。永安年间逃遁到上洛的山中，州刺史泉企将他捉住押送到京师。庄帝怀疑元恭奸诈，夜里派人盗掠他的衣物，又拔出刀剑做出要杀他的样子，元恭只是张口用手指舌头，竟然一言不发。庄帝这才相信他真是哑巴，才放他归家。元恭常住龙华寺，到这时，尔朱世隆等废长广王而立他为帝。

原 文

禅文曰：皇帝咨广陵王恭：自我皇魏之有天下也，累圣开辅，重基衍业[①]，奄有[②]万邦，光宅[③]四海，故道溢百王，德渐无外[④]。而孝明晏驾，人神乏主。故柱国大将军、大丞相、太原王荣，地实封陕[⑤]，任唯外相[⑥]，乃心王室[⑦]，大惧崩沦，故推立长乐王子攸以续绝业。庶九鼎[⑧]之命日隆，七百之祚[⑨]唯永。然群飞未宁[⑩]，横流且及[⑪]，皆狼顾鸱张[⑫]，岳立棋峙[⑬]。丞相一麾，大定海内。而子攸不顾宗社，仇忌勋德，招聚轻侠[⑭]，左右壬人[⑮]，遂虐其剖心[⑯]，痛齐钳齿[⑰]。岂直金板[⑱]告怨，大鸟感德[⑲]而已！于是天下之望，俄然已移。窃以宸极[⑳]不可久旷，神器[㉑]岂容无主，故权从众议，暂驭兆民[㉒]。今六军[㉓]南迈，已次河浦[㉔]，瞻望帝京，赧然兴愧。自唯寡薄，本枝疏远，岂宜仰异天情，俯乖民望？唯王德表生民，声高万古。往以运属殷忧[㉕]，时遭多难，卷怀[㉖]积载，括囊[㉗]有年。今天眷明德，民怀奥主[㉘]，历数允集[㉙]，歌讼同臻[㉚]。乃徐发枢机[㉛]，副兹伫属[㉜]。便敬奉玺绶[㉝]，归于别邸。王其寅[㉞]践成业，允执其中[㉟]，虽休勿休，日慎一日，敬之哉！

注 释

①重基：重复坚固而厚其基础。衍：满溢。引申为广布，扩展。

②奄有：完全拥有，完全覆盖。

③光宅：充满，覆被。引申为居有，占据。

④渐：浸润，遍布。无外：远方。

⑤陕：地名。即今河南陕西。封陕：此指尔朱荣同于周公召公。《春秋公羊传·隐公五年》："天子之相则何以三？自陕而东者，周公主之，自陕而西者，召公主之，一相处乎内。"

⑥外相：指在地方上的主要执政者。

⑦乃心王室:《尚书·康王之诰》:“虽尔身在外,乃心罔不在王室。”

⑧九鼎:相传禹在建立夏朝后,用天下九牧所贡之铜铸成九鼎,象征九州。夏商周三代时成为拥有政权的象征,进而成为传国宝器。成汤迁之于商邑,周武王迁之于洛邑。秦攻西周(指周赧王迁都后的西周),取九鼎,其一沉于泗水,余八无考。

⑨七百之祚:《左传·宣公三年》:“成王定鼎于郏鄏,卜世三十,卜年七百,天所命也。”后以“七百”祝颂当朝运祚长久。

⑩群飞未宁:群飞的鸟没有安宁。指天下未安。

⑪横流且及:海水四处奔流。指世事动乱。

⑫狼顾:狼生性多疑,总是担心从后边受到袭击,边走边不停地回头看。形容人虑有忧患,多所猜忌。鸱张:犹鸱视。鸱鸟因惊骇而奋目雄视,比喻人之不能自安。一说鸱鸟张翼。比喻嚣张,凶暴。

⑬岳立棋峙:如山岳般耸立,如棋子般对峙。形容局势相持。

⑭轻侠:指轻生重义而勇于急人之难之人。此指孝庄帝拉拢的亡命之徒。

⑮壬人:佞人,巧言谄媚、不行正道的人。

⑯剖心:相传商末重臣比干强谏纣王,纣王怒,遂剖其心。

⑰钳齿:战国时魏国人范雎因被怀疑通齐,遭到魏相魏齐毒打,以致断肋折齿。

⑱金板:即金版。相传夏桀杀忠臣关龙逢后,有金版书出现在地庭中。任彦升《百辟劝进今上笺》云:“金版出地,告龙逢之怨。”李善注云:“《论语阴嬉谶》曰:庚子之旦,金版克书,出地庭中,曰臣族虐王禽。宋均曰:谓杀关龙之后,庚子旦,庭中地有此版异也。”

⑲大鸟感德:东汉名臣杨震为官正直,不屈权贵,为中常侍樊丰等所忌恨。后遭罢免,又被遣返回乡,途中饮鸩而死。大鸟感激他的德行,在葬礼上集体哀鸣。《后汉书·杨震传》:“顺帝即位,樊丰、周广等诛死,震门生虞放、陈翼诣阙追讼震事。朝廷咸称其忠,乃下诏除二子为郎,赠钱百万,以礼改葬于华阴潼亭,远近毕至。先葬十余日,有大鸟高丈余,集震丧前,俯仰悲鸣,泪下沾地,葬毕,乃飞去。”

⑳宸极:北极星。古人认为北极星是最尊贵的星,为众星所拱。故用以比喻帝位、君位。

㉑神器:借指帝位、政权。

㉒兆民：古称天子之民，后泛指众民、百姓。

㉓六军：天子所统领的军队。《周礼·夏官·序官》："凡制军，万有二千五百人为军。王六军，大国三军，次国二军，小国一军。"《左传·襄公十四年》："周为六军，诸侯之大者，三军可也。"

㉔次：古代行军在一地停留超过两晚称"次"。河浦：黄河的小支流。

㉕殷忧：深深的忧心、忧虑。

㉖卷怀：退避，敛迹。此指深藏不露。

㉗括囊：结扎袋口。比喻缄口不言。

㉘奥主：指国君。

㉙历数：本指观测天象以推算年时节候的方法。此指古谓帝王代天理民的顺序。允集：会集。

㉚歌讼同臻：《孟子·万章》："尧崩，三年之丧毕，舜避尧之子于南河之南。天下诸侯进觐者不之尧之子而之舜，讼狱者不之尧之子而之舜，讴歌者不讴歌尧之子而讴歌舜，故曰天也。夫然后之中国，践天下位焉。"

㉛枢机：此指言行。《周易·系辞》："言行，君子之枢机；枢机之发，荣辱之主也。言行，君子之所以动天地也，可不慎乎？"

㉜副：相符。伫属：期望，嘱咐。

㉝玺绶：印玺及印玺上所系的彩色丝带。因玺为秦始皇之印的专用名，故玺绶便成为天子印玺的专用名词。

㉞寅：毕恭毕敬。

㉟允执其中：指言行不偏不倚，符合中正之道。《尚书·大禹谟》："人心唯危，道心唯微，唯精唯一，允执厥中。"

译文

禅文说：皇帝对广陵王恭说：自从我大魏之拥有天下也，历代圣人开拓辅佐，奠定基础，广开事业，覆盖万国，光照四海，所以道超过百王，德遍布四方。自从明帝去世，人神之主遂缺。已故柱国大将军、大丞相、太原王尔朱荣，地位实在是等同于周公召公，担任外相，忠心于王室，他实在害怕大业崩溃沦落，所以推立长乐王元子攸来继续中断的事业。但愿九鼎之命隆盛，七百之祚永续。然而天下未安，世事动乱，众人皆忧虑狐疑，不能自安，各方势力如山岳耸立、棋子对峙一般。丞相一展谋略，海内大为安定。可是元子攸不顾祖宗社稷，仇视猜忌勋德之臣，招聚轻侠之士，左右皆是奸佞之徒，于是暴虐程度超过剖心，苦痛就像折断牙齿，岂只金版中申诉冤屈，大鸟也在悲鸣感德！于是天下人的景仰，很快就改变了。私意认为帝位不能长久空缺，神器岂能无主，所以权且听从众人的意见，暂时统领天下的百姓。如今六军向南行进，已经驻扎在河浦，观望帝京，心生惭愧。自己思量德薄，血统距皇族本枝又远，岂宜仰望有异于上天的意向，俯首不合于百姓的期望？广陵王您的德行为百姓表率，声望高出万古。过去因为国运深忧，时代遭逢多难，于是收起怀抱多载，寡言噤声数年。如今上天眷顾明德，百姓怀念君主，历数聚集，歌颂也一同而至。于是您缓缓地发动言语，附和这个属望。敬奉上玉玺和绶带，从此我归居于别邸。希望广陵王您敬践成功的事业，妥当地执掌中正，即使想休息也不能懈怠，一天比一天谨慎，敬重它啊！

原　文

恭让曰："天命至重，历数匪轻，自非德协三才[①]，功济四海，无以入选帝图，允当师锡[②]。臣既寡昧，识无先远，景命[③]虽降，不敢仰承。乞收成旨，以允愚衷。"又曰："王既德膺图箓[④]，佥属攸归[⑤]，便可允执其中，入光大麓[⑥]。不劳挥逊，致爽[⑦]人神。"恭凡让者三，于是即皇帝位，改号曰普泰。

注　释

①三才：指天、地、人。语出《周易·系辞下》："有天道焉，有人道焉，有地道焉。兼三才而两之，故六。六者非它也，三才之道也。"

②师锡：《尚书·尧典》："师锡帝曰：有鳏在下，曰虞舜。"孔安国传曰："师，众；锡，与也。"后以"师锡"指众人举荐推许。

③景命：授予帝王之位的天命。

④德膺图箓：犹膺箓受图。指帝王得受图箓，应运而兴。图：河图。箓：符命。张衡《东京赋》："高祖膺箓受图，顺天行诛，杖朱旗而建大统。"

⑤佥属：犹众望。攸归：所归。

⑥大麓：犹总领，谓领录天子之事，入帝位。《尚书·舜典》："纳于大麓，烈风雷雨弗迷。"孔安国传曰："麓，录也。纳舜使大录万机之政，阴阳和，风雨时，各以其节，不有迷错愆伏，明舜之德合于天。"

⑦爽：违背，差失。

译文

元恭推让说："天命至重，历数非轻，倘若不是德行合于三才，功业成就在四海，就无从进入帝王的谱录，受到众人荐举。臣既寡德愚昧，见识也不先远，大命虽然降下，不敢仰首接受。乞请收回成命，来符合我愚暗的衷怀。"皇帝又说："王既然德应图箓，众人又认为您是天命所归，便可以妥当执掌中正，登上大位。不用烦劳退让，以违背人神之意。"元恭一共推让三次，于是即皇帝位，改年号为普泰。

原文

黄门侍郎邢子才[①]为赦文，叙述庄帝枉杀太原王之状。广陵王曰："永安[②]手翦强臣，非为失德；直以天未厌乱，故逢成济[③]之祸。"谓左右："将笔来，朕自作之。"直言门下[④]："朕以寡德，运属乐推[⑤]，思与亿兆同兹大庆。肆眚[⑥]之科，一依恒式[⑦]。"广陵杜口八载，至是始言，海内庶士，咸称圣君。

注释

①邢子才：即邢邵，字子才，十岁便能属文，雅有才思，聪明强记，日诵万余言。文章典丽，既赡且速。年未二十，名动衣冠。永安初，累迁中书侍郎，所作诏诰，文体宏丽。普泰中，兼给事黄门侍郎。后入北齐，官至国子祭酒。邢邵乃北朝文宗，与温子升、魏收并称"北地三才"。《北齐书·邢邵传》："自孝明之后，文雅大盛，邵雕虫之美，独步当时，每一文初出，京师为之纸贵，读诵俄遍远近。邵率情简素，内行修谨，兄弟亲姻之间，称为雍睦。博览坟籍，无不通晓，晚年尤以《五经》章句为意，穷其指要。吉凶礼仪，公私谘禀，质疑去惑，为世指南。"

②永安：孝庄帝年号，此处代指孝庄帝。

③成济：三国后期曹魏武将。时司马昭专权，魏帝曹髦不甘受制，率众伐司马昭。成济受贾充指使，用戟刺死魏帝。事后司马昭为平息众怒，将成济杀死。

④门下：门下省。胡三省注《资治通鉴》卷一百五十五曰："魏晋以来，出命皆由门下省，故其发端必曰敕门下。"

⑤乐推：乐意拥戴。《老子》："是以圣人处上而民不重，处前而民不害，是以天下乐推而不厌。"

⑥肆眚：宽赦罪人。《春秋·庄公二十二年》："春王正月，肆大眚。"杜预注曰："赦有罪也。"

⑦恒式：常规，常法。

译文

黄门侍郎邢子才起草赦文，叙述庄帝枉杀太原王的情状。广陵王曰："永安亲手歼灭强臣，不能算是失德；只是上天还没有厌恶动乱，所以遭逢成济似的祸害。"对左右说："拿笔来，朕亲自来写。"他直敕门下省曰："朕缺少德行，适逢大家推戴的运气，想同天下万民分享这个大喜。至于赦免罪犯的条令，一切依照成规。"广陵王闭口不言八年，到这时才开始说话，国内士人和民众，都称他为圣君。

原文

于是封长广为东海王，世隆加仪同三司、尚书令、乐平王，余官如故。赠太原王相国晋王，加九锡，立庙于芒岭首阳山①。上旧有周公庙，世隆欲以太原王功比周公，故立此庙。庙成，为火所灾。有一柱焚之不尽，后三日雷雨，震电霹雳击为数段，柱下石及庙瓦皆碎于山下。复命百官议太原王配飨②。司直刘季明议云不合③。世隆问其故。季明曰："若配世宗，于宣武无功；若配孝明，亲害其母；若配庄帝，为臣不终，为庄帝所戮。以此论之，无所配也。"世隆怒曰："卿亦合死！"季明曰："下官既为议臣，依礼而言，不合圣心，俘翦④唯命。"议者咸叹季明不避强御⑤，莫不叹伏焉。世隆既有忿言，季明终得无患。

注　释

①芒岭：即邙山。首阳山：在今河南偃师境内的最高处，因日光先照，故名。

②配飨：又作配享，此指功臣祔祀于帝王宗庙。

③司直：官名，北魏始置，属廷尉，职责是复核廷尉、御史、诸官吏所监察、弹劾、审判的案件。刘季明：事迹未详。据《魏书·礼志》，其曾官四门博士。

④俘翦：囚杀。

⑤强御：豪强，有权势的人。

译　文

于是封长广王元晔为东海王，尔朱世隆加仪同三司、尚书令、乐平王，其余官职照旧。追赠太原王、相国尔朱荣为晋王，加九锡，并在芒岭首阳上为他立庙。山上旧有周公庙，尔朱世隆要把太原王的功劳比作周公，所以建立此庙。庙成后，遭遇火灾。有一根柱子烧不完，三天后打雷下雨，震电霹雳将这根柱子击为数段，柱下的基石和庙上的瓦片都被击碎在山下。尔朱世隆又命百官商议太原王配飨之事。司直刘季明说不合。尔朱世隆问他为什么。刘季明曰："如果配世宗，可他对宣武帝并无功劳；如果配肃宗，可他又亲自害死孝明帝的母亲；如果配庄帝，可他做臣子不得善终，被庄帝杀死。这样说来，他是无所配飨的。"尔朱世隆大怒道："你也该死！"刘季明曰："下官既为议臣，依照礼法说话，如果不合圣上的心，是抓是杀悉听尊命。"议论的人都赞叹刘季明不避强权，无不叹服。尔朱世隆虽有愤恨之言，但刘季明最终没有遭难。

原　文

初世隆北叛，庄帝遣安东将军史仵龙、平北将军杨文义[1]各领兵三千守太行岭，侍中源子恭镇河内。及尔朱兆马首南向，仵龙、文义等率众先降，子恭见仵龙、文义等降，亦望风溃散[2]。兆遂乘胜逐北[3]，直入京师，兵入阙下，矢流王室。至是论功，仵龙、文义各封一千户。广陵王曰："仵龙、文义于王有勋，于国无功。”竟不许。时人称帝刚直。彭城王尔朱仲远[4]，世隆之兄也，镇滑台[5]，表用其下都督乙瑗[6]为西兖州刺史，先用后表。广陵答曰：“已能近补，何劳远闻？”世隆侍宴，帝每言：“太原王贪天之功以为己力，罪亦合死。”世隆等愕然。自是已后，不敢复入朝。辄专擅国权，凶慝[7]滋甚，坐持台省[8]，家总万机[9]。事无大小，先至隆第，然后施行。天子拱己南面[10]，无所干预。

注释

①杨文义：《魏书》作“羊文义”，与史仵龙同为都督。

②“及尔朱兆马首南向”四句：《魏书·孝庄纪》：“尔朱兆寇丹谷，都督崔伯凤战殁，都督羊文义、史五龙降兆，大都督源子恭奔退。”《魏书·尔朱兆传》：“兆遂率众南出，进达太行。大都督源子恭下都督史仵龙开垒降兆，子恭退走。”《魏书·源子恭传》：“既而尔朱兆率众南出，子恭所部都督史仵龙、羊文义开栅降兆。子恭退走，为兆所破。众既退散，兆因入洛。”

③逐北：追剿败兵。

④尔朱仲远：尔朱彦伯弟，尔朱世隆兄，为人阴险狡诈，贪财好色。孝庄践祚，历官宁远将军、步兵校尉、平北将军、建兴太守、建州刺史、督三徐州诸军事。尔朱荣死，勒众来向京师，攻陷西兖州，将逼东郡。前废帝立，历官侍中、都督三徐二兖诸军事、东道大都督，进爵彭城王。后为高欢所败，奔南梁，死于江南。《魏书·尔朱仲远传》：“仲远天性贪暴，大宗富族，诬之以反，殁其家口，簿籍财物，皆以入己，丈夫死者投之河流，如此者不可胜数。诸将妇有美色者，莫不被其淫乱。”

⑤滑台：地名，在今河南滑县东。

⑥乙瑗：字雅珍，北魏大将乙环之孙，尚孝文帝女淮阳公主，除驸马都尉，累迁西兖州刺史。天平元年，举兵应樊子鹄，与行台左丞宋显战，败死。

⑦凶慝：凶残邪恶。

⑧台省：汉代的尚书台设在称为省中的宫禁中，故尚书省又有台省之称。唐高宗时以尚书省为中台，门下省为东台，中书省为西台，

总称为台省。亦有合“三省”及御史台称台省者。此处代指朝廷的中枢机构。

⑨万机：指当政者处理的各种重要事务。

⑩拱己南面：即垂拱而治，指帝王不理朝政。拱：束手。南面：古代以坐北朝南为尊位，故天子、诸侯见群臣，或卿大夫见僚属，皆面南而坐。帝位面朝南，故代称帝位。

译文

当初尔朱世隆在北方叛乱，庄帝遣安东将军史仵龙、平北将军杨文义各自领三千兵马守太行岭，侍中源子恭镇守河内。等到尔朱兆向南进兵，仵龙、文义等率众先降。子恭见仵龙、文义等投降，也望风溃散。尔朱兆随即乘胜追击，直入京师，兵至阙下，箭射皇宫。到这时论功行赏，史仵龙、杨文义各封一千户。广陵王曰：“仵龙、文义于王有功，但于国无功。”最终都未同意封赏。当时人称赞皇帝刚直。彭城王尔朱仲远，是尔朱世隆的兄长，镇守滑台，上表请求任用他的下属都督乙瑗为西兖州刺史，先任用后上表。广陵王答复说：“已经能够就近补用，又何劳远闻？”尔朱世隆侍宴，皇帝常说：“太原王贪上天之功，以为自己的力量，罪也该死。”尔朱世隆等听了大惊。从此以后，不敢再入朝。然则专擅国权，凶恶更甚，坐持台省要职，在家里总管万机。事无大小，先到尔朱世隆家里汇报，然后再发令施行。天子大权旁落，不能有所干预。

原文

永熙元年，平阳王[①]入纂大业，始造五层塔一所。平阳王，武穆王少子。

诏中书侍郎魏收[②]等为寺碑文。至二年二月五日土木毕功，帝率百僚作万僧会[③]。其日寺门外有石像，无故自动，低头复举，竟日乃止。帝躬来礼拜，怪其诡异。中书舍人卢景宣[④]曰：“石立社移[⑤]，上古有此，陛下何怪也？”帝乃还宫。三年七月中，帝为侍中斛斯椿[⑥]所使，奔于长安。至十月终，而京师迁邺焉。

注　释

①平阳王：即北魏孝武帝元修，字孝则，孝文帝元宏之孙，武穆王之子。永安三年，封平阳王。普泰初年，转任侍中、镇东将军、仪同三司，兼为尚书右仆射，后又改加侍中、尚书左仆射。公元532年被高欢立为皇帝。公元534年与高欢决裂，率众入关中投奔宇文泰，十二月被宇文泰毒杀。

②魏收：字伯起，小字佛助，历仕北魏、东魏、北齐三朝，累官至尚书右仆射，掌诏诰，总议监五礼事，位特进。曾参修律令。武平三年（572）去世，追赠司空、尚书左仆射，谥文贞。魏收是北朝著名文学家和史学家，奉命撰魏史，与房延祐、辛元植、刁柔、裴昂之、高孝干等"博总斟酌"，撰成《魏书》一百三十篇，记载了鲜卑拓跋部早期至东魏被北齐取代这一时期的历史。书成之后，众口喧嚷，指为"秽史"，魏收三易其稿，方成定本。《北齐书·魏收传》："收硕学大才，然性褊，不能达命体道。见当途贵游，每以色相悦。然提奖后辈，以名行为先，浮华轻险之徒，虽有才能，弗重也。初，河间邢子才及季景与收并以文章显，世称大邢小魏，言尤后也。"

③万僧会：盖与西土之般遮越师相似。《法显行传》："到竭义国，值其王作般遮越师。般遮越师，汉言五年大会也。时请四方沙门，皆来云集，发愿布施众僧。"《北史·卢辩传》："永熙二年平等浮图成，孝武会万僧于寺。"

④卢景宣：即卢辩，字景宣，卢景裕弟。少好学，博通经籍。举秀才，为太学博士。从孝武帝西迁，授给事黄门侍郎，领著作。大统中，除太常卿、太子少傅，封范阳郡公，转少师。北周孝闵帝受禅，迁尚书右仆射。北周明帝即位，进大将军，出为宜州刺史。旋病卒，谥献。

⑤社：指社树。古代封土为社，各随其地所宜种植树木，称社树。《世说新语·方正》："阮宣子伐社树，有人止之。宣子曰：'社而为树，伐树则社亡；树而为社，伐树则社移矣。'"按社树历经风雨而摧损散落者甚多，非为罕事。古者以"石立社移"为异象，或以为祥瑞，或以为恶兆。

⑥斛斯椿：字法寿，六镇叛乱时奔投尔朱荣，因为人佞巧而颇得尔朱荣之喜好，随尔朱荣平定葛荣、讨伐元颢。尔朱荣被诛，斛斯椿依附萧衍所立汝南王元悦。当尔朱兆攻入洛阳后又背叛元悦，重投尔

朱氏门下。中兴二年（532）杀尔朱世隆、尔朱彦伯兄弟。同年与孝武帝元修逃往关中。永熙三年（534）逝世。斛斯椿狡猾多事，好乱乐祸，于时败国，朝野莫不仇疾之。

译 文

永熙元年（532），平阳王元修继大业，开始建造一座五层宝塔。平阳王，是武穆王少子。

皇帝诏令中书侍郎魏收等为寺庙撰写碑文。至永熙二年二月五日土木工程完毕，皇帝率百官举办万僧会。当日寺门外有石像无缘无故自己动了，头低下去又抬起来，直到晚上才停止。皇帝亲自来礼拜，对这怪异之事感到奇怪。中书舍人卢景宣说："石立起来，社树移动，上古就有这种事，陛下何必觉得奇怪呢？"皇帝于是回宫。永熙三年七月中，皇帝被侍中斛斯椿所挟持，逃奔长安。至十月底，高欢将京师迁到邺城。

景宁寺 宝明寺 归觉寺

原 文

景宁寺，太保司徒公杨椿[1]所立也。在青阳门外三里御道南，所谓景宁里也。高祖迁都洛邑，椿创居此里，遂分宅为寺，因以名之。制饰甚美，绮柱珠帘。椿弟顺[2]，冀州刺史；顺弟津[3]，司空。并立性宽雅，贵义轻财。四世同居，一门三从[4]，朝贵义居，未之有也[5]。普泰中，为尔朱世隆所诛[6]。后舍宅为建中寺。

注 释

①杨椿：北魏镇西将军杨播弟，本字仲考，蒙高祖改字延寿，性宽谨。高祖时历官中部曹、豫州刺史、济州刺史、梁州刺史。世宗时屡行征伐，先后平定杨会、陈瞻等叛乱。后因伐木私造佛寺，役使兵

力，为御史所劾，除名为庶人。肃宗正光年间再被起用，任雍州刺史。旋以老病告辞。建义元年，迁司徒公。永安初，进位太保、侍中。普泰元年遇害。

②顺：杨顺，字延和，宽裕谨厚。历官奉朝请、直阁将军、太仆卿、冀州刺史。

③津：杨津，字罗汉，本名延祚，高祖赐名。少端谨，以器度见称。初为侍御中散，迁长水校尉，加直阁将军。出除征虏将军、岐州刺史。巨细躬亲，孜孜不倦。延昌末年，起为右将军，授华州刺史。孝昌初年，加散骑常侍，定州刺史，从定葛荣之乱。永安二年，迁吏部尚书，拜为司空，加侍中。普泰元年，遇害于洛阳。太昌初，孝武帝追赠太傅、雍州刺史，谥孝穆。

④三从：指从曾祖父、从祖父、从父。

⑤朝贵义居，未之有也：《魏书·杨播传》："播家世纯厚，并敦义让，昆季相事，有如父子。播刚毅。椿、津恭谦，与人言，自称名字。兄弟旦则聚于厅堂，终日相对，未曾入内。有一美味，不集不食。厅堂间，往往帏幔隔障，为寝息之所，时就休偃，还共谈笑。椿年老，曾他处醉归，津扶侍还室，仍假寐阁前，承候安否。椿、津年过六十，并登台鼎，而津尝旦暮参问，子侄罗列阶下，椿不命坐，津不敢坐。椿每近出，或日斜不至，津不先饭，椿还，然后共食。食则津亲授匙箸，味皆先尝。椿命食，然后食。一家之内，男女百口，缌服同爨，庭无间言；魏世以来，唯有卢渊兄弟及播昆季，当世莫逮焉。"义居：指孝义之家世代同居。

⑥为尔朱世隆所诛：孝庄帝谋害尔朱荣，杨播子杨侃预谋；杨椿子杨昱，曾率众抵御尔朱仲远。故尔朱世隆专权后，诬杨椿家为逆，杨家无论少长皆遇害。

译文

景宁寺是太保司徒公杨椿所建造。在青阳门外三里御道的南面，就是所谓的景宁里。高祖迁都洛阳，杨椿在景宁里修建宅邸，遂分出部分宅地建立寺庙，故以里名"景宁"为寺名。其规格和装饰很精美，有色彩绮丽的柱子，珍珠缀成的帘幕。杨椿的弟弟杨顺，官居冀州刺史；杨顺的弟弟杨津，官居司空。兄弟三人皆性情宽厚文雅，重义轻财。其家四世同居，一家当中有从曾祖父、从祖父与从父，朝廷的贵族，敦行孝义而举家同居的，从未有过。普泰中，杨椿一家为尔朱世隆所杀。杨家的住宅后来被改建成建中寺。

原　文

出青阳门外三里，御道北有孝义里。里西北角有苏秦[①]冢。冢旁有宝明寺。众僧常见秦出入此冢，车马羽仪[②]，若今宰相也。

注　释

①苏秦：字季子，战国时纵横家，提出“合纵抗秦”的战略思想，兼佩六国相印。后在齐国被人刺死。《太平寰宇记》载其冢在北邙山后。卷三“大统寺”利民里，又有苏秦旧宅。

②羽仪：仪仗中以羽毛装饰的旌旗之类。此处代指仪仗。

译　文

出青阳门外三里，御道北面有孝义里。里的西北角有苏秦冢。冢旁有宝明寺。众僧常见到苏秦出入此冢，车马仪仗，与当今宰相差不多。

原　文

孝义里东即是洛阳小市。北有车骑将军张景仁宅。景仁，会稽[①]山阴人也。景明年初，从萧宝夤[②]归化，拜羽林监，赐宅城南归正里，民间号为吴人坊，南来投化者多居其内。近伊、洛二水，任其习御[③]。里三千余家，自立巷市。所卖口味，多是水族，时人谓为鱼鳖市也。景仁住此以为耻，遂徙居孝义里焉。

注　释

①会稽：郡名，辖今江苏东南部及浙江西部地区，治所在今浙江绍兴。

②萧宝夤：字智亮，南齐宗室，齐明帝萧鸾第六子，原为南齐建

安王，后改封鄱阳王，历任南中郎将、江州刺史、前将军等职。萧衍废齐和帝自立，萧宝夤逃往北魏，娶孝文帝元宏之女南阳公主为妻，屡次南伐。萧宝夤虽投北魏，心中不忘复兴齐国。孝昌三年（527），萧宝夤杀关右大使郦道元及南平王元仲冏，起兵反叛，并控制长安，自称齐帝，改元隆绪。次年兵败投奔万俟丑奴。永安三年（530），万俟丑奴之乱被平定，萧宝夤被俘送到长安，被赐死于驼牛署。

③习御：学习驾御水势。此指南方习于舟楫之人利用自己对水势的掌握便用伊、洛二水。

译文

孝义里东面就是洛阳小市。北面有车骑将军张景仁的宅邸。张景仁，会稽山阴人。景明初年，随从萧宝夤归化我朝，被任命为羽林监，赐予城南归正里的住宅，民间称为“吴人坊”，南方来投化的人多居住在里面。归正里靠近伊、洛二水，任凭他们驾御水势。这个里有三千余家，自立里巷集市。所卖的口味，多是水族，当时人称为鱼鳖市。张景仁以居住在这里为耻，于是迁居孝义里。

原文

时朝廷方欲招怀荒服[①]，待吴儿甚厚，褰裳渡于江者[②]，皆居不次[③]之位。景仁无汗马之劳，高官通显。永安二年，萧衍遣主书陈庆之[④]送北海入洛阳僭帝位。庆之为侍中。景仁在南之日，与庆之有旧，遂设酒引邀庆之过宅。司农卿萧彪、尚书右丞张嵩并在其座，亦是南人，唯有中大夫杨元慎、给事中大夫王日旬是中原士族。庆之因醉谓萧、张等曰：“魏朝甚盛，犹曰五胡[⑤]，正朔[⑥]相承，当在江左。秦朝玉玺，今在梁朝。”元慎正色曰：“江左假息[⑦]，僻居一隅，地多湿垫[⑧]，攒育[⑨]虫蚁，疆土瘴疠[⑩]，蛙黾[⑪]共穴，人鸟同群。短发[⑫]之君，无杼首[⑬]之貌；文身[⑭]之民，禀蕞陋[⑮]之质。浮于三江，棹于五湖[⑯]，礼乐所不沾，宪章弗能革。虽复秦余汉罪[⑰]，杂以华音，复闽楚难言，不可改变。虽立君臣，上慢下暴，是以刘劭[18]杀父于前，休龙[19]淫母于后，见逆人伦，禽兽不异。加以山阴[20]请婿卖夫，朋淫于家，不顾讥笑。卿沐其遗风，未沾礼化，所谓阳翟之民不知瘿之为丑[21]。我魏膺箓受图，定鼎嵩洛，五山[22]为镇，四海为家。移风易俗之典，与五帝而并迹；礼乐宪章之盛，凌百王而独高。岂卿鱼鳖之徒，慕义来朝，饮我池水，啄我稻粱，何为不逊，以至于此？"

庆之等见元慎清词雅句，纵横奔发，杜口流汗，含声不言。

注释

①招怀：招抚，怀柔。荒服：古"五服"之一，称离京师二千到二千五百里的边远地方。泛指边远地区。

②褰：提起。裳：古代指遮蔽下体的衣裙。

③不次：不依寻常次序。犹言超擢，破格。

④陈庆之：字子云，南梁将领。少为梁武帝萧衍随从。天监元年（502）为主书。大通元年（527），44岁的陈庆之初次带兵，战涡阳取得大胜。中大通元年（529），率兵七千护送北魏北海王元颢北归。梁军直趋洛阳，所过之处，魏军望风而降。元颢入住洛阳宫，以陈庆之为侍中、车骑大将军、左光禄大夫。后北魏军反击，失败而返。大同五年（539）十月去世，谥武。

⑤五胡：西晋末年，晋室内乱，匈奴、鲜卑、羯、氐、羌五个北方少数民族先后建立政权，与南方汉人政权对峙，史称"五胡乱华"。

⑥正：即正月，为一年的第一月。朔：即初一，为一月的第一天。正朔：即为一年的第一天。古代改朝换代，新王朝为表示应天承运，必重新制定正朔，故正朔一般指帝王新颁的历法。此指应天承运而颁新历法的帝王。

⑦假息：苟延残喘，暂且得到安宁。

⑧湿垫：低湿。

⑨攒育：聚集。

⑩瘴疠：旧时指南方山林湿热地区流行的恶性传染疾病。瘴：即瘴气，南方湿热蒸郁致人生病之气。疠：指瘟疫，疾病。

⑪黾：古书上说的一种蛙。一说金线蛙。

⑫短发：即断发。

⑬杼首：长头。古人认为长寿之相。

⑭文身：刺肤为花纹。

⑮蕞陋：矮小，丑陋。据查考，断发文身乃古代吴越一带的风俗。《左传·哀公七年》："大伯端委以治周礼，仲雍嗣之，断发文身，裸以为饰，岂礼也哉。"《礼记·王制》："东方曰夷，被发文身，有不火食者矣。"

⑯浮于三江，棹于五湖：《周礼·职方》："东南曰扬州，其川三江，其浸五湖。"《史记·河渠书》："于吴则通渠三江五湖。"或以三江指太湖附近的松江、钱塘江、浦阳江。五湖指太湖及附近的胥湖、蠡湖、洮湖、滆湖。此处三江五湖当概指吴越一带的江河湖泊。

⑰秦余汉罪：《魏都赋》："汉罪流御，秦余徙帮。"刘《注》引《货殖传》："秦破赵，迁卓氏于蜀。汉时日南、比景、合浦、九真亦皆有徙者，息夫躬、孙宠之属焉。"此处蔑指南人乃秦时遗民，汉时罪人。

⑱刘劭：字休远，南朝宋文帝刘义隆长子。好读史传，尤爱弓马。貌美须眉，大眼方口。元嘉六年（429）被立为太子。元嘉三十年（453），因巫蛊之事，刘义隆欲废太子。刘劭得知后，与始兴王刘浚共谋，率兵夜闯皇宫，杀父弑君，自立为帝，改元太初。刘劭因弑父篡位，导致众叛亲离，仅在位三个月，即被率兵讨逆武陵王刘骏击杀。史称元凶劭。

⑲休龙：即南朝宋孝武帝刘骏，字休龙，宋文帝第三子，初封武陵王，素不得宠，屡镇外州。太子刘劭弑帝之后，刘骏亲率大军讨伐，夺取皇位，改元孝建。《魏书》载"骏淫乱无度，蒸其母路氏，秽污之声，布于欧越"，但后世史家对此颇有异议。

⑳山阴：即山阴公主刘楚玉，南朝宋孝武帝刘骏之女，宋前废帝刘子业同母姐。初封山阴公主，后改封会稽长公主，嫁驸马都尉何戢。刘楚玉淫乱放荡闻名于世。景和元年（465）被其叔父宋明帝刘彧赐死。《宋书·前废帝纪》："山阴公主淫恣过度，谓帝曰：'妾与陛下，虽男女有殊，俱托体先帝。陛下六宫万数，而妾唯驸马一人。事不均平，一何至此！'帝乃为主置面首左右三十人。"《宋书·孝武十四王》："楚玉肆情淫纵，以尚书吏部郎褚渊貌美，请自侍十日，废帝许之。渊虽承旨而行，以死自固，楚玉不能制也。"

㉑阳翟：郡名，治所在今河南禹县。瘿：颈部生长的囊状瘤子。

阳翟人由于水土环境原因，颈部长瘤习以为常，故云“阳翟之民不知瘿之为丑”。

㉒五山：指东岳泰山、西岳华山、南岳衡山、北岳恒山、中岳嵩山。一说指华山、首山、太室山、泰山、东莱山。

译文

当时朝廷正欲招致和安抚远方之人，所以对待吴人甚厚，凡是拉起衣裳渡江来投化者，都安置在不错的位置上。张景仁无汗马之劳，却做高官，通达显耀。永安二年（529），萧衍派主书陈庆之送北海王元颢入洛阳僭居帝位。陈庆之为侍中。张景仁在南朝时，与陈庆之有交情，于是设酒宴邀请陈庆之到府上做客。司农卿萧彪、尚书右丞张嵩也都在座，他们也都是江南人，只有中大夫杨元慎、给事中大夫王日旬是中原士族。陈庆之趁着酒醉对萧、张等说：“魏朝虽然很兴盛，但仍是五胡的一支，要说正朔相承，当在江左。秦朝的传国玉玺，如今还在梁朝。”杨元慎正色曰：“江左苟且偷安，僻居一隅，地势低湿，虫蚁聚集，多生瘴疠，数蛙共穴，人鸟同居。断发的君主，没有长寿的容貌；纹身的百姓，具有鄙陋的本质。浮游于三江，操舟于五湖，不受礼乐之熏陶，不能用法典来改革。虽然是秦朝遗留下来的百姓，汉朝发配的罪人，但他们间杂着各族的声音，再加上闽地和楚地难以懂得的方言，实在不可改变。虽然建立了君臣制度，但上面轻慢，下面暴横，所以前有刘劭杀父，后有休龙淫母，悖逆人伦，与禽兽无异。加上山阴公主请求人做夫婿，出卖丈夫，公然在家集体淫乱，不顾他人讥笑。你沉浸在那样的遗风里，未受礼教的教化，正所谓阳翟之民不知道长瘤是丑的。我大魏接受天命，于嵩山洛水间建立基业，以五山为镇，以四海为家。移风易俗的典章，与五帝时毫无二致；礼乐宪章的兴盛，超越百王而独高。你们这些吃鱼鳖的人，羡慕礼义来到我朝，饮我池水，吃我稻粱，为何不逊至此？”

陈庆之等见杨元慎清词雅句，其势纵横奔发，遂杜口流汗，憋住声音不说话。

原文

于后数日，庆之遇病，心上急痛，访人解治。元慎自云能解，庆之遂凭元慎。元慎即口含水噀[①]庆之曰：“吴人之鬼，住居建康[②]。小作冠帽，短制衣裳。自呼阿依，语则阿傍[③]。菰稗为饭[④]，茗饮[⑤]作浆。呷啜莼羹[⑥]，唼嗍[⑦]蟹黄。手把豆蔻[⑧]，口嚼槟榔[⑨]。乍至中土，思忆本乡。急手[⑩]速去，还尔丹阳[⑪]。若其寒门之鬼，□头犹修，网鱼漉鳖，在河之洲。咀嚼菱藕，捃拾鸡头[⑫]。蛙羹蚌臛[⑬]，以为膳羞。布袍芒履，倒骑水牛。沅湘江汉[⑭]，鼓棹遨游，随波溯[⑮]浪，唅喁[⑯]沉浮。白纻[⑰]起舞，扬波发讴。急手速去，还尔扬州。"

庆之伏枕曰："杨君见辱深矣。"自此后，吴儿更不敢解语[⑱]。

注 释

①噀：喷。

②建康：南朝都城，即今江苏南京。

③阿依、阿傍：皆吴语。吴语呼人多冠以"阿"字。依是自称。

④菰：多年生草本植物，生长在河边潮湿之地，俗称茭白，可作蔬菜，结实如米，可以做饭，称菰米或雕胡米。稗：一年生草本植物，果实像黍米，可用作酿酒或饲料。一说为细米。

⑤茗饮：茶汤。

⑥呷啜：小口喝。莼：多年生草本植物，又称水葵，嫩叶可食，口感圆融，鲜美滑嫩。

⑦唼嗍：吃食。

⑧豆蔻：多年生草本植物，外形似芭蕉，花淡黄色，果实扁球形，种子有芳香气味。果实和种子可入药。

⑨槟榔：常绿乔木，高十余丈，果实大如桃李，味苦涩，可下气消积。

⑩急手：当时习语，指急速着手。

⑪丹阳：郡名，治所在今江苏南京。

⑫鸡头：即芡实，一年生草本植物，果实呈圆球形，尖端突起，状如鸡头。

⑬臛：肉羹。

⑭沅湘江汉：指沅江、湘江、长江及汉江。

⑮溯：逆流而行曰溯。

⑯唅喁：鱼口开合貌。

⑰纻：苎麻织成的粗布。

⑱解语：善解人意，会说话。此指放言。

译文

此后数日，陈庆之生病，心上急痛，找人医治。杨元慎自称能治病，陈庆之遂请他治疗。杨元慎就口中含水喷陈庆之说："吴人之鬼，居住建康。戴着小小的冠帽，穿着短短的衣裳。自称叫阿侬，说话则阿傍。以菰稗为饭，以茶汤作浆。喝的是莼羹，吃的是蟹黄。手里拿着豆蔻，嘴里嚼着槟榔。才刚到中土，就思忆故乡。赶紧速速归去，回到你的丹阳。倘是贫家的鬼，头发还很长，用网捕鱼，漉水捉鳖，在河中小洲上。咀嚼菱藕，拾取鸡头。用蛙蚌作羹，以为膳食。披着布袍，穿着草鞋，倒骑着水牛。在沅湘江汉中，摇桨遨游，随波溯浪，像鱼一样上下沉浮。穿着白麻衣起舞，扬起水波歌唱。赶紧速速归去，回到你的扬州。"

陈庆之伏在枕上说："杨君太侮辱我了。"自此以后，吴人再不敢放言讲话了。

原文

北海寻伏诛，其庆之还奔萧衍，衍用其为司州刺史。钦重北人，特异于常。朱异[①]怪复问之，曰："自晋宋以来，号洛阳为荒土，此中谓长江以北尽是夷狄。昨至洛阳，始知衣冠[②]士族并在中原。礼仪富盛，人物殷阜，目所不识，口不能传。所谓帝京翼翼[③]，四方之则，如登泰山者卑培塿[④]，涉江海者小湘沅。北人安可不重？"庆之因此羽仪服式悉如魏法，江表士庶，竞相模楷，褒衣博带[⑤]，被及秣陵[⑥]。

注释

①朱异：字彦和，年十余岁，好群聚蒲博，颇为乡党所患。既长，乃折节从师，涉猎文史，兼通杂艺，博弈书算，皆其所长。二十一岁起家扬州议曹从事史，后入直西省，兼太学博士，迁尚书仪曹郎中，兼中书通事舍人。太清初年，迁左卫将军、中领军。"侯景之乱"时，

病卒。《梁书·朱异传》："异居权要三十余年，善窥人主意曲，能阿谀以承上旨，故特被宠任。异及诸子自潮沟列宅至青溪，其中有台池玩好，每暇日与宾客游焉。四方所馈，财货充积。性吝啬，未尝有散施。厨下珍馐腐烂，每月常弃十数车，虽诸子别房亦不分赡。"

②衣冠：古代士以上戴冠，因用以指士以上的服装。此指缙绅、士大夫。

③翼翼：庄严雄伟貌。一说整齐貌。

④培塿：小土丘。

⑤褒衣博带：着宽袍，系阔带，指古代儒生的装束。褒、博：形容宽大。

⑥秣陵：古县名，治所在今江苏南京。

译文

北海王元颢不久被杀，陈庆之回去投奔南梁，萧衍任用他为司州刺史。他钦重北方人，特别不同寻常。朱异感到奇怪，就问他为什么，陈庆之说："自从晋宋以来，称洛阳为荒土，认为长江以北尽是夷狄。前番去到洛阳，才知道衣冠士族都在中原。北方礼仪富盛，人多物丰，是从来没有看到过的，无法用语言形容。所谓帝都庄严宏伟，是四方所效法的，像登上泰山就觉得其他山很低，涉游江海就觉得湘江沅江很小。怎么能不看重北方人？"因此陈庆之的仪仗和服饰都因袭魏国的制度，江南的士人和庶民都竞相模仿，从此宽衣大带的服饰传及秣陵。

原文

元慎，弘农[①]人，晋冀州刺史峤六世孙。曾祖泰，从宋武入关[②]，为上洛太守七年。背伪[③]来朝，明元帝[④]赐爵临晋侯，广武郡、陈郡太守[⑤]，赠凉州刺史，谥烈侯。祖抚，明经[⑥]，为中博士。父辞，自得丘壑，不事王侯。叔父许，河南令、蜀郡[⑦]太守。世以学行著闻，名高州里[⑧]。元慎情尚卓逸，少有高操，任心自放，不为时羁。乐山爱水，好游林泽。博识文渊，清言[⑨]入神，造次[⑩]应对，莫有称者。读老庄，善言玄理。性嗜酒，饮至一石，神不乱常，慷慨叹不得与阮籍同时生。不愿仕宦，为中散[11]，常辞疾退闲，未常修敬[12]诸贵，亦不庆吊亲知。贵为交友，故时人弗识也。或有人慕其高义，投刺[13]在门，元慎称疾高卧。

加以意思深长，善于解梦。孝昌年，广阳王元渊[14]初除仪同三司，总众十万讨葛荣[15]。夜梦著衮衣[16]，倚槐树而立，以为吉征，问于元慎。元慎曰："三公之祥。"渊甚悦之。元慎退还，告人曰："广阳死矣！槐字是木傍鬼，死后当得三公。"广阳果为葛荣所杀，追赠司徒公，终如其言。建义初，阳城[17]太守薛令伯闻太原王诛百官，立庄帝，弃郡东走，忽梦射得雁，以问元慎。元慎曰："卿执羔，大夫执雁[18]，君当得大夫之职。"俄然令伯除为谏议大夫[19]。京兆[20]许超梦盗羊入狱，问于元慎。元慎曰："君当得城阳[21]令。"其后，有功封城阳侯。元慎解梦，义出万途，随意会情，皆有神验。虽令与侯小乖，按令今百里，即是古诸侯。以此论之，亦为妙著。时人譬之周宣[22]。及尔朱兆入洛阳，即弃官与华阴隐士王腾周游上洛山。

注　释

①弘农：郡名，治今河南陕县。

②宋武入关：宋武帝刘裕北伐后秦入关，在东晋安帝义熙十三年（417）八月。

③伪：此指南朝宋。杨衒之是北魏人，故称。

④明元帝：即拓跋嗣，北魏道武帝拓跋珪长子。403年，拓跋嗣被立为太子。409年，诛杀谋逆的拓跋绍，登基为帝。410年，北伐大破柔然。423年，亲征刘宋，辟地三百里。423年，由于御驾亲征，积劳成疾而终，庙号太宗。

⑤广武郡：十六国前凉置，属凉州，治所在今甘肃永登。陈郡：秦置，治所在今河南淮阳。

⑥明经：汉武帝时设置的选举官员的科目，至宋神宗时废除。被推举者须明习经学，故以"明经"为名。

⑦蜀郡：属益州，治所在今四川成都。

⑧州里：古代两千五百家为州，二十五家为里。本为行政建制，后泛指乡里或本土。

⑨清言：清新高雅的言谈议论。

⑩造次：匆忙，仓促。

⑪中散：中散大夫的简称，西汉末年王莽置，东汉沿置，无定员，多时三十人。无固定职事，掌顾问应对。

⑫修敬：整饰礼仪以表示敬意。此指巴结奉承。

⑬投刺：古代礼节，通报姓名以求相见或表示祝贺。刺：指名刺或名帖，相当于现代的名片。

⑭元渊：字智远，广阳王拓拔嘉之子，袭爵。《北史》避唐高祖李渊讳作“元深”。孝昌二年（526）五月率军讨伐鲜于修礼，八月为修礼部将葛荣所杀。

⑮葛荣：北魏流民起义领袖，孝昌二年称天子，国号为齐。后被尔朱荣擒杀。

⑯衮衣：亦称“衮服”，古代天子及王公的礼服，因上有龙的图案得名。

⑰阳城：郡名，汉置，治所在今河南登封东南。

⑱卿执羔，大夫执雁：语出《周礼·春官·大宗伯》，意谓卿拿小羊羔作为见面礼，大夫拿雁作为见面礼。

⑲谏议大夫：官名，秦代始置谏大夫，为郎中令属官，掌论议，有数十人之多。汉初不置。元狩五年（前118）初置，属光禄勋。东汉改称谏议大夫，仍属光禄勋。北魏沿置，隶属集书省，掌谏诤议论。

⑳京兆：汉朝京畿都城地域的名称，魏时改成郡，辖境相当于今陕西秦岭以北、西安以东、渭河以南地区。

㉑城阳：县名，治所在今河南泌阳南。

㉒周宣：字孔和，三国曹魏人。擅长解梦。《三国志·魏书·方技传》：“文帝问宣曰：‘吾梦殿屋两瓦堕地，化为双鸳鸯，此何谓也？’宣对曰：‘后宫当有暴死者。’帝曰：‘吾诈卿耳！’宣对曰：‘夫梦者意耳，苟以形言，便占吉凶。’言未毕，而黄门令奏宫人相杀。无几，帝复问曰：‘我昨夜梦青气自地属天。’宣对曰：‘天下当有贵女子冤死。’是时，帝已遣使赐甄后玺书，闻宣言而悔之，遣人追使者不及。帝复问曰：‘吾梦摩钱文，欲令灭而更愈明，此何谓邪？’宣怅然不对。帝重问之，宣对曰：‘此自陛下家事，虽意欲尔而太后不听，是以文欲灭

而明耳。’时帝欲治弟植之罪，逼于太后，但加贬爵。”

译文

杨元慎是弘农人，晋朝冀州刺史杨峤的六世孙。曾祖杨泰，跟从宋武帝入关，做上洛太守七年。后杨泰背弃伪朝，来投我朝。明元帝赐爵临晋侯，先后任命为广武郡、陈郡太守，赠凉州刺史，死后加谥烈侯。祖父杨抚，考取明经科，任中博士。父亲杨辞，在山林间自得其乐，不事奉王侯。叔父杨许，任河南令、蜀郡太守。当世以学识德行著称，在州里名声很高。杨元慎志向高远卓越，少年时就有高尚的情操，随性而为，自由放达，不受时局的束缚。他喜爱山水，好游历林泽。博学多才，清言入神，随即应对，没有能相比的。读《老子》《庄子》，善言玄理。性嗜酒，喝下一石，神志不乱。他慷慨地感叹，不得与阮籍同时生。不愿做官，做中散大夫，经常称病，离职到处闲游，不曾向诸权贵献殷勤，也不为亲友庆喜吊丧。他对于交游很慎重，所以当时人都不知道他。有人仰慕他高尚的节操，往他门内投名片，杨元慎就称病高卧。

杨元慎考虑问题精深长远，又善于解梦。孝昌年间，广阳王元渊开始拜仪同三司，统兵十万讨伐葛荣。夜里梦见穿着衮衣，倚着槐树站立，以为是吉兆，向杨元慎求解。杨元慎曰：“这是位列三公的祥兆。”元渊非常高兴。杨元慎退还，告诉别人说：“广阳王要死了！槐字是木字旁一个鬼，死后当得三公。”广阳果然为葛荣所杀，追赠司徒公，就和杨元慎说的一样。建义初年，阳城太守薛令伯听说太原王尔朱荣诛杀百官，拥立庄帝，就弃郡向东逃。忽然做梦射得雁，向杨元慎求解。杨元慎曰：“卿执羔，大夫执雁，你当得大夫的职位。”不久薛令伯就被任命为谏议大夫。京兆人许超梦见因盗羊而入狱，向杨元慎求解。元慎曰：“你当得城阳令。”其后许超立功，受封城阳侯。杨元慎解梦，意义出于万途，随意会合情事，皆有神奇的应验。虽然“令”与“侯”小异，但“令”今管辖百里之地，就相当于古代的诸侯。以此来看，也是妙解。当时人把杨元慎比作周宣。等到尔朱兆入洛阳，杨元慎就弃官与华阴隐士王腾周一起隐居上洛山了。

原文

孝义里东市北殖货里，里有太常民[1]刘胡兄弟四人，以屠为业。永安年中，胡杀猪，猪忽唱乞命，声及四邻。邻人谓胡兄弟相殴斗而来观之，乃猪也。胡即舍宅为归觉寺，合家人入道焉。普泰元年，此寺金像生毛，眉发悉皆具足。尚书左丞魏季景[2]谓人曰："张天锡[3]有此事，其国遂灭，此亦不祥之征。"至明年而广陵被废死。

注　释

①太常民：太常即太常寺，主管礼乐社稷的官署，所属有百姓。太常民即隶属太常寺管辖，为礼乐郊庙祭祀等服务的民户。其地位较平民低，高于官奴婢。

②魏季景：光州刺史魏鸾之子。少孤，清苦自立，博学有文才，弱冠有名京师，与族侄魏收合称"二魏"。历官中书侍郎、尚书右丞、给事黄门侍郎、大司农卿、魏郡尹。

③张天锡：初字公纯嘏，后改字纯嘏，前凉文王张骏少子，公元363年自立为王。公元376年前秦苻坚攻灭前凉，张天锡投降。淝水大战后归东晋，死于江南。

译　文

孝义里东市的北面有殖货里，里内有太常民刘胡兄弟四人，以杀猪为业。永安年间，刘胡杀猪，猪忽然喊救命，声音传到四邻。邻人以为刘胡兄弟相互殴斗，跑来围观，却发现是猪在叫。于是刘胡捐出住宅建造归觉寺，全家人都皈依信奉了佛教。普泰元年，归觉寺里的金佛像生出毛来，眉毛头发都具备完足。尚书左丞魏季景对人说："张天锡的前凉国有过这种事情，他的国家就灭亡，这也是不祥之兆。"到第二年，广陵王元恭被高欢废杀。

卷三 城南

景明寺

原文

景明寺，宣武皇帝所立也。景明年中立，因以为名。

在宣阳门外一里御道东。其寺东西南北方五百步[①]。前望嵩山、少室[②]，却负帝城。青林垂影，绿水为文，形胜之地，爽垲[③]独美。山悬堂观光盛，一千余间。复殿重房，交疏对霤[④]。青台紫阁，浮道[⑤]相通。虽外有四时，而内无寒暑。房檐之外，皆是山池。松竹兰芷[⑥]，垂列阶墀，含风团露，流香吐馥。

注释

①步：旧制长度单位，历代规定不一，周以八尺为步，秦以六尺为步。

②嵩山：在今河南登封北。少室：少室山，为嵩山的最西峰。《元和志》卷五："河南道登封县北八里，亦名外方山。又云东曰太室，西曰少室，嵩高总名，即中岳也。山高二十里，周回一百三十里。少室山在县西四十里，高十六里，周回三十里，颖水源出焉。"

③爽垲：高爽而干燥之地。

④疏：即文窗，刻镂文彩的窗。霤：屋檐下接水长槽。此指屋檐。

⑤浮道：即复道，指架设于空中的通道。

⑥芷：白芷，多年生草本植物，有香气，根可入药。

译文

景明寺是宣武皇帝所建造的。因为修建于景明年间，故以年号为名。

景明寺在宣阳门外一里处的御道的东面。寺东西南北方五百步见方。前面能望见嵩山、少室山，背负帝城。青翠的树木垂下疏影，碧绿的流水荡起涟漪，实为形胜之地，凉爽而风景独美。倚山建造的堂观光彩壮丽，多达一千余间。佛殿重重，僧房交错，文窗相接，屋檐相对。青色的高台，紫色的楼阁，有复道相连通。虽然外面有四季流转，但此间没有寒暑的变化。房檐以外，都是山池。松竹兰芷，垂列阶沿，含着风，聚着露，流吐芳香。

原　文

至正光年中，太后始造七层浮图一所，去地百仞①。是以邢子才碑文云“俯闻激电，旁属②奔星”，是也。

妆饰华丽，侔③于永宁。金盘宝铎，焕烂霞表。

注　释

①仞：古代计量单位。周一仞为八尺，汉制为七尺，东汉末为五尺六寸。

②属：通“嘱”，望。

③侔：相等。据查考，永宁寺佛塔九层。

译　文

到正光年间，胡太后才在景明寺中建造了一座七层宝塔，高达百仞。因此邢子才碑文说“俯身听见猛烈的闪电，旁边看到奔驰的流星”，确实如此。

宝塔装饰华丽，与永宁寺宝塔不相上下。塔顶有金盘，塔旁挂宝铎，光彩映照云霞之外。

原　文

寺有三池，萑蒲菱藕①，水物生焉。或黄甲紫鳞②，出没于蘩藻③；或青凫④白雁，浮沉于绿水。礳硙舂簸⑤，皆用水功。伽蓝之妙，最得称首。

注　释

①萑：芦类植物。初生名“菼”，幼小时叫“蒹”，长成后称“萑”。

蒲：多年生草本植物，生在沼中，高近两米。根茎长在泥里，可食。叶长而尖，可编席、制扇。

②黄甲：龟、鳖等甲壳类动物。紫鳞：指鱼类。

③蘩藻：水草。

④凫：一种水鸟，俗称野鸭，常群游湖泊中，能飞。

⑤礳：字书无此字，盖今“碾”字。硙：指磨，使物粉碎。舂簸：舂谷簸糠。

译文

寺中有三个水池，萑蒲菱藕等水物生长在其中。时而是黄甲鳖和紫鳞鱼，出没于水草间；时而青凫与白雁，浮沉于绿水中。寺中碾米、磨面、舂谷、扬糠等活计，都靠水力推动。寺院对自然条件的妙用，景明寺最是称首。

原文

时世好崇福，四月七日，京师诸像皆来此寺。尚书祠部曹录像凡有一千余躯[①]。至八日，以次入宣阳门，向阊阖宫前受皇帝散花[②]。于时金花映日，宝盖浮云，幡幢若林，香烟似雾。梵乐法音[③]，聒动天地。百戏腾骧[④]，所在骈比[⑤]。名僧德众，负锡为群；信徒法侣，持花成薮[⑥]。车骑填咽[⑦]，繁衍相倾。时有西域胡沙门见此，唱言佛国[⑧]。

注释

①祠部曹：官署名，三国曹魏置，掌礼制。录像：登录佛像。

②皇帝散花：向佛像身上撒放花朵或于佛前散置花朵以供养佛。《魏书·释老志》：“世祖初即位，亦遵太祖、太宗之业，每引高德沙门，与其谈论。于四月八日，舆诸佛像，行于广衢，帝亲御门楼，临观散花，以致礼敬。”则魏帝向佛散花，其有由来。

③梵乐：指佛教音乐，包括佛曲呗赞等。法音：诵经奏乐声。一说解说佛法的声音。

④腾骧：飞腾、奔腾。

⑤骈比：并列，密集排列。
⑥薮：生长着很多草的湖泽。
⑦填咽：犹“填噎”，堵塞，拥挤。
⑧唱言佛国：盛赞佛事之盛俨如佛国。

译文

时世崇尚敬佛祈福，四月七日，京师诸寺的佛像都聚集到景明寺。据尚书祠部曹记录，佛像共有一千余座。至四月八日行像日，这些佛像依次进入宣阳门，到阊阖宫前接受皇帝散花致礼。当时金花映日，宝盖浮云，幡幢若林，香烟似雾。梵乐法音，震动天地。各种杂技表演奔腾飞跃，所在之处密集排列。一众名僧大德，背着锡杖结为一群；信徒法侣，手持鲜花组成花海。车马填塞道路，多得相互倾轧。当时有西域胡僧见到这种胜景，赞说这里就像佛国。

原文

至永熙年中，始诏国子祭酒①邢子才为寺碑文。子才，河间人也。志性通敏，风情雅润，下帷覃思②，温故知新。文宗学府③，腾班、马④而孤上；英规胜范，凌许、郭⑤而独高。是以衣冠之士，辐凑其门⑥；怀道之宾，去来满室。升其堂者，若登孔氏之门⑦；沾其赏者，犹听东吴之句⑧。藉甚当时，声驰遐迩。正光末，解褐为世宗挽郎⑨，奉朝请。寻进中书侍郎、黄门侍郎。子才洽闻博见，无所不通，军国制度，罔不访及⑩。自王室不靖，虎门⑪业废，后迁国子祭酒，谟训上庠⑫。子才罚惰赏勤，专心劝诱，青领⑬之生，竟怀雅术。洙泗⑭之风，兹焉复盛。永熙年末，以母老辞，帝不许之。子才恪请，辞情恳至，涕泪俱下，帝乃许之。诏以光禄大夫⑮归养私庭，所在之处，给事力⑯五人。岁一入朝，以备顾问。王侯祖道⑰，若汉朝之送二疏⑱。

注　释

①国子祭酒：古代学官名，晋武帝时置，后代沿置，为国子学或国子监的主管官。

②下帷：放下室内悬挂的帷幕，指闭门苦读。覃思：深入思考。

③文宗：指文采华赡，为一时之宗主。学府：学问的府库。比喻学问渊博。

④班、马：指班固和司马迁。班固著《汉书》，司马迁著《史记》，二人不仅是史学家，亦是文章大家。

⑤许、郭：指东汉许劭和郭泰，二人均以善于品鉴人物著称。通过品题人物，实际上也就显示了为人的规矩和模范。

⑥辐凑：车辐由四面八方向中心的轴聚集。比喻人和物聚集一处。辐：车轮中凑集于中心毂上的直木。

⑦孔氏之门：《论语·先进》："子曰：'由之瑟，奚为于丘之门？'门人不敬子路。子曰：'由也升堂矣，未入于室也。'"《法言·吾子》："诗人之赋丽以则，辞人之赋丽以淫。如孔氏之门人用赋也，则贾谊升堂，相如入室矣。"据查考，登孔氏之门喻登堂入室，学业已成。

⑧东吴之句：指鲁肃称赞吕蒙的话。裴松之注《三国志·吴书·吕蒙传》引《江表传》曰："吕蒙始就学，笃志不倦，其所览见，旧儒不胜。后鲁肃上代周瑜，过蒙言议，常欲受屈。肃拊蒙背曰：'吾谓大弟但有武略耳，至于今者，学识英博，非复吴下阿蒙。'蒙曰：'士别三日，即更刮目相待。'"一说指孔融夸赞虞翻的话。《三国志·吴书·虞翻传》："翻与少府孔融书，并示以所著易注。融答书曰：'闻延陵之理乐，睹吾子之治易，乃知东南之美者，非徒会稽之竹箭也。又观象云物，察应寒温，原其祸福，与神合契，可谓探赜穷通者也。"

⑨解褐：脱去布衣，担任官职。挽郎：出殡时牵引灵柩唱挽歌的人。《晋书·礼志》："汉魏故事，大丧及大臣之丧，执绋者挽歌。新礼以为挽歌出于汉武帝役人之劳歌，声哀切，遂以为送终之礼。"又载："成帝咸康七年，皇后杜氏崩。有司又奏依旧选公卿以下六品子弟六十人为挽郎。"南朝宋刘义庆《世说新语·纰漏》："武帝崩，选百二十挽郎，一时之秀彦，育长亦在其中。"宋苏轼《艾子杂说》："挽郎乃死者之导也。"

⑩军国制度，罔不访及：《北齐书·邢邵传》："邢邵博览文籍，无不通晓，晚年尤以《五经》章句为意，穷其指要。吉凶礼仪，公私谘

禀，质疑去惑，为世指南。每公卿会议，事关典故，邵援笔立成，证引该洽。帝命朝章，敢定俄顷。词致宏远，独步当时。”

⑪虎门：原指路寝之门，即古代天子、诸侯的正室，因门外画虎而得名。此指国子学。

⑫谟训：谋划，策划。此指教育，训导。上庠：古代指太学、国子监。庠：学校。

⑬青领：即青衿，青色交领的深衣。周朝学子和北齐、北周、隋唐、两宋国子生的常服。《诗经·郑风·子衿》：“青青子衿，悠悠我心。”毛传：“青衿，青领也。学子之所服。”此处代指学子、士子。

⑭洙泗：即洙水和泗水。古时二水自今山东省泗水县北合流而下，至曲阜北，又分为二水，洙水在北，泗水在南。春秋时属鲁国地。孔子在洙泗之间聚徒讲学。后因以“洙泗”代称孔子及儒家。

⑮光禄大夫：战国时置中大夫，汉武帝时始改为光禄大夫，掌顾问应对。魏晋以后无定员，皆为加官及褒赠之官。加金章紫绶者，称金紫光禄大夫；加银章青绶者，称银青光禄大夫。唐、宋以后用作散官文阶之号。

⑯事力：供役使的人，仆役。

⑰祖道：古代为出行者祭祀路神和设宴送行的礼仪。

⑱二疏：汉宣帝时名臣疏广与兄子受。疏广字仲翁，东海兰陵人。少好学，明《春秋》，家居教授，学者自远方至。征为博士、太中大夫。地节三年，立皇太子，选广为少傅。数月，徙为太傅。疏广兄子疏受，字公子，亦以贤良举为太子家令。好礼恭谨，敏而有辞，汉宣帝拜为少傅。太子每朝，因进见，太傅在前，少傅在后。父子并为师傅，朝廷以为荣。在位五岁，皇太子年十二，通《论语》《孝经》。疏广对疏受说：“吾闻知足不辱，知止不殆，功遂身退，天之道也。今仕官至二千石，宦成名立，如此不去，惧有后悔，岂如父子相随出关，归老故乡，以寿命终，不亦善乎？”受叩头曰：“从大人议。”于是二人告病辞官。宣帝许之，加赐黄金二十斤，皇太子赠以五十斤。公卿大夫故人邑子设祖道，供张东都门外，送者车数百两，辞决而去。及道路观者皆曰：“贤哉二大夫！”或叹息为之下泣。事见《汉书·疏广传》。

译文

到永熙年间，孝武帝才下诏令国子祭酒邢子才为景明寺撰写碑文。

邢子才，河间人。志向性格通达聪敏，风采神情雅正温润，垂下书帷沉思，温故而知新。他文采华瞻，学问渊博，超过班固、司马迁而独立向上；优良的准则，美好的典范，胜过许劭、郭泰而独自高标。因此着衣戴冠的士子，都聚集到他门下；怀有学问德行的宾客，来来往往，盈满其室。能到他堂上的，就如登上孔氏之门；承蒙他赞赏的，好似听到东吴之句。他在当时声名显赫，可谓闻名遐迩。正光末年，邢子才做官为世宗挽郎，奉朝请。不久晋升为中书侍郎、黄门侍郎。子才多闻博识，无所不通，统军和治国的制度，没有不向他征求意见的。自从朝廷不安定，国学的学业荒废，就任命他为国子祭酒，教授国学。子才责罚懒惰的，赞赏勤学的，专心劝导学生学习，国学的生徒，都身怀雅正的道术。孔子在洙水泗水的儒学风气，至此复兴。永熙末年，以母亲年老辞官，皇帝不允许。子才坚决请求，言辞恳切，涕泪俱下，皇帝才答应。下诏以光禄大夫的身份归家养母，所在之处，配给五名役使的人。每年入朝一次，以备皇上咨询。王侯为他饯送，那场面就像汉朝送别二疏。

原　文

暨皇居徙邺，民讼殷繁，前革后沿[①]，自相与夺[②]，法吏疑狱，簿领[③]成山。乃敕子才与散骑常侍温子升撰《麟趾新制》[④]十五篇。省府[⑤]以之决疑，州郡用为治本。武定中，除骠骑大将军、西兖州刺史。为政清静，吏民安之[⑥]。后征为中书令。时戎马在郊，朝廷多事，国礼朝仪，咸自子才出。所制诗、赋、诏、策、章表、碑颂、赞记[⑦]五百篇，皆传于世。邻国钦其模楷[⑧]，朝野为之美谈也。

注　释

①前革后沿：《魏书·刑罚志》："天平后，迁移草创，百司多不奉法。"

②自相与夺：此言刑法条款前后相互矛盾，奖励和惩罚的标准不一致。

③簿领：官府记事的簿册或文书。

④《麟趾新制》：《资治通鉴》卷一百五十八："梁武帝大同七年，

东魏诏群官于麟趾阁议定法制，谓之《麟趾格》。冬十月甲寅，颁行之。”《魏书·孝静帝纪》：“兴和三年冬十月癸卯齐文襄王自晋阳来朝，先是诏文襄王与群臣于麟趾阁议定新制，甲寅颁于天下。”

⑤省府：指中央政权机构。

⑥“武定中”四句：《北史·邢邵传》：“其后除骠骑、西兖州刺史。在州有善政，桴鼓不鸣，吏人奸伏，守令长短，无不知之。吏民为立生祠，并勒碑颂德。及代，吏人父老及媪妪皆远相攀追，号泣不绝。”

⑦诗、赋、诏、策、章表、碑颂、赞记：皆古代文体。

⑧邻国钦其模楷：《北史·邢邵传》：“于时与梁和，妙简聘使，邵与魏收及从子子明被征入朝。当时文人，皆邵之下，但以不持威仪，名高难副，朝廷不令出境。南人曾问宾司：‘邢子才故应是北间第一才士，何为不作聘使？’答云：‘子才文辞实无所愧，但官位已高，恐非复行限。’南人曰：‘郑伯猷，护军犹得将命，国子祭酒何为不可？’”

译　文

迁都邺城后，民间诉讼案繁多，刑法条款前面废除后面又因袭沿用，自相矛盾，执法官无法断案，卷宗堆积成山。于是朝廷令邢子才与散骑常侍温子升编订《麟趾新制》十五篇。省府用它来裁决疑案，州郡用它来作为治理的依据。武定年间，邢子才任骠骑大将军、西兖州刺史。为政主张清静无为，吏民安于他的治理。后征为中书令。当时国家外临战事，朝廷多遭事故，国家的礼仪制度，都由邢子才制定执行。他创作的诗、赋、诏、策、章表、碑颂、赞记五百篇，都流传于世。邻国人敬佩他作为模范，朝野传颂他视为美谈。

大统寺　招福寺　秦太上公寺

原　文

大统寺，在景明寺西，即所谓利民里。寺南有三公令史[①]高显略宅。每子夜见赤光行于堂前，如此者非一。向光明所掘地丈余，得黄金百斤，铭云："苏秦家金，得者为吾造功德。"显略遂造招福寺。人谓此地是苏秦旧宅。当时元乂秉政，闻其得金，就略索之，以二十斤与之。衒之按：苏秦时未有佛法，功德者不必是寺，应是碑铭之类，颂其声绩也。

注释

①令史：官名，掌文书案牍。秦、汉设县令令史、兰台令史、尚书令史等，为郎下属官。限满可迁官郎、丞、尉。《通典·职官》："令史，汉官也。后汉尚书令史十八人，曹有三人主书，后增剧曹三人，合二十一人，皆选于兰台符节简练有吏能者为之。"

译文

大统寺，在景明寺的西面，就是所谓的利民里。寺的南面有三公令史高显略的住宅。每当子夜时分，常有红光在高宅堂前出现，不止一次。从闪光的地方向下挖掘一丈多深，得到黄金百斤，且有铭文曰："苏秦家的黄金，得到的人请帮我造功德。"高显略于是用这黄金建造招福寺。人称此地是苏秦旧宅。当时元乂掌政，听闻挖到黄金，就向高显略索取，高显略给了他二十斤。杨衒之按：苏秦时代还没有佛法，不必造寺庙来求功德，应该是碑铭之类，歌颂自己的声望功绩。

秦太上公寺

原文

东有秦太上公①二寺，在景明寺南一里。西寺，是太后所立；东寺，皇姨②所建。并为父追福，因以名之。时人号为双女寺。并门邻洛水，林木扶疏，布叶垂阴。各有五层浮图一所，高五十丈，素彩画工，比于景明。至于六斋，常有中黄门③一人监护，僧舍衬施④供具，诸寺莫及焉。

注　释

①秦太上公：胡太后父胡国珍的封号。

②皇姨：胡太后妹，元乂妻，封新平郡君，后迁冯翊郡君，拜女侍中。

③中黄门：官名，属少府，由宦者担任，无定员。颜师古注《汉书·百官公卿表》曰："中黄门，谓阉人居禁中，在黄门之内给事者也。"

④衬施：施舍财物给僧道。此处当指所施舍的财物。

译　文

东面有两座秦太上公寺，在景明寺南一里处。西寺由胡太后所建造，东寺由胡太后的妹妹所建造。二寺都是为父亲追祈冥福的，于是用父亲的封号为寺名。当时人称为双女寺。寺门并列，都邻接洛水，寺内林木扶疏，树叶布满，树荫垂下。二寺各有一座五层宝塔，高达五十丈，素彩画工，可与景明寺相比。至于六斋，经常有中黄门一人监督守护，僧房内的器物供具，其他寺庙是比不上的。

原　文

寺东有灵台[1]一所，基址虽颓，犹高五丈余，即是汉光武所立者。灵台东有辟雍[2]，是魏武帝所立者。至我正光中，造明堂[3]于辟雍之西南，上圆下方，八窗四闼。汝南王复造砖浮图于灵台之上。

注　释

①灵台：望气之台。《诗经·大雅·灵台》："经始灵台，经之营之。"郑玄《笺》曰："天子之有灵台者，所以观祲象，察气之妖祥也。"《水经注·谷水》："谷水又径灵台北，望云物也。汉光武所筑，高六丈，方二十步。"据实地勘测，灵台遗址范围约四万多平方米，周围有墙，中心有高八米土台，南北约长四十一米，东西约长三十一米。

②辟雍：本为周天子所设大学，校址圆形，四面环水，前门外有便桥。东汉以后，历代皆有辟雍，作为尊儒学、行典礼的场所。《白虎

通·辟雍》:“天子立辟雍何?所以行礼乐、宣德化也。辟者，璧也，象璧圆，又以法天，于雍水侧，象教化流行也。”陆机《洛阳记》:“灵台在洛阳南，去城三里。辟雍在灵台东，相去一里，俱魏所徙。”

③明堂：古代天子宣明政教之所，凡朝会、祭祀、庆赏、选士等都于其中举行，五室九阶，四户八窗。封轨《明堂辟雍议》曰：“明堂者，布政之宫，在国之阳，所以严父配天，听朔设教，其经构之式，盖已尚矣。”又曰：“五室者，象五行也。然则九阶者，法九土；四户者，达四时；八窗者，通八风。”又曰：“若其上园下方，以则天地，通水环宫，以节观者。”见《魏书·封轨传》。

译文

寺的东面有一座灵台，基址虽然已经颓废，但仍高达五丈多，是汉光武帝所建造的。灵台东面有辟雍，是魏武帝所建造的。到了我朝正光年间，又在辟雍的西南建造明堂，上圆下方，八窗四门。汝南王又在灵台之上造了一座砖宝塔。

原文

孝昌初，妖贼四侵[①]，州郡失据。朝廷设募征格[②]于堂之北，从戎者拜旷掖将军[③]、偏将军、裨将军。当时甲胄之士，号明堂队。时有虎贲骆子渊者，自云洛阳人。昔孝昌年戍在彭城[④]，其同营人樊元宝得假还京师，子渊附书一封，令达其家。云:“宅在灵台南，近洛河，卿但至彼，家人自出相看。”元宝如其言，至灵台南，了无人家可问。徙倚[⑤]欲去，忽见一老翁来，问从何而来，徬徨于此。元宝具向道之。老翁云:“是吾儿也。”取书引元宝入。遂见馆阁崇宽，屋宇佳丽。既坐，命婢取酒。须臾见婢抱一死小儿而过，元宝初甚怪之。俄而酒至，色甚红，香美异常。兼设珍羞，海陆具备。饮讫，辞还。老翁送元宝出，云:“后会难期，以为凄恨。”别甚殷勤[⑥]。

老翁还入，元宝不复见其门巷，但见高岸对水，绿波东倾。

唯见一童子，可年十五，新溺死，鼻中出血，方知所饮酒，是其血也。及还彭城，子渊已失矣。元宝与子渊同戍三年，不知是洛水之神也。

注释

①妖贼四侵：据《魏书·肃宗纪》，孝昌元年正月，徐州刺史元法僧据城反，自称宋王，号年天启；二月，齐州魏郡民房伯和聚众反；三月，齐州清河民崔畜杀太守董遵，广川民傅堆执太守刘莽反；八月，柔玄镇人杜洛周率众反于上谷，号年真王；十二月，山胡刘蠡升反，自称天子；二年正月，五原降户鲜于修礼反于定州，号鲁兴元年；二月，西部敕勒斛律洛阳反于桑乾；四月，朔州城人鲜于阿胡、库狄丰乐据城反；六月，绛蜀陈双炽聚众反，自号始建王；八月，贼帅元洪业斩鲜于修礼，请降，为贼党葛荣所杀；九月，葛荣自称天子，号曰齐国，年称广安；闰月，齐州平原民刘树、刘苍生聚众反。

②募征格：招募人才的赏格。《魏书·肃宗纪》："十有二月壬午，诏曰：'其有失律亡军、兵戍逃叛、盗贼劫掠伏窜山泽者，免其往咎，录其后效，别立募格，听其自新，广下州郡，令赴军所。'"

③旷掖将军：或作"旷野将军"。《魏书·百官志》第九品有旷野将军，从第九品有偏将军、裨将军。

④彭城：今江苏徐州。

⑤徙倚：徘徊，流连不去。

⑥殷勤：情意恳切而深厚。

译文

孝昌初年，妖贼四面侵扰，多地州郡失守。朝廷在朝堂的北面设立募征格，参军者即拜旷野将军、偏将军、裨将军。当时披戴甲胄的卫士，号为明堂队。当时有虎贲军士骆子渊，自称是洛阳人。孝昌年间在彭城戍守，与他同营的人樊元宝得假返回京城，骆子渊就附书一封，请樊元宝带到家中。他说："我家住宅在灵台南面，靠近洛河，你只要到了那里，我的家人自会出来相见。"樊元宝照他说的，来到灵台南面，完全没有人家可以询问。徘徊将要离去，忽见一个老翁走来，问他从何处而来，为何彷徨于此。樊元宝把事情原委都告诉了老翁。老翁说："那是我的儿子。"老翁接过信，请樊元宝进屋。就看到馆阁高大宽敞，屋宇华丽美观。坐定之后，老翁命婢女拿酒来。一会儿看见婢女抱着一个死去的小儿走过，起初樊元宝觉得很是奇怪。不久酒来了，颜色很红，非常香美。还摆上了珍贵的美食，海味陆味都有。吃喝完，樊元宝告辞还家。老翁送樊元宝出门，说："再见很难了，很是遗憾。"分别时很是殷勤不舍。

老翁回到屋中，樊元宝不再看见门巷，只看见高高的河岸对着河水，绿波向东流去。只见一个童子，大约十五岁，刚刚溺死，鼻子中还流着血，这才知道刚才所饮的酒，就是这童子的血。等到樊元宝返回彭城，骆子渊已经不见了。樊元宝与骆子渊一同戍守三年，竟不知他就是洛水之神。

报德寺 大觉寺 三宝寺 宁远寺 承光寺

原文

解报德寺，高祖孝文皇帝所立也。为冯太后追福①。

在开阳门外三里。

注释

①冯太后：出身北燕皇族长乐冯氏，北燕灭亡后，没入北魏太武帝拓跋焘后宫。正平二年（452）选为文成帝拓跋濬的贵人，太安二年（456）被册封为皇后。献文帝拓跋弘即位，尊为皇太后。杀专权大臣乙浑，临朝听政。孝文帝时，尊为太皇太后，继续临朝听政。冯太后是北魏杰出的女政治家，她主导的一系列改革对后来孝文帝的改革产生重要影响。太和十四年（490）去世，谥文成文明皇后。《魏书·文成文明皇后传》："于是罢鹰师曹，以其地为报德寺。"有《释老志》："太和四年春，诏以鹰师为报德寺。"

译文

报德寺是高祖孝文皇帝所建造。是为给冯太后追福而建的。

寺在开阳门外三里处。

原文

开阳门御道东有汉国子学堂[①]。堂前有三种字石经二十五碑[②]，表里刻之，写《春秋》《尚书》二部，作篆、科斗、隶三种字，汉右中郎将蔡邕[③]笔之遗迹也。犹有十八碑，余皆残毁。

复有石碑四十八枚，亦表里隶书，写《周易》《尚书》《公羊》《礼记》四部。又《赞学碑》一所，并在堂前。魏文帝作《典论》六碑[④]，至太和十七年，犹存四碑。高祖题为劝学里。武定四年，大将军[⑤]迁石经于邺。

注释

①有汉国子学堂：李善注《闲居赋》引郭缘生《述征记》曰："国学在辟雍东北五里，太学在国学东二百步。"《河南志》："太学，光武建武五年起。"陆机《洛阳记》曰："在开阳门外，去宫八里。讲堂长十丈，广三丈。灵帝召诸儒正定五经，刊石于此。"

②堂前有三种字石经二十五碑：《水经注·谷水》："谷水又东径国子太学石经北。东汉灵帝光和六年，刻石镂碑载五经，立于太学讲堂前，悉在东侧。蔡邕以熹平四年，与五官中郎将堂溪典，光禄大夫杨赐，谏议大夫马日碑，议郎张驯、韩说，太史令单扬等，奏求正定《六经》文字。灵帝许之，邕乃自书丹于碑，使工镌刻，立于太学门外。魏正始中，又立古、篆、隶三字石经，树之于堂西。石长八尺，广四尺，列石于其下，碑石四十八枚，广三十丈。魏明帝又刊《典论》六碑，附于其次。陆机言：'《太学赞》别一碑，在讲堂西。《太学弟子赞》复一碑，在外门中。今二碑并无。《石经》沦缺，存半毁几，驾言永久，谅用怃焉。'"又戴延之《西征记》："国子堂前有列碑，南北行，三十五枚，刻之表里，书《春秋经》《尚书》二部，大篆、隶、科斗三种字。碑长八尺。今有十八枚存，余皆崩。太学堂前石碑四十枚，亦表里隶书《尚书》《周易》《公羊传》《礼记》四部，本石塘相连，多崩败。又《太学赞碑》一所，汉建武中立，时草创未备，永建六年，诏下三府缮治。有魏文《典论》立碑，今四存二败。"各书所列碑数虽有

不同，而一字石经及三字石经则分别了然。三字石经者，先列古文（科文），次列篆文，再次列隶书，魏正始年间立。书石者不可考，其与一字石经不同。一字石经，仅为隶书，书石者为汉熹平中蔡邕等人，世或称《熹平石经》。前者或称《魏石经》。此文以“魏三字石经”为蔡邕遗墨，实误。或此“汉右中郎将蔡邕笔之遗迹也”句在下“《礼记》四部”句下。

③蔡邕：字伯喈，东汉文学家、书法家。因官至左中郎将，后人称他为“蔡中郎”。

④魏文帝作《典论》六碑：《三国志·魏书·明帝纪》：“太和四年二月戊子，以文帝《典论》刻石，立于庙门之外。”《典论》：书名，魏文帝曹丕撰，后散佚。

⑤大将军：即高澄，字子惠，高欢长子。自幼聪慧过人，严明有大略。天平三年（536），十五岁的高澄入朝辅政，通过改革官员选举制度，惩治贪贿，整顿吏治，制定法律等手段，迅速确立了权威。高欢去世后，高澄顺利掌控了东魏政权。武定七年（549）为膳奴所刺杀。其弟高洋建立北齐之后，追谥高澄为文襄皇帝，庙号世宗。《石经考》：“武定四年八月，迁洛阳汉魏石经于邺。”据查考，所迁石经凡五十二块。

译 文

开阳门御道的东面有汉代的国子学堂。堂前有三种字体的石经二十五碑，里外都刻有文字，刻写的是《春秋》《尚书》二部，用了篆、科斗、隶三种字体，是汉代右中郎将蔡邕书写的遗迹。至今犹存十八碑，其余的都已残毁。

另有石碑四十八块，里外都用隶书，刻写《周易》《尚书》《公羊》《礼记》四部经书。又有《赞学碑》一块，都在国子学堂前。魏文帝作《典论》的六块碑，到太和十七年，犹存四块碑。高祖将此题名为劝学里。武定四年，大将军将石经迁到邺城。

原 文

里有文觉、三宝、宁远三寺。周回有园，珍果出焉，有大谷梨、承光之柰[①]。承光寺亦多果木，柰味甚美，冠于京师。

注 释

①大谷：即太谷，地名，在今河南偃师西南。东汉灵帝中平元年(184）置关于此，以产梨闻名。柰：苹果的一种。

译 文

劝学里有文觉、三宝、宁远三座寺院。周围有园，出产珍奇的果子，有太谷梨、承光柰。承光寺里多果树，柰的味道甚美，为京城之冠。

正觉寺

原 文

劝学里东有延贤里，里内有正觉寺，尚书令王肃①所立也。肃字恭懿，琅琊人也，伪齐雍州刺史奂②之子也。赡学多通，才辞茂美，为齐秘书丞，太和十八年背逆归顺。时高祖新营洛邑，多所造制，肃博识旧事，大有裨益③。高祖甚重之，常呼王生④。延贤之名，因肃立之。

注 释

①王肃：字恭懿，少而聪辩，涉猎经史，颇有大志。在南朝齐历官著作郎、太子舍人、秘书丞。父王奂及兄弟并为齐武帝所杀，王肃遂奔北魏。除辅国将军、大将军长史。讨伐南齐于义阳，以功进平南将军，除豫州刺史、扬州大宗正。孝文帝驾崩，以尚书令与咸阳王元禧等同为顾命宰辅，进位开府仪同三司，封昌国县开国侯，出为散骑常侍、持节都督淮南诸军事、扬州刺史。景明二年（501）卒于寿春，追赠侍中、司空公，谥宣简。《魏书·王肃传》："肃频在边，悉心抚接，远近归怀，附者若市，以诚绥纳，咸得其心。清身好施，简绝声色，终始廉约，家无余财。然性微轻佻，颇以功名自许，护疵称伐，少所推下，高祖每以此为言。"

②奂：即王奂，字彦孙，琅邪临沂人也。历官著作佐郎、太子舍人、侍中、冠军将军、吏部尚书。出为吴兴太守、进号征虏将军。齐武帝即位，征右仆射。永明六年，迁散骑常侍，领军将军，出为雍州刺史。与宁蛮长史刘兴祖不睦，杀之。上大怒，遣中书舍人吕文显、直阁将军曹道刚领斋仗五百人收奂。奂子王彪率州内得千余人，开镇库，取仗，配衣甲，出南堂陈兵，闭门拒守。奂司马黄瑶起、宁蛮长史裴叔业于城内起兵攻奂。奂闻兵入，还内礼佛，未及起，军人遂斩之。彪及弟爽、弼、殷叡，皆伏诛。奂长子太子中庶子融，融弟司徒从事中郎琛，于都弃市。

③“肃博识旧事”二句：《北史·王肃传》：“自晋氏丧乱，礼乐崩亡，孝文虽厘革制度，变更风俗，其间朴略，未能淳也。肃明练旧事，虚心受委，朝仪国曲，咸自肃出。”《南齐书·魏虏传》：“王肃为虏制官品百司，皆如中国。凡九品，品各有二。”

④“高祖甚重之”二句：《魏书·王肃传》：“（高祖）器重礼遇日有加焉，亲贵旧臣莫能间也。或屏左右相对谈说，至夜分不罢。肃亦尽忠输诚，无所隐避，自谓君臣之际犹玄德之遇孔明也。”

译文

劝学里东面有延贤里，里内有正觉寺，尚书令王肃所建造。王肃字恭懿，琅琊人，伪齐雍州刺史王奂之子。他博学多识，才华横溢，文辞丰茂，在伪齐担任秘书丞，太和十八年背逆归顺我朝。当时高祖正营造新都洛阳，很多典章制度都要重建，王肃对旧制度很是了解，因此大有贡献。高祖非常看重他，常叫他王生。延贤的名称，就是因王肃才取的。

原文

肃在江南之日，聘谢氏女[①]为妻，及至京师，复尚公主[②]。谢作五言诗以赠之，其诗曰：“本为箔[③]上蚕，今作机上丝。得络逐胜去[④]，颇忆缠绵时[⑤]。”公主代肃答谢云：“针是贯线物，目中恒任丝。得帛缝新去，何能纳[⑥]故时。”肃甚有愧谢之色，遂造正觉寺以憩[⑦]之。

注释

①谢氏女：南朝宋大臣、文学家谢庄之女，陈郡阳夏（今河南太康）人。

②公主：北魏孝文帝六妹，初封彭城公主，改封陈留公主。先嫁刘昶子刘承绪，承绪早亡，公主寡居。冯皇后弟冯夙求婚于公主，公主拒不从。至此改嫁王肃。

③箔：蚕帘，养蚕用的竹筛、竹席之类。

④络：绕丝者。胜：织机上持经线的器具。此处一语双关，“络”通“路”，谓门路，机会。“胜”一说指妇女首饰。代指美女。故此句又谓：有了新的门路，就又去追求别的美女了。

⑤颇：相当于“可”。缠绵：亦双关，既指丝线缠绵，又指夫妻恩爱缠绵。

⑥纳：缝。亦双关，暗指容纳、接纳。

⑦憩：休息。此指安置。《魏书·王肃传》：“王绍，肃前妻谢生也。肃临薨，谢始携二女及绍至寿春。世宗纳其女为夫人，肃宗又纳绍女为嫔。”据《魏书》，则谢氏在王肃临死前方与其相会，似不当有此文所叙事。王肃女王普贤为魏宣武帝华恭夫人。

译文

王肃在江南时，娶谢氏女为妻，等到了京师洛阳，又娶了公主。谢氏作了一首五言诗给王肃，诗写道：“本来是箔上蚕，如今做机上丝。得了络就去追逐胜，可还记得当初缠绵时？”公主代王肃写诗回道：“针是贯线用的，针眼总是带着线。得到布帛就缝新衣，怎能仍去缝旧装。”王肃对谢女很是羞愧，于是建造正觉寺来安置她。

原文

肃忆父非理受祸，常有子胥报楚[1]之意，卑身[2]素服，不听音乐，时人以此称之。

肃初入国，不食羊肉及酪浆[3]等物，常饭鲫鱼羹，渴饮茗汁。京师士子道肃一饮一斗，号为漏卮[4]。经数年已后，肃与高祖殿会，食羊肉酪粥甚多。高祖怪之，谓肃曰：“卿中国之味也，羊肉何如鱼羹？茗饮何如酪浆？”肃对曰：“羊者是陆产之最，鱼者乃水族之长。所好不同，并各称珍。以味言之，甚有优劣。羊比齐鲁大邦⑤，鱼比邾莒小国⑥，唯茗不中，与酪作奴。”高祖大笑，因举酒曰：“三三横，两两纵⑦，谁能辨之赐金钟⑧。”御史中尉李彪曰：“沽酒老妪瓮注瓨，屠儿割肉与秤同⑨。”尚书右丞甄琛⑩曰：“吴人浮水自云工，妓儿掷绳在虚空⑪。”彭城王勰曰：“臣始解此字是‘習’字。”高祖即以金钟赐彪。朝廷服彪聪明有智，甄琛和之亦速。彭城王谓肃曰：“卿不重齐鲁大邦，而爱邾莒小国。”肃对曰：“乡曲⑫所美，不得不好。”彭城王重谓曰：“卿明日顾我，为卿设邾莒之食，亦有酪奴。”因此复号茗饮为酪奴。

注释

①子胥报楚：伍员字子胥，春秋时期楚国人，其父兄被楚平王杀害，故逃难至吴国。伍子胥在吴国先帮助吴王阖闾夺取王位，又于公元前506年率军伐楚，攻入楚都。为报父兄之仇，伍子胥掘楚平王墓而鞭其尸。

②卑身：此指态度谦恭，行事低调。

③酪浆：牛、羊等动物的乳汁。

④卮：古代一种圆形盛酒器。

⑤齐鲁大邦：春秋时期的齐国和鲁国，皆属大国。

⑥邾莒小国：邾国和莒国，春秋时期临近齐鲁的两个小国，后为楚国所灭。

⑦三三横，两两纵：此为字谜，谜底是“習”。

⑧金钟：黄金制的酒器。

⑨“沽酒老妪瓮注瓨”二句：此言沽酒老妪注酒的本领和屠夫掂量斤两的本领都是长时间练习而成的。瓮：一种盛水或酒等液体的陶器。瓨：长颈的瓮坛类容器。

⑩甄琛：字思伯，中山无极人。颇学经史，称有刀笔，而形貌短陋，鲜风仪。孝文时，举秀才。太和初，拜中书博士，迁谏议大夫，转通直散骑侍郎。出为本州征北府长史，后为本州阳平王颐卫军府长

史。宣武即位，历官中散大夫、通直散骑常侍、侍中、河南尹、太子少保。孝明即位，历官营州刺史、除镇西将军、凉州刺史、太常卿、吏部尚书、定州刺史、侍中。正光五年（524）卒，赠司徒、尚书左仆射，谥孝穆。

⑪“吴人浮水自云工”二句：此言江南人的水性和技儿的绝技也是长时间练习而成的。妓儿：当作“技儿”，指杂技表演者。

⑫乡曲：乡里，故乡。

译 文

王肃想起父亲无缘无故遭受祸害，常怀有子胥报复楚的志向，他言行谦恭，身着素服，不听音乐，当时人因此称赞他。

王肃初到我们魏国时，不吃羊肉和酪浆等物，常吃鲫鱼羹下饭，渴了就喝茶汤。京城士子传说王肃一饮就是一斗，就给他取雅号叫“漏卮”。过了几年之后，王肃与高祖在殿上聚会，吃了很多羊肉酪粥。高祖觉得奇怪，对肃说：“你是吃过中原各种风味的，羊肉比鱼羹如何？茶汤比酪浆如何？”王肃回答说：“羊是陆产中最美味的，鱼是水族中的第一。各人的喜好不同，其实都是珍馐。要论口味的话，大有优劣差别。羊就好比齐鲁大邦，鱼就好比邾莒小国，只有茶汤太次，只能做酪浆的奴。”高祖大笑，举起酒杯说：“三三横，两两纵，谁能猜出便赐金钟。”御史中尉李彪曰：“买酒的老妪把酒从大口瓮注入小口瓨，屠夫割下的肉与秤上相同。”尚书右丞甄琛说：“吴人浮水的技巧自是精熟，技儿能将绳子掷在虚空。”彭城王勰曰：“臣才猜出此字是‘习’字。”于是高祖以金钟赐给李彪。朝廷上佩服李彪聪明有智慧，甄琛和得也快。彭城王对王肃说：“你不看重齐鲁大邦，而偏爱邾莒小国。”王肃回道：“因是乡曲美物，不得不爱好。”彭城王又说：“你明日到我府上来，我为你设邾莒之食，也有酪奴。”因此又称茶汤为酪奴。

原 文

时给事中刘缟慕肃之风，专习茗饮。彭城王谓缟曰：“卿不慕王侯八珍①，好苍头水厄②。海上有逐臭之夫③，里内有学颦之妇④，以卿言之，即是也。”其彭城王家有吴奴，以此言戏之。自是朝贵宴会，虽设茗饮，皆耻不复食，唯江表残民⑤远来降者好之。后萧衍子西丰侯萧正德[⑥]归降，时元义欲为之设茗，先问："卿于水厄多少？"正德不晓义意，答曰："下官生于水乡，而立身以来，未遭阳侯[⑦]之难。"元义与举坐之客皆笑焉。

注 释

①八珍：原指八种珍贵的食物，后指八种稀有而珍贵的烹饪原料。其具体所指随时代和地域而不同。《周礼·天官·膳夫》："凡王之馈，食用六谷，饮用六清，馐用百二十品，珍用八物。"郑玄注此八物为淳熬、淳母、炮豚、炮牂、捣珍、渍珍、熬珍和肝膋。陶宗仪《辍耕录》言八珍为：醍醐、麆吭、野驼蹄、鹿唇、驼乳糜、天鹅炙、紫玉浆、玄玉浆。俞安期《唐类函》言八珍为龙肝、凤髓、豹胎、鲤尾、鸮炙、猩唇、熊掌、酥酪蝉。

②苍头：指奴仆。《汉书·鲍宣传》："使奴从宾客浆酒霍肉，苍头庐儿皆用致富。"颜师古注引孟康曰："汉名奴为苍头，非纯黑，以别于良人也。"水厄：魏晋以后，渐行饮茶，其初不习饮者，戏称为"水厄"，即饮茶过多而为患。后亦指嗜茶。《世说新语》："晋司徒王濛好饮茶，人至辄命饮之，士大夫皆患之。每欲候濛，必云：'今日有水厄。'"

③逐臭之夫：追逐奇臭的人。比喻嗜好怪癖，与众不同的人。《吕氏春秋·遇合》："人有大臭者，其亲戚兄弟妻妾，知识无能与居者，自苦而居海上。海上人有说其臭者，昼夜随之而弗能去。"

④学颦之妇：指丑妇学美女西施皱眉。比喻模仿别人，不但模仿不好，反而出丑。《庄子·天运》："故西施病心而颦其里，其里之丑人见而美之，归亦捧心而颦其里。其里之富人见之，坚闭门而不出；贫人见之，挈妻子而去之走。"颦颦：指皱眉。

⑤残民：劫后余民。指南朝来归降者。

⑥萧正德：字公和，梁武帝萧衍之侄，后收为养子。萧衍长子萧统出生后，萧正德回归本宗，后封西丰县侯。萧正德因此心怀不满，且图谋不轨。普通六年（525）北上投魏，因不受礼遇，次年复归南梁。萧衍未予追究，复其爵，任为征虏将军。然其恶性不改，荼毒民间，多行不法。大通四年（532）任信武将军、吴郡太守，后入朝人侍中，封临贺王。侯景之乱后，自立为帝，改元正平，不久降为大司马，遂心怀怨言。正平二年（549）为侯景所杀。

⑦阳侯：古代传说中的波涛之神。《淮南子·览冥训》："武王伐纣，渡于孟津，阳侯之波，逆流而击。"注曰："阳侯，陵阳国侯也。其国近水，溺死于水，其神为大波，有所伤害，因谓之阳侯之波也。"此处萧正德不解"水厄"实意，但从字面理解，故贻笑满座。

译　文

当时给事中刘缟仰慕王肃的风度，专门学习饮茶。彭城王对刘缟曰："你不羡慕王侯的八珍，却爱好苍头的水厄。海上有追逐臭味之夫，里内有效西施皱眉之妇，从你的行为看，就是那样的人。"彭城王家里有吴地奴仆，就用这话来嘲笑刘缟。自此朝廷权贵的宴会，虽然设有茶水，但都以为耻，而不再饮用，只有江南来投降的人才好饮茶。后来萧衍之子西丰侯萧正德归降，当时元乂准备为他设茶，先问他："你在水厄方面是怎样的？"正德不明白元乂的意思，回答说："下官生在水乡，立身以来，没有遭受过水灾。"元乂与满座之客皆大笑。

龙华寺　追圣寺　归正寺

原　文

龙华寺，广陵王①所立也；追圣寺，北海王②所立也。并在报德寺之东。法事③僧房，比秦太上公。京师寺皆种杂果，而此三寺园林茂盛，莫之与争。

注　释

①广陵王：此指元羽，字叔翻，北魏献文帝拓跋弘之子，少而聪慧，有断狱之称，官至太子太保、录尚书事。其子元恭避祸时就居住在龙华寺。

②北海王：此指元详，亦北魏献文帝拓跋弘之子，美姿容，为人荒淫贪婪，多行不法。孝文帝死后，受遗诏辅政，官至太傅，后被宣武帝杀死。其子元颢借南梁军力占据洛阳称帝，立国四月，兵败被杀。

③法事：指供佛、礼忏、打醮、修斋等宗教法会、仪式。

译文

龙华寺是由广陵王所建造；追圣寺是由北海王所建造。二寺都在报德寺的东面。其做法事的规模和僧房的装饰，可比秦太上公寺。京城的寺院都种杂果，而这三寺的园林尤为茂盛，其他寺院不能与之相比。

原文

宣阳门外四里，至洛水上，作浮桥，所谓永桥也。神龟中，常景为《洛汭颂》①。其辞曰："浩浩大川，泱泱②清洛。导源熊耳③，控流巨壑。纳谷吐伊④，贯周淹亳⑤。近达河宗⑥，远朝海若⑦。兆唯洛食⑧，实曰土中⑨。上应张柳⑩，下据河嵩。寒暑攸叶⑪，日月载融。帝世光宅⑫，函夏⑬同风。前临少室，却负太行。制岩东邑⑭，峭峘西疆⑮。四险之地，六达之庄⑯。恃德则固，失道则亡。详观古列⑰，考见丘坟⑱。乃禅乃革⑲，或质或文⑳。周余九裂，汉季三分。魏风衰晚，晋景凋曛㉑。天地发挥，图书㉒受命。皇建有极㉓，神功无竞㉔。魏箓仰天，玄符握镜㉕。玺运会昌㉖，龙图受命。乃眷书轨㉗，永怀保定㉘。敷㉙兹景迹，流美洪模㉚。袭我冠冕，正我神枢㉛。水陆兼会，周郑交衢㉜。爰勒洛汭㉝，敢告中区。"

南北两岸有华表㉞，举高二十丈，华表上作凤凰似欲冲天势。

注释

①"神龟中"二句：《魏书·常景传》："既而萧综降附，徐州清复，遣景兼尚书，持节驰与行台、都督观机部分。景经洛汭，乃作铭焉。"据查考，萧综降魏在孝昌元年，此言神龟中，恐误。

②泱泱：深远广大貌。

③熊耳：山名，位于今河南宜阳西南、卢氏东南，洛水在其北。

《水经注·谷水》："洛水又东径熊耳山北，《禹贡》所谓导洛自熊耳。《博物志》曰：洛自熊出。盖开其源者是也。"

④谷、伊：谷水和伊水，皆洛水上游支流。谷水源于渑池谷阳谷，伊水源于卢氏熊耳山，二水皆入洛水。

⑤周：指西周初年周公旦所营成周，即洛邑。亳：商朝旧都西亳州，在今河南偃师西。而二地皆为洛水流经之处。

⑥河宗：古代以黄河为"四渎"之宗，故称黄河为"河宗"。一说指黄河之神。

⑦海若：传说的北海神，后泛指海神。

⑧兆唯洛食：周公营建东都，先卜地，洛得吉兆。

⑨土中：指四方土地的中心。也是北魏对新都洛阳的称呼。《汉书·地理志》："昔周公营洛邑，以为在于土中，诸侯藩屏四方，故立京师。"

⑩上应张柳：此言洛阳地处二十八星宿中的张宿、柳宿的分野。《汉书·地理志》："周地，柳七星、张之分野也。今河南洛阳、谷城、平阴、偃师、巩、缑氏，是其分也。"

⑪攸：语气助词。叶：和谐，融洽。

⑫光宅：定居。此指定都。

⑬函夏：包含诸夏，指全国。

⑭制：制邑，西周属东虢，春秋属郑，后入晋。在今河南荥阳汜水镇。因在故洛阳城东，故称东邑。岩：指地势险峻。

⑮崤：崤山，又称嵚鉴山，位于河南洛宁西北，西北接陕县界，东北接渑池界。崤有东西之分，东崤险峻陡峭，车不能并行，传周文王避风雨于此；西崤多石板，亦险绝，传夏后皋之墓在此。崤山常与附近的函谷关并称崤函，是中国古代军事战略重地，以地势险峻、关隘坚固、易守难攻著称。峘：小山与大山并立，但是小山高过大山就称为峘。

⑯庄：四通八达的道路。《尔雅·释宫》："六达谓之庄。"

⑰古列：即列古，即列朝成败兴亡的故事。一说当作"古昔"。

⑱丘坟：传说中的古代典籍《九丘》《三坟》的合称。

⑲乃禅乃革：指历史上朝代的更迭或以禅让方式进行，或以革命方式进行。

⑳或质或文：指历史政事有的提倡质治，有的提倡文治。质：质朴。文：文治，指以礼乐教化治民。

㉑景：通“影”。曛：太阳落山时的余晖。

㉒图书：河图和洛书。上古传说中伏羲通过黄河中浮出龙马身上的图案，与自己的观察，画出的“八卦”，而龙马身上的图案就叫作“河图”，又称“龙图”。又相传洛河中浮出神龟，背驮“洛书”，献给大禹。大禹依此治水成功，遂划天下为九州。又依此定九章大法，治理社会。后世以河图、洛书为禀受天命的象征。

㉓皇建有极：指帝王制定的统治天下的准则。《尚书·洪范》：“五，皇极，皇建其有极。”孔安国传曰：“皇，大也；极，中也。凡立事当用大中之道。大立其有中，谓行九畴之义。”

㉔无竞：没有可与竞争者。

㉕玄符：天符，符命。指上天显示的祥瑞征兆。握镜：执持明镜。喻帝王受天命，怀明道。

㉖玺运：帝运，国运。会昌：会当兴隆昌盛。

㉗书轨：指书同文，车同轨，形容天下统一。

㉘保定：稳固地保有。

㉙敷：敷陈，叙述。

㉚洪模：大法，规模。

㉛神枢：即天枢。北斗星座第一星。此处比喻神都洛阳。

㉜周郑交衢：春秋时洛阳是东周都城，与郑国相邻。此处比喻天下诸侯皆来朝觐。衢：指四通八达的道路。

㉝爰：于是。勒：刻。洛、汭：洛水进入黄河的地方，位于今河南巩县境。汭：河流会合或弯曲处。

㉞华表：古代设在桥梁、宫殿、城垣或陵墓等前兼作装饰用的巨大柱子。

译文

从宣阳门外四里处，直到洛水上，造了一座浮桥，就是所谓的永桥。神龟年间，常景作《洛汭颂》。其辞曰：“浩浩荡荡的大川，深广清澈的洛水。发源于熊耳山，流注于巨壑。接纳谷水，吞吐伊水，流通成周，滋润亳县。就近到达黄河，远处朝见海神。占卜洛邑定都得吉兆，这里是四方土地的中心。上同张宿柳宿相应，下据黄河和嵩山。寒暑协和，日月融洽。皇室世代定为都城，华夏同沐风华。前临少室山，背负太行山。东有制邑的险峻，西有崤山做屏障。四面都是险要的地势，又有六面都通达的大路。依靠道德治国便稳固，失去道义国家就灭亡。详观古代列朝成败，考察先贤留下的典籍。朝代有禅让的，有变革的，制度有质朴的，有文华的。周朝末年九州分裂，汉朝末年天下三分。曹魏末期风气衰败，晋国光景凋残昏暗。如今天地发出光芒，河图洛书接受天命。魏帝建国有准则，所创功德无以伦比。魏的符箓仰望天赐，既受天符又持明镜。国运定当昌盛，顺承龙图天命。眷念天下的统一，长久思虑保持安定。敷陈这宏伟的业绩，流传伟大的教规。穿戴我的冠冕，辅正我的神都。水路陆路都会合，天下诸侯相往来。因此刻铭在洛汭，以告中土万民。”

南北两岸均有华表，全高达二十丈，华表顶端刻有凤凰，作冲天欲飞之势。

原文

永桥以南，圜丘①以北，伊、洛之间，夹御道。东有四夷馆②，一曰金陵，二曰燕然③，三曰扶桑④，四曰崦嵫⑤。道西有四夷里：一曰归正，二曰归德，三曰慕化，四曰慕义。

注释

①圜丘：古代帝王祭天的祭坛。《周礼·春官·大司乐》：“冬日至，于地上之圜丘奏之。”贾公彦疏：“土之高者曰丘，取自然之丘。圜者，象天圜也。”《魏书·世宗纪》：“景明二年十一月壬寅，改筑圜丘于伊水之阳。”

②四夷馆：《资治通鉴》卷一百四十九：“时魏方强盛，于洛水桥南御道东作四馆，道西立四里：有自江南来降者处之金陵馆，三年之后赐宅于归正里；自北夷降者处燕然馆，赐宅于归德里；自东夷降者处扶桑馆，赐宅于慕化里；自西夷降者处崦嵫馆，赐宅于慕义里。”胡三省注曰：“四馆皆因四方之地为名：金陵在江南，燕然在漠北，扶桑在东，日所出，崦嵫在西，日所入。”

③燕然：古山名，即今蒙古人民共和国境内的杭爱山。东汉窦宪破北单于，曾登燕然山刻石记功而还。

④扶桑：传说中日出的地方。后人亦称东海以外的地区为扶桑。

⑤崦嵫：传说中日没的地方。崦嵫山位于甘肃天水西。

译 文

永桥的南面，圜丘的北面，伊水、洛水之间，夹着御道。御道东边有四夷馆：一叫金陵，二叫燕然，三叫扶桑，四叫崦嵫。御道西边有四夷里：一叫归正，二叫归德，三叫慕化，四叫慕义。

原 文

吴人投国者，处金陵馆，三年已后，赐宅归正里。景明初，伪齐建安王萧宝夤来降，封会稽公，为筑宅于归正里。后进爵为齐王，尚南阳长公主①。宝夤耻与夷人同列，令公主启②世宗，求入城内，世宗从之，赐宅于永安里。正光四年，萧衍子西丰侯萧正德来降，处金陵馆，为筑宅归正里。后正德舍宅为归正寺。

注 释

①南阳长公主：北魏孝文帝之女。《北史·萧宝夤传》："寻尚南阳长公主。公主有妇德，宝夤尽雍和之礼，虽好合而敬事不替。宝夤每入室，公主必立以待之，相遇如宾，自非太妃疾笃，未曾归休。宝夤器性温顺，自处以礼，奉敬公主，内外庇穆。"萧宝夤三子，长子萧烈，坐萧宝夤反，被杀。次子萧权与其弟萧凯射戏，被萧凯失手射杀。萧凯与其妻长孙氏怪公主之罪责，竟谋害亲母。最终萧凯被车裂，长孙氏枭首，萧宝夤家遂灭。

②启：奏启，臣下言于皇帝的一种文书。

译 文

吴地人来投奔魏国的，安置在金陵馆，三年以后，在归正里赐给住宅。景明初年，伪齐建安王萧宝夤来投降，封会稽公，为他在归正里建造住宅。后进爵为齐王，娶南阳长公主。萧宝夤耻于与夷人住在一起，让公主启禀世宗，请求住进城内，世宗答应了，赐住宅于永安里。正光四年，萧衍之子西丰侯萧正德来投降，安置在金陵馆，为他在归正里建造住宅。后来萧正德捐出住宅建为归正寺。

原文

北夷来附者处燕然馆，三年已后，赐宅归德里。正光元年，蠕蠕主郁久闾阿那肱来朝[1]，执事者莫知所处，中书舍人常景议云："咸宁中单于来朝，晋世处之王公、特进之下。可班那肱蕃王、仪同之间[2]。"朝廷从其议，又处之燕然馆，赐宅归德里。北夷酋长遣子入侍者，常秋来春去，避中国之热，时人谓之雁臣。

注释

①蠕蠕：即柔然，公元4世纪后期至6世纪中叶，在蒙古草原上继匈奴、鲜卑等之后崛起的部落制汗国，最高统治部落（可汗郁久闾氏本部）为鲜卑别部的一支。北魏太武帝拓跋焘认为柔然智力低下，败多胜少，所以嘲讽他们是不会思考的虫子，下令全国军民对柔然侮辱性地改称"蠕蠕"。郁久闾阿那肱：即阿那瓌，公元520年即位为柔然可汗，因内乱投归北魏，居洛阳，被封为朔方郡公、蠕蠕王。后为柔然部众迎还漠北，重为可汗。公元525年应北魏诏率十万军镇压匈奴人破六韩拔陵的起义。与北魏朝贡不绝，并与中原加强联系。东、西魏分裂后，成为争取的力量。阿那瓌分别与他们和亲，又遣使至南朝，仿照内地官制，设侍中、黄门等官。后为突厥攻杀。

②"中书舍人常景"四句：《魏书·常景传》："正光元年九月，蠕蠕主阿那瓌归阙，朝廷疑其位次。高阳王雍访景，景曰：'昔咸宁中，南单于来朝，晋世处之王公、特进之下。今日为班，宜在蕃王、仪同三司之间。'雍从之。"咸宁：公元275—280年，晋武帝司马炎年号，其五年，匈奴都督率部落归化。特进：西汉末期始置，本非正式官名，为引见之称。行之既久，渐成加官。以赐列侯中有特殊地位者，朝会时位仅次三公。仪同：即仪同三司。

译文

北夷来归附的，安置在燕然馆，三年以后，在归德里赐给住宅。正光元年，蠕蠕主郁久闾阿那肱来朝，管事的官员不知道该怎样安置他，中书舍人常景建议说："咸宁年间匈奴单于投降晋朝，晋朝安排他在王公、特进的下面。如今可安排郁久闾阿那肱于藩王与仪同三司之间来接待。"朝廷听从他的建议，又将郁久闾阿那肱安置在燕然馆，在归德里赐予住宅。北夷酋长派儿子入朝侍候的，经常是秋来春去，避开中国炎热的时候，当时人称他们为雁臣。

原　文

东夷来附者，处扶桑馆，赐宅慕化里。西夷来附者，处崦嵫馆，赐宅慕义里。自葱岭①已西，至于大秦②，百国千城，莫不款附③。商胡贩客，日奔塞下，所谓尽天地之区已。乐中国土风因而宅者，不可胜数。是以附化之民，万有余家。门巷修整，阊阖④填列，青槐荫陌，绿树垂庭。天下难得之货，咸悉在焉。

别立市于洛水南，号曰四通市，民间谓为永桥市。伊洛之鱼，多于此卖，士庶须脍⑤，皆诣取之。鱼味甚美。京师语曰："洛鲤伊鲂，贵于牛羊。"

注　释

①葱岭：即今帕米尔高原，在敦煌西八千里，山高大，上生葱，是通西域之要道。《魏书·西域传》："西域本有二道，后更为四：……从莎车西行一百里至葱岭，葱岭西一千三百里至伽倍为一道；自莎车西南五百里葱岭，西南一千三百里至波路为一道焉。"

②大秦：古代中国对罗马帝国及近东地区的称呼。《魏书·西域传》："大秦国，一名黎轩，都安都城。地方六千里，居两海之间。其地平正，人居星布。其人端正长大，衣服车旗拟仪中国，故外域谓之大秦。其土宜五谷桑麻，人务蚕田。"

③款附：诚心归附。

④阊阖：此指室门。

⑤脍：细切的鱼肉。

译　文

东方夷人来归附的，安置在扶桑馆，在慕化里赐给住宅。西方夷人来归附的，安置在崦嵫馆，在慕义里赐给住宅。自葱岭以西，一直到大秦，其间百国千城，无不诚心归附我大魏。每天都有胡人商贩涌入我国境内，正是所谓以天地之大作为区域的国度。乐于接受中国的风俗而在此定居者，数不胜数。因此归化我朝的外国人，有一万多户。四夷里门巷整齐，室门紧连，青槐荫蔽着巷陌，绿树垂枝于庭院。天下难得的奇货，全都聚集于此。

又在洛水南面设立市集，叫作四通市，民间称之为永桥市。伊水、洛水里的鱼，多在这里售卖，士人庶民想要吃鱼，都到这里购买。鱼的味道非常鲜美。京师有语云："洛水的鲤鱼，伊水的鲂鱼，比牛羊还珍贵。"

原　文

永桥南道东有白象、狮子二坊。白象者，永平二年乾陀罗国胡王所献[①]。背设五采屏风、七宝坐床，容数人，真是异物。常养象于乘黄曹[②]，象常坏屋毁墙，走出于外。逢树即拔，遇墙亦倒。百姓惊怖，奔走交驰。太后遂徙象于此坊。

狮子者，波斯国[③]胡王所献也。为逆贼万俟丑奴[④]所获，留于寇中。永安末，丑奴破灭，始达京师。庄帝谓侍中李彧[⑤]曰："朕闻虎见狮子必伏，可觅试之。"于是诏近山郡县捕虎以送。巩县、山阳并送二虎一豹[⑥]。帝在华林园观之。于是虎豹见狮子，悉皆瞑目，不敢仰视。园中素有一盲熊，性甚驯，帝令取试之。虞人[⑦]牵盲熊至，闻狮子气，惊怖跳踉[⑧]，曳锁而走。帝大笑。普泰元年，广陵王即位，诏曰："禽兽囚之则违其性，宜放还山林。"狮子亦令送归本国。送狮子者以波斯道远，不可送达，遂在路杀狮子而返。有司纠劾，罪以违旨论。广陵王曰："岂以狮子而罪人也？"遂赦之。

注　释

①永平：公元508—512年，北魏宣武帝元恪的年号。乾陀罗：西域古国名，亦作健驮罗、犍佗罗。据《大唐西域记》卷二载，其国在北印度境，东西千余里，南北八百余里，东临信度河。具体位置在今巴基斯坦之白沙瓦即毗连的阿富汗东部一带。《魏书·世宗纪》："永平二年正月壬辰，嚈哒、薄知国遣使来朝，贡白象一。"

②乘黄曹：官署名，掌皇帝车舆。

③波斯国：《魏书·西域传》："波斯国，都宿利城，在忸密西，古条支国也。去代二万四千二百二十八里。城方十里，户十余万，河经其城中南流。土地平正，气候暑热，家自藏冰。地多沙碛，引水溉灌。其五谷和鸟兽等与中夏略同，唯无稻及黍、稷。土出名马、大驴及驼，往往有日行七百里者。富室至有数千头。又出白象、师子、大鸟卵。有鸟形如橐驼，有两翼，飞而不能高，食草与肉，亦能啖火。神龟中，其国遣使上书贡物。"又云："正光末，嚈哒国遣使贡师子一，至高平，遇万俟丑奴反，因留之。丑奴平，送京师。"嚈哒国为大月氏种，在于阗西，距长安一万里，都拔底延城。当时国势正强，波斯为其附庸。

④万俟丑奴：匈奴族，原为关陇人民起义领袖胡琛部将，胡琛死后，继承指挥权成为新首领。他转战于关陇北部，屡败北魏政府军。公元528年七月，万俟丑奴在高平镇自称天子，设置百官。公元530年被尔朱天光击败，被俘而死。

⑤李彧：太傅李延寔之子，字子文，尚庄帝姐丰亭公主，封东平郡公。历官侍中、左光禄大夫、中书监、骠骑大将军、开府仪同三司、广州刺史。任侠交游，轻薄无行。庄帝谋杀尔朱荣，武毅之士皆是李彧所进。孝静初，以罪弃市。

⑥巩县：北魏属北豫州成皋郡，即今河南巩县。山阳：北魏属司州汲郡，今河南修武北。

⑦虞人：官名，掌山泽苑囿田猎。

⑧跳踉：跳跃。

译　文

永桥南面路东有白象、狮子二坊。白象是永平二年由乾陀罗国的国王所献。象背上设有五彩屏风、七宝坐床，可容纳数人，真是个奇异之物。曾将象养在乘黄曹，可大象经常毁坏屋子和院墙，走到外面去。看见树就拔起，遇到墙就撞倒。百姓惊慌恐惧，奔走逃窜。胡太后于是把象移到白象坊驯养。

狮子是波斯国胡王所献。被逆贼万俟丑奴中途劫获，留于贼营中。永安末，万俟丑奴破灭，狮子才送达京师。庄帝对侍中李彧说："朕听闻老虎见了狮子必定伏首，可找老虎来试试看。"于是下诏令靠近山林的郡县捕捉老虎送到京师。巩县、山阳两县一起送来两只老虎和一只豹。庄帝在华林园观看。老虎和豹见到狮子，全都闭上眼睛，不敢仰视。园中本来有一头盲熊，性子很驯服，庄帝令牵来一试。虞人牵盲熊过来，一闻到狮子的气息，就惊恐跳窜，拉起锁链往外逃走。庄帝大笑。普泰元年，广陵王元恭即位，下诏说："将禽兽囚禁，是违反其本性，应该将它们放归山林。"也下令送狮子归本国。送狮子的人嫌波斯国路途遥远，不可能送达，于是在路上杀掉狮子，然后返回。有关官员追究弹劾，以违旨罪论处。广陵王说："岂能因狮子而判人罪？"于是赦免了杀狮者。

菩提寺

原　文

菩提寺是西域胡人所立也，在慕义里。

沙门达多发冢取砖，得一人以进。时太后与明帝在华林都堂，以为妖异，谓黄门侍郎徐纥曰："上古以来，颇有此事否？"纥曰："昔魏时发冢，得霍光女婿范明友家奴[1]，说汉朝废立[2]，与史书相符。此不足为异也。"后令问其姓名，死来几年，何所饮食。死者曰："臣姓崔，名涵，字子洪，博陵[3]安平人也。父名畅，母姓魏，家在城西阜财里。死时年十五，今满二十七，在地十有二年，常似醉卧，无所食也。时复游行，或遇饭食，如似梦中，不甚辨了。"

注释

①霍光：字子孟，西汉权臣，历经汉武帝、汉昭帝、汉宣帝三朝，官至大司马大将军。范明友：西汉大将，霍光女婿，官度辽将军，封关内侯。

②汉朝废立：指霍光废昌邑王刘贺，立汉宣帝刘询事。

③博陵：郡名，治所在今河北安平。

译文

菩提寺是西域胡人建造的，在慕义里。

和尚达多掘坟取砖，挖得一个活人，于是进献给朝廷。当时胡太后与明帝在华林园的都堂内，认为是妖异，于是问黄门侍郎徐纥："上古以来，也有这种事吗？"徐纥曰："从前三国魏时，有人掘坟，挖得霍光女婿范明友的家奴，他讲汉朝废立的事，与史书相符合。这种事情不足为怪。"太后命人询问那人姓名，死了几年，怎么吃喝。那人说："臣姓崔，名涵，字子洪，博陵安平人。父亲名畅，母亲姓魏，家住在城西阜财里。死时十五岁，现在满二十七岁，在地下十二年了，常常像喝醉了躺着，什么也不吃。时常漫游，有时碰见饭食，像在梦中，记得不是很清楚。"

原文

后即遣门下录事张隽诣阜财里访涵父母，果得崔畅，其妻魏氏。隽问畅曰："卿有儿死否？"畅曰："有息子①洪，年十五而死。"隽曰："为人所发，今日苏活，在华林园中，主人故遣我来相问。"畅闻惊怖曰："实无此儿，向者谬言。"

隽还，具以实陈闻。后遣隽送涵回家。畅闻涵至，门前起火，手持刀，魏氏把桃枝②，谓曰："汝不须来！吾非汝父，汝非吾子，急手速去，可得无殃。"

涵遂舍去，游于京师，常宿寺门下。汝南王赐黄衣一具。涵性畏日，不敢仰视，又畏水火及兵刃之属，常走于逵路，遇疲则止，不徐行也。时人犹谓是鬼。

注　释

①息子：亲生儿子。

②桃枝：古代认为桃枝可以袪除灾异。

译　文

太后随即派门下录事张隽前往阜财里访寻崔涵的父母，果然找到崔畅和他的妻子魏氏。张隽问崔畅：“你有一个死去的儿子吗？”畅曰：“有个儿子叫崔洪，十五岁就死了。”张隽曰：“他被人挖出来了，如今苏醒复活了，人现在华林园中，太后所以派我来相问。”崔畅听后惊慌恐惧，说：“其实我没有这个儿子，刚才是瞎说的。”

张隽返回，把情况如实向太后禀报。太后派张隽送崔涵回家。崔畅听闻崔涵来了，在门前点火，手中持刀，魏氏则手握桃枝，对崔涵说：“你不用来！我不是你父亲，你不是我儿子，赶紧离开，可以不受伤害。”

于是崔涵离去，在京师游荡，常常睡在寺门下。汝南王赐他黄衣一件。崔涵害怕太阳，不敢仰视，又害怕水火兵刃一类东西。常在大路上奔跑，疲惫了就停下来，从不慢行。当时人认为他是鬼。

原　文

洛阳大市北有奉终里，里内之人，多卖送死人之具及诸棺椁[①]。涵谓曰：“作柏木棺，勿以桑木为欀[②]。”人问其故，涵曰：“吾在地下见发鬼兵，有一鬼诉称：‘是柏棺，应免。’主兵吏曰：‘尔虽柏棺，桑木为欀。’遂不免。”京师闻此，柏木踊贵。人疑卖棺者货涵发此言也。

注　释

①棺椁：棺材和套棺。泛指棺材。

②欀：木器的里衬。

译　文

洛阳大市北面有奉终里，里内之人，多售卖送死人的用品和各种棺椁。崔涵对人说：“做柏木棺，不要用桑木做衬里。”人们问他原因，崔涵说：“我在地下看见征集鬼兵，有一鬼辩诉说：‘我是柏木棺，应该免去征兵。’主管征鬼兵的官说：‘你虽然是柏木棺，却是桑木衬里。’于是未能免征。”京师人听闻此话，柏木价格为之飞涨。有人怀疑是卖棺的商家收买崔涵说出这话的。

高阳王寺

原文

高阳王寺，高阳王雍之宅也。在津阳门外三里御路西。雍为尔朱荣所害也，舍宅以为寺。正光中，雍为丞相，给羽葆鼓吹、虎贲班剑百人[①]，贵极人臣，富兼山海，居止第宅，匹于帝宫。白壁丹楹，窈窕[②]连亘，飞檐反宇[③]，轇轕[④]周通。僮仆六千，妓女[⑤]五百，隋珠[⑥]照日，罗衣从风。自汉晋以来，诸王豪侈，未之有也。出则鸣驺[⑦]御道，文物[⑧]成行，铙吹[⑨]响发，笳[⑩]声哀转。入则歌姬舞女，击筑[⑪]吹笙，丝管[⑫]迭奏，连宵尽日。其竹林鱼池，侔于禁苑，芳草如积，珍木连阴。

注释

①羽葆：帝王仪仗中以鸟羽连缀为饰的华盖。鼓吹：指演奏乐曲的乐队。虎贲：古称勇士。此指随从。班剑：有纹饰的剑。一说以虎皮饰之。汉制，朝服带剑。晋易以木，谓之班剑，取装饰灿烂之义。后用作仪仗，由武士佩持，天子以赐功臣。班剑亦指持班剑的武士。

②窈窕：幽深貌。

③反宇：指屋边瓦向上高出。

④轇轕：纵横交错貌。一说旷远深邃貌。

⑤妓女：此指歌姬舞女。

⑥隋珠：即隋侯珠。相传隋侯出行，救一大蛇，事后大蛇衔明珠

以报恩。后以隋珠代指宝珠。

⑦鸣驺：古代随从显贵出行并传呼喝道的骑卒。后喻显贵出行。

⑧文物：此指仪仗。

⑨铙吹：即铙歌。军中乐歌，为鼓吹的一部，又称“骑吹”。汉代即有铙歌二十二曲，后佚四曲存十八曲。用以激励士气，亦用于大驾出行和宴飨功臣等。

⑩笳：即胡笳，古代一种管乐器。相传汉时由张骞从西域带入，其音悲凉。《太平御览》卷五百八十一载：“笳者，胡人卷芦叶吹之以作乐也，故谓曰胡笳。”

⑪筑：古代一种击弦乐器，形似筝，颈细而肩圆。演奏时，以左手握持，右手以竹尺击弦发音。

⑫丝管：弦乐器和管乐器。泛指音乐。

译文

高阳王寺，是高阳王元雍的住宅改建的。在津阳门外三里处御道的西面。元雍被尔朱荣害死，元雍家人捐出住宅建造这座寺庙。正光年间，元雍官居丞相，皇帝赐给他羽葆鼓吹、虎贲班剑百人。他的贵显在臣子中达到了极点，他的财富兼有高山和大海的各种出产，居住的宅邸，可与皇帝匹敌。白色的墙壁，红色的楹柱，曲深连亘。檐头标立似飞，屋瓦突出如仰，房屋纵横，周遍交通。家中有僮仆六千人，伎女五百人，宝珠照耀日光，罗衣随风舞动。自从汉晋以来，诸王的豪华奢侈，从未有过像他这样的。外出有从骑开道，仪仗排列成行，铙歌响亮，笳声哀转。回家则歌姬舞女成群相伴，击筑吹笙，丝管乐器交替奏乐，通宵达旦。他府上的竹林鱼池，可与皇宫内苑相比，园内芳草满地，好似铺在地上的绿毯子；珍木邻里，连成一片绿荫。

原文

雍嗜口味，厚自奉养，一食必以数万钱为限。海陆珍羞，方丈于前[①]。陈留侯李崇谓人曰：“高阳一食，敌我千日。”崇为尚书令，仪同三司，亦富倾天下，僮仆千人。而性多俭悋[②]，恶衣粗食，食常无肉，止有韭茹、韭菹[③]。崇客李元佑语人云：

"李令公[4]一食十八种。"人问其故，元佑曰："二韭一十八。"闻者大笑。世人即以为讥骂。

注释

①方丈于前：此指食物摆在桌前，一丈见方。

②悋：通"吝"，吝啬。《魏书·李崇传》："李崇性好财货，贩肆聚敛，家资巨万，营求不息。子世哲为相州刺史，亦无清白状。邺洛市鄽，收擅其利，为时论所鄙。"

③韭茹：韭菜。茹：菜之总称。韭菹：切碎的腌韭菜。

④令公：李崇为尚书令，故称。

译文

元雍嗜好美味佳肴，奉养自己极其丰厚，一顿饭的花费高达数万钱。各种山珍海味，美味佳肴，摆满一丈见方的桌前。陈留侯李崇对人说："高阳一顿饭的开销，够我吃一千天。"李崇官居尚书令，仪同三司，也富倾天下，家中有僮仆千人。但李崇俭朴吝啬，穿粗衣，吃劣食，吃饭常常没有肉菜，只有韭菜、韭菹。李崇的门客李元佑对别人说："李令公一顿吃十八种菜。"人们问他缘故，李元佑说："二韭（九）一十八。"听者大笑。世人就以此讥笑嘲讽李崇。

原文

及雍薨后，诸妓悉令入道[1]，或有嫁者。美人徐月华，善弹箜篌[2]，能为《明妃出塞》之歌[3]，闻者莫不动容。永安中，与卫将军原士康为侧室。宅近青阳门。徐鼓箜篌而歌，哀声入云，行路听者，俄而成市。徐常语士康曰："王有二美姬，一名修容，一名艳姿，并娥眉皓齿，洁貌倾城。修容亦能为《绿水歌》[4]，艳姿善《火凤舞》，并爱倾后室，宠冠诸姬。"士康闻此，遂常令徐鼓《绿水》《火凤》之曲焉。

注 释

①入道：此指出家为尼。

②箜篌：中国古代传统弹弦乐器。因其音坎坎应节奏，故又称“坎侯”。在古代除宫廷雅乐使用外，在民间也广泛流传，有卧箜篌、竖箜篌、凤首箜篌三种形制。从十四世纪后期不再流行，以致慢慢消失，只能在以前的壁画和浮雕上看到一些箜篌的图样。

③《明妃出塞》之歌：讲述汉元帝时王昭君出塞匈奴和亲之事的歌曲。相传为晋太康年间石崇作，音调凄婉哀怨。《乐府诗集》卷二十九：“《古今乐录》曰：《明君歌舞》者，晋太康中季伦所作也。王明君本名昭君，以触文帝讳，故晋人谓之明君。匈奴盛，请婚于汉，元帝以后宫良家子明君配焉。初，武帝以江都王建女细君为公主，嫁乌孙王昆莫，令琵琶马上作乐，以慰其道路之思，送明君亦然也。其造新之曲，多哀怨之声。晋、宋以来，《明君》止以弦隶，少许为上舞而已。梁天监中，斯宣达为乐府令，与诸乐工以清商两相闲弦为《明君上舞》，传之至今。”

④《绿水歌》:《乐府诗集·琴曲歌辞二·蔡氏五弄题解》:“《琴集》曰：五弄，《游春》《绿水》《幽居》《坐愁》《秋思》，并宫调，蔡邕所作也。《琴书》曰：邕性沉厚，雅好琴道。嘉平初，入青溪访鬼谷先生。所居山有五曲：一曲制一弄，山之东曲，常有仙人游，故作《游春》；南曲有涧，冬夏常渌，故作《绿水》……”

译 文

等到元雍死后，那些歌姬舞女都被命令出家为尼，也有嫁人的。美人徐月华，善弹箜篌，能弹奏《明妃出塞》之歌，听者无不动容。永安年间，嫁给卫将军原士康为侧室。住宅靠近青阳门。徐月华边弹箜篌边唱歌，哀怨的声音直入云霄，行路的人驻足倾听，不一会儿就聚集成市集。徐月华曾对原士康说：“高阳王有两位美姬，一位叫修容，一位叫艳姿，皆娥眉皓齿，美貌倾城。修容还能演奏《绿水歌》，艳姿善作《火凤舞》，二人皆为王所爱，倾动后室，在众姬中最为得宠。”原士康听了这话，于是经常让徐月华演奏《绿水》《火凤》曲。

原 文

高阳宅北有中甘里。里内颍川荀子文，年十三，幼而聪辨，神情卓异，虽黄琬、文举①，无以加之。正光初，广宗潘崇和讲《服氏春秋》于城东昭义里②，子文摄齐北面③，就和受道。时赵郡④李才问子文曰："荀生住在何处？"子文对曰："仆住在中甘里。"才曰："何为住城南？"城南有四夷馆，才以此讥之。子文对曰："国阳⑤胜地，卿何怪也？若言川涧，伊洛峥嵘；语其旧事，灵台石经；招提之美，报德、景明；当世富贵，高阳、广平；四方风俗，万国千城；若论人物，有我无卿。"才无以对之。崇和曰："汝、颍之士利如锥⑥，燕、赵之士钝如锤⑦。信非虚言也。"举学皆笑焉。

注 释

①黄琬：字子琰，江夏安陆（今湖北安陆北）人，东汉名臣。早年聪慧善辩。因公平选举而得罪权贵，遭禁锢二十余年。光和末年，为太尉杨赐举荐，解锢拜为议郎。迁豫州牧，政绩为天下表率，封关内侯。董卓秉政，黄琬官太尉，因反对董卓迁都长安而被免职。后与司徒王允等共同谋划诛杀董卓。李傕、郭汜攻入长安，黄琬遇害。《后汉书·黄琬传》："黄琬祖父琼，初为魏郡太守，建和元年正月日食，京师不见而琼以状闻。太后诏问所食多少，琼思其对而未知所况。琬年七岁，在傍，曰：'何不言日食之余，如月之初？'琼大惊，即以其言应诏，而深奇爱之。"文举：即孔融，字文举，鲁国（今山东曲阜）人。少有异才，勤奋好学。汉献帝时，历官北军中侯、虎贲中郎将、北海相，为官有政声。性好宾客，喜抨议时政，言辞激烈，后因触怒曹操而为其所杀。《后汉书·孔融传》："孔融年十岁，随父诣京师。时河南尹李膺以简重自居，不妄接士宾客，来外自非当世名人及与通家，皆不得白。融欲观其人，故造膺门。语门者曰：'我是李君通家子弟。'门者言之。膺请融，问曰：'高明祖父尝与仆有恩旧乎？'融曰：'然。先君孔子与君先人李老君同德比义，而相师友，则融与君累世通家。'

众坐莫不叹息。太中大夫陈炜后至，坐中以告炜。炜曰：‘夫人小而聪了，大未必奇。’融应声曰：‘观君所言，将不早惠乎？’膺大笑曰：‘高明必为伟器。’”又《融家传》曰：“兄弟七人，融第六，幼有自然之性。年四岁时，每与诸兄共食梨，融辄引小者。大人问其故，答曰：‘我小儿，法当取小者。’由是宗族奇之。”

②广宗：郡名，治所在今河北威县东。潘崇和：事迹不详。《北史·儒林传》言有名潘叔虔者，善《服氏春秋》。或二者为一人。服氏：即服虔，初名重，又名祇，后更名虔，字子慎，东汉经学家。虔少有雅才，善文论，其经学尤为当世推重，著《春秋左氏解谊》三十一卷，《春秋左氏音》一卷，《通俗文》一卷，《汉书音训》一卷。

③摄齐：提起衣摆。古时官员升堂时谨防踩着衣摆，跌倒失态。表示恭敬有礼。北面：面朝北面。故以南面为尊，故尊者、长者坐北朝南，下臣、晚辈则站南朝北。此处“摄齐北面”指恭敬地行拜师之礼。

④赵郡：郡名，治所在今河北赵县。

⑤国阳：国都的南面。即洛阳城南。

⑥汝：即汝州，北魏改汝北郡，治所在今河南梁县。颍：即颍川郡。

⑦燕：即古燕国地，包括今河北北部和辽宁西部。赵：即古赵国地，包括今河北南部和山西北部。

译文

高阳王宅邸北面有中甘里。里内有颍川人荀子文，十三岁，年幼而聪慧善辩，神情意态高起非凡，即使是黄琬、孔文举也不能胜过他。正光初年，广宗人潘崇和在城东昭义里讲《服氏春秋》，荀子文提起衣摆，面朝北面，接受潘崇和的教导。当时赵郡人李才问荀子文说：“荀生住在何处？”荀子文回答说：“我住在中甘里。”李才说：“为何住在城南？”城南有四夷馆，李才因此讥笑荀子文住在夷人聚居地。荀子文回应说：“国都南面是好地方，你何必觉得奇怪？若要论河流，那里有深险的伊水洛水；若要论大物古迹，那里有灵台、石经；若要论壮美的寺庙，那里有报德寺、景明寺；若论当时富贵，那里住有高阳王、广平王；若论四方风俗，那里有万国千城的气象；若论人物，有我没你。”李才无言以对。潘崇和说：“汝、颍之士犀利如锥，燕、赵之士迟钝如锤。确实不是虚言。”满座从学者都笑了。

崇虚寺

原文

崇虚寺，在城西[①]，即汉之濯龙园[②]也。延熹九年[③]，桓帝祠老子于濯龙园，设华盖[④]之座，用郊天[⑤]之乐，此其地也。高祖迁京之始，以地给民，憩者多见妖怪，是以人皆去之，遂立寺焉。

注释

①崇虚寺，在城西：按此卷皆记洛阳城南寺院，此云城西，不知何故。又据诸本，皆云城西。另据考证，汉之濯龙园在城内西北隅。则此处文字无误也。一说作者继城南之后，先作题引，令全书前后连贯，而有线索可循。

②濯龙园：汉代宫苑名，在今河南洛阳东北汉魏故城西北隅。

③延熹：公元158—167年，东汉桓帝刘协的年号。九年：即公元166年。

④华盖：帝王或贵官车上的伞盖。《古今注·舆服》："华盖，黄帝所作也，与蚩尤战于涿鹿之野，常有五色云气，金枝玉叶，止于帝上，有花葩之象，故因而作华盖也。"

⑤郊天：即祭天。古时人们在郊外祭祀天地，南郊祭天称为郊，北郊祭天称为祀，郊为大祀，祀为群祀。

译文

崇虚寺，位于城西，就是汉代的濯龙园。延熹九年，汉桓帝在濯龙园祭祀老子，设立有华盖的坐席，使用祭天的音乐，就在这个地方。高祖迁都洛阳之初，将这里的土地赐给百姓，但在此休憩的人多见过妖怪，因此人们都逃离了此地，于是在这里建立崇虚寺。

卷四　城西

冲觉寺

原 文

冲觉寺，太傅清河王元怿舍宅所立也。在西明门外一里御道北。怿，亲王之中，最有名行，世宗爱之，特隆诸弟。延昌四年[1]，世宗崩，怿与高阳王雍、广平王怀并受遗诏，辅翼[2]孝明。时帝始年六岁，太后代总万机，以怿名德茂亲，体道居正[3]，事无大小，多谘询之。是以熙平、神龟之际，势倾人主，第宅丰大，逾于高阳。西北有楼，出陵云台，俯临朝市，目极京师，古诗所谓“西北有高楼，上与浮云齐”者也。楼下有儒林馆、延宾堂，形制并如清暑殿。土山钓池，冠于当世。斜峰入牖，曲沼环堂，树响飞嘤[4]，阶丛花药。

注 释

①延昌：公元512—515年，北魏宣武帝元恪年号。四年：即公元515年。

②辅翼：辅佐，辅助。

③体道：躬行正道。居正：处事公正。

④飞嘤：飞鸟的和鸣声。

译 文

冲觉寺，是太傅清河王元怿捐出住宅所建造的。在西明门外一里御道的北面。元怿，在亲王之中最有名望品行，世宗对他特别宠信，胜过其他诸弟。延昌四年，世宗驾崩，元怿与高阳王元雍、广平王元怀同受遗诏，辅佐孝明皇帝。当时孝明帝才六岁，胡太后代为总揽万机，以元怿有名望德行，又是宗亲，且能躬行正道，处事公正，所以事无大小，多向他咨询。因此在熙平、神龟年间，他的势力倾动人主，宅邸宏伟壮丽，超过高阳王元雍。其宅西北有楼，高出陵云台，俯临朝廷市集，尽望京师胜景，正如古诗所记载的“西北有高楼，上与浮云齐”那样。楼下有儒林馆、延宾堂，形制都像清暑殿。园内有土山钓池，冠绝当世。斜出的山峰深入窗口，曲折的池沼环绕高堂，婆娑的树林中传来嘤嘤鸟鸣，阶石上丛生着芍药花。

原　文

怿爱宾客，重文藻，海内才子，莫不辐辏①。府僚臣佐，并选隽民②。至于清晨明景，骋望南台，珍羞具设，琴笙并奏，芳醴盈罍③，嘉宾满席。使梁王愧兔园之游④，陈思惭雀台之宴⑤。

注　释

①辐辏：形容人或物聚集像车辐集中于车毂一样。

②隽民：通“俊民”，才智杰出之士。

③醴：甜酒。此指美酒。罍：古代盛酒的容器。小口，广肩，深腹，圈足，有盖，两旁各有耳环，多用青铜或陶制成。此处泛指酒杯。

④梁王：即西汉梁孝王刘武，汉文帝刘恒次子。兔园：即梁园，梁孝王在梁国都城睢阳所筑苑囿，为游赏与延宾之所。故址在今河南商丘东。梁孝王招揽天下人才，如枚乘、司马相如、邹阳等皆慕名而至，形成了极具影响的文学群体，后世称“梁园文学”。《西京杂记》：“梁孝王好营宫室苑囿之乐，作曜华之宫，筑兔园。园中有百灵山，山有肤寸石、落猿岩、栖龙岫。又有雁池，池间有鹤洲、凫渚，其诸宫观相连，延亘数十里。奇果异树，瑰禽怪兽毕备。”

⑤陈思：即曹植，魏武帝曹操之子，生前为陈王，死后谥思，故称陈思王。曹植是三国曹魏著名文学家，建安文学的代表人物与集大成者。雀台：即铜雀台，汉建安中曹操所筑，故址在今河北临漳西南。台高十丈，有屋百余间。当时北方一大批文学家如曹操、曹丕、曹植、王粲、刘桢等常聚集于此，作诗以抒胸襟，故以其为建安文学的发祥地。历代名人题咏甚多。《三国志·魏书·陈思王传》：“时邺铜爵台新城，太祖悉将诸子登台，使各为赋。植援笔立成，可观，太祖甚异之。”

译 文

元怿喜爱招揽宾客，看重文藻，四海之内的才子，无不集中在他门下。府里的僚属佐臣，都从杰出之士中选出。到了清晨，景色明丽，纵望南台，摆满了美味珍馐，琴笙也一起奏响，芳香的美酒盈满酒杯，尊贵的宾客坐满席位。此中盛景，使梁孝王对兔园的游赏感到羞愧，使陈思王对铜雀台的宴会感到羞赧。

原 文

正光初，元乂秉权，闭太后于后宫，薨怿于下省①。孝昌元年，太后还总万机，追赠怿太子太师、大将军、都督中外诸军事、假黄钺②。给九旒、鸾辂、黄屋、左纛、辒辌车③，前后部羽葆鼓吹、虎贲班剑百人，挽歌二部④，葬礼依晋安平王孚⑤故事。谥曰文献。图怿像于建始殿。拔清河国郎中令韩子熙⑥为黄门侍郎，徙王国三卿为执戟者⑦，近代所无也。

为文献追福，建五层浮图一所，工作⑧与瑶光寺相似也。

注 释

①“闭太后于后宫”二句：《魏书·元怿传》：“正光元年七月，乂与刘腾逼肃宗于显阳殿，闭灵太后于后宫，囚怿于门下省。诬怿罪状，遂害之，时年三十四。朝野贵贱，知与不知，含悲丧气，惊振远近。夷人在京及归，闻怿之丧，为之劈面者数百人。”

②假：给。黄钺：以黄金为饰的斧。古代为帝王所专用，或特赐给专主征伐的重臣。

③九旒：古代旌旗上的九条丝织垂饰。亦指镶有九条丝织垂饰的旌旗。为帝王所用。《礼记·乐记》：“龙旂九旒，天子之旌也。”鸾辂：天子王侯所乘之车，其车画鸾鸟，故名。高诱注《吕氏春秋·孟春纪》曰：“辂，车也。鸾鸟在衡，和在轼，鸣相应和。后世不能复致，铸铜为之，饰以金，谓之鸾辂也。”黄屋：古代帝王专用的黄缯车盖。裴骃《史记集解》引蔡邕曰：“黄屋者，盖以黄为里。”左纛：古代皇帝乘舆上的饰物，以犛牛尾或雉尾制成，设在车衡左边或左马上。裴骃《史

记集解》引李斐曰："纛，毛羽幢也，在乘舆车衡左方上注之。"又引蔡邕曰：'以犛牛尾为之，如斗，或在骓头，或在衡上也。"辒辌车：原是古代一种可用来卧息的车子，后用作丧车。颜师古注《汉书·霍光》曰："辒辌本安车也，可以卧息。后因载丧，饰以柳翣，故遂为丧车耳。辒者密闭。辌者旁开窗牖，各别一乘，随事为名。后人既专以载丧，又去其一，总为藩饰。而合二名呼之耳。"裴骃《史记集解》引孟康曰："如衣车，有窗牖，闭之则温，开之则凉，故名之辒辌车也。"

④挽歌二部：每部六十四人。

⑤晋安平王孚：司马孚，字叔达，晋宣帝司马懿之弟，封安平王。他历仕曹魏五帝，官至太傅。"高平陵之变"时，协助司马懿控制京师，诛杀草率一党。后又督军成功防御吴、蜀的进攻，为司马氏政权的稳固多有功劳。司马孚功勋卓著，性格谨慎，自司马懿执掌大权起，便逐渐引退，至死以魏臣自称。泰始八年（272）去世，年九十三，赐谥献王。《晋书·安平献王孚传》："帝于太极东堂举哀三日。其以东园温明秘器、朝服一具、衣一袭、绯练百匹、绢布各五百匹、钱百万，谷千斛以供丧事。诸所施行，皆依汉东平献王苍故事。帝再临丧，亲拜尽哀。及葬，又幸都亭，望柩而拜，哀动左右。给銮辂轻车，介士武贲百人，吉凶导从二千余人，前后鼓吹，配飨太庙。"

⑥韩子熙：字元雍，安东将军韩麒麟之孙。少自修整，颇有学识。弱冠为清河王怿常侍，迁郎中令。历官中书舍人、黄门侍郎、国子祭酒。《魏书·韩子熙传》："子熙为怿所眷遇，遂阙位，待其毕丧后复用。及元义害怿，久不得葬。子熙为之忧悴，屏处田野，每言王若不得复封，以礼迁葬，誓以终身不仕。后灵太后返政，以元义为尚书令，解其领军。子熙与怿中大夫刘定兴、学官令傅灵手剽、宾客张子慎伏阙上书……书奏，灵太后义之，乃引子熙为中书舍人。后遂剖腾棺，赐义死。"

⑦三卿：周制，以司徒、司马、司空为三卿。清河国为元怿封国，故也设有三卿。执戟者：古代警卫宫门的官员。

⑧工作：工程，制作。

译 文

正光初年，元义把持朝政，将胡太后软禁于后宫，又在门下省杀死元怿。孝昌元年，太后重新总揽万机，追赠元怿为太子太师、大将军、都督中外诸军事、假黄钺。赐予九旒、鸾辂、黄屋、左纛、辒辌车，给前后部羽葆鼓吹、虎贲班剑百人，挽歌二部，葬礼依晋朝葬安平王司马孚的规格。加谥号称文献。画元怿像于建始殿。选拔清河国的郎中令韩子熙为黄门侍郎，迁王国三个卿做皇宫的侍臣，这是近代所没有的恩宠。

为给文献清河王元怿追祈冥福，在冲觉寺建一座五层宝塔，工程规模与瑶光寺的宝塔相似。

宣忠寺

原 文

宣忠寺，侍中司州牧城阳王[①]所立也。在西阳门外一里御道南。

注 释

①司州牧城阳王：即元徽，字显顺，城阳怀王元鸾之子。粗涉书史，颇有吏才。世宗时，袭封父爵。除游击将军，出为河内太守。在郡清整，有民誉。肃宗即位，历任散骑常侍、并州刺史，在州开仓赈民。转度支尚书、礼部尚书、卫将军、右光禄大夫、尚书左仆射。孝庄帝践阼，拜司州牧，除侍中、大司马、太尉公，总统内外。尔朱兆攻入洛阳，逃走山南，遇害。谥曰文献。《魏书·元徽传》："元徽外似柔谨，内多猜忌，睚眦之忿，必思报复。识者嫉之。性多嫉妒，不欲人居其前。每入参谋议，独与帝决。朝臣有上军国筹策者，并劝帝不纳，乃云小贼何虑不除。又吝惜财用，自家及国。"

译 文

宣忠寺，是侍中司州牧城阳王元徽所建造的。在西阳门外一里御道的南面。

原 文

永安中，北海王入洛，庄帝北巡，自余诸王，各怀二望[①]，唯徽独从庄帝至长子城。大兵阻河，雌雄未决，徽愿[②]入洛阳，舍宅为寺。及北海败散，国道重晖，遂舍宅焉。

永安末，庄帝谋杀尔朱荣，恐事不果，请计于徽。徽曰："以生太子为辞，荣必入朝，因以毙之。"庄帝曰："后怀孕未十月，今始九月，可尔以不[③]？"徽曰："妇人生产，有延月者，有少月者，不足为怪。"

帝纳其谋，遂唱[④]生太子，遣徽特至太原王第，告云皇储[⑤]诞育。值荣与上党王天穆博戏[⑥]。徽脱荣帽，欢舞盘旋。徽素大度量，喜怒不形于色，绕殿内外欢叫，荣遂信之，与穆并入朝。庄帝闻荣来，不觉失色。中书舍人温子升曰："陛下色变。"[⑦]帝连索酒饮之，然后行事。荣、穆既诛，拜徽太师、司马，余官如故，典统[⑧]禁兵，偏被委任。

注释

①二望：两面观望，指做两手准备。

②愿：此指祈福许愿。

③不：通"否"。

④唱：倡，宣布。

⑤皇储：即皇太子，已确定的皇位继承人。据查考，庄帝皇后为尔朱荣女，故先告之。

⑥博戏：此指古代博戏中的六博棋戏。六博，两人用十二个棋子相搏，黑棋白棋各半，分胜负输赢。

⑦"中书舍人温子升"二句：《魏书·温子升传》："及帝杀尔朱荣也，子升预谋。当时赦诏，子升词也。荣入内，遇子升，把诏书问是何文书，子升颜色不变，曰'敕'。荣不视之。"

⑧典统：掌管，统领。

译文

永安年间，北海王元颢攻入洛阳，庄帝北避，其余诸王，各自心怀两望，只有元徽独自跟随庄帝到长子城。当时北海王大军为黄河所阻，胜负未分，元徽许愿，只要能重回洛阳，就捐出住宅建造寺院。等到北海王败散，国家重获光明，元徽捐出住宅建造宣忠寺。

永安末年，庄帝谋划诛杀尔朱荣，恐怕事情不能成功，请元徽设计。元徽曰："以太子出生为借口，尔朱荣必定入朝，趁这个机会杀死他。"庄帝说："皇后怀孕未满十月，如今才九月，可以这样说吗？"元徽曰："妇人生产，有延长月份的，也有不满月份的，这不足为怪。"

庄帝采纳他的计谋，于是宣布太子出生，并派元徽特地到太原王府上，告知皇储诞生的消息。元徽去时，正碰上尔朱荣与上党王元天穆博戏。元徽摘下尔朱荣的帽子，高兴得欢舞盘旋。元徽素来有大度量，喜怒不形于色，此时他绕着殿堂内外欢叫，尔朱荣就相信了他的话，与元天穆一同入朝参贺。庄帝听闻尔朱荣到来，不觉大惊失色。中书舍人温子升说："陛下脸色变了。"庄帝连忙索取酒来喝，然后照计划行事。尔朱荣和元天穆被诛杀后，拜元徽为太师、司马，其余官职照旧，并令他统帅宫中禁兵，特别受到任用。

原　文

及尔朱兆擒庄帝，徽投前洛阳令寇祖仁[①]。祖仁一门刺史[②]，皆是徽之将校，以有旧恩，故往投之。祖仁谓子弟等曰："时闻尔朱兆募城阳王甚重，擒获者千户侯。今日富贵至矣！"遂斩送之[③]。徽初投祖仁家，赍金一百斤、马五十匹。祖仁利其财货，故行此事。所得金马，缌亲之内[④]均分之。所谓"匹夫无罪，怀璧其罪[⑤]"，信矣。

注　释

①寇祖仁：即寇弥，字祖仁。《魏书·寇弥传》："为城阳王徽所亲待。永安末，徽避尔朱兆脱身南走，归命于弥。弥不纳，遣人加害，时论深责之。后没关西。"《魏书》言其官尚书令，不云为洛阳令。其兄寇治（字祖礼）为洛阳令。

②祖仁一门刺史：寇祖仁父寇臻官郢州刺史；兄寇治为洛阳令，稍迁东荆州刺史，世宗末迁河州刺史；侄寇朏之（寇治子）官东荆州刺史。另据《寇胤哲墓志》，寇臻长子寇轨，寇轨子寇遵贵，官光州刺

史。

③遂斩送之：《魏书·元徽传》：“及尔朱兆之入，禁卫奔散，庄帝步出云龙门。徽乘马奔度，帝频呼之，徽不顾而去。遂走山南，至故吏寇弥宅。弥外虽容纳，内不自安，乃怖徽云，官捕将至，令其避他所。使人于路邀害，送尸于尔朱兆。”

④缌亲之内：指五服之内。缌：古代丧服名，为五种丧服之最轻者。以细麻布为孝服，服丧三个月。凡疏远的亲属、亲戚都服缌麻。《礼记·大传》：“四世而缌，服之穷也。”据查考，《魏书·寇治传》：“治兄弟并孝友敦穆，白首同居。父亡虽久，而犹于平生所处堂宇，备设帏帐几杖，以时节开堂列拜，垂泪陈荐，若宗庙然。吉凶之事必先启告，远出行反亦如之。”

⑤匹夫无罪，怀璧其罪：百姓本没有罪，因身藏璧玉而获罪。原指草民不能私藏宝玉，因为他没理由有宝玉，除非盗取抢劫。后亦比喻有才能、有理想而受害。此指怀财易遭害。《左传·桓公十年》：“虞叔有玉，虞公求旃。弗献。既而悔之，曰：‘周谚有之：“匹夫无罪，怀璧其罪。”吾焉用此，其以贾害也？’乃献。又求其宝剑。叔曰：‘是无厌也。无厌，将及我。’遂伐虞公，故虞公出奔共池。”

译文

等到尔朱兆捉住庄帝，元徽投靠前洛阳令寇祖仁。寇祖仁一门刺史，都是元徽的将校，因为有旧恩，所以前往投靠。寇祖仁对子弟们说：“听说尔朱兆悬赏捉拿城阳王的赏格很高，擒获城阳王的人可获封千户侯。今日富贵到了！”于是斩杀元徽送给尔朱兆。当初元徽投奔寇祖仁家时，带着金子一百斤、马五十匹。寇祖仁贪图他的财货，所以干出见利忘义的事。他所得到的金子马匹，五服以内的亲族平均分配。所谓“匹夫无罪，怀璧其罪”，确实如此啊。

原文

兆得徽首，亦不勋赏祖仁。兆忽梦徽云：“我有黄金二百斤、马一百匹，在祖仁家，卿可取之。”兆悟觉，即自思量：“城阳禄位隆重，未闻清贫，常自入其家采掠，本无金银，此梦或真。”至晓掩[①]祖仁，征其金马。祖仁谓人密告，望风款服，云实得金一百斤、马五十匹。兆疑其藏隐，依梦征之。祖仁诸房素有金三十斤，马三十匹，尽送致兆，犹不充数。兆乃发怒捉祖仁，悬首高树，大石坠足，鞭捶之以及于死。时人以为交报[2]。

杨衒之曰："崇善之家，必有余庆；积祸之门，殃所毕集[3]。祖仁负恩反噬，贪货杀徽，徽即托梦增金马，假手于兆，还以毙之。使祖仁备经楚挞[4]，穷其涂炭，虽魏其侯之笞田蚡[5]，秦主之刺姚苌[6]，以此论之，不能加也。"

注 释

①掩：乘人不备而袭击或捉拿。

②交报：佛教语，泛指报应。

③"崇善之家"四句：《周易·坤卦·文言》："积善之家，必有余庆。积不善之家，必有余殃。"

④楚挞：用荆杖拷打。楚：荆杖。

⑤魏其侯：指西汉魏其侯窦婴。田蚡：孝景王皇后同母弟，汉武帝舅，封武安侯。窦婴与灌夫友善，灌夫素与丞相田蚡有隙。田蚡娶燕王女为夫人。太后下诏，召列侯宗室皆往贺。窦婴与灌夫俱往。酒席中灌夫对田蚡出言不逊，被田蚡以罪逮捕下狱，并被判处死刑。窦婴倾全力搭救，矫景帝遗诏请求武帝召见。事泄被劾，与灌夫皆被斩首。《史记·魏其武安侯列传》："武安侯病，专呼服谢罪。使巫视鬼者视之，见魏其、灌夫共守，欲杀之。竟死。"《汉书·灌夫传》："春，蚡疾，一身尽痛，若有击者，呼服谢罪。上使视鬼者瞻之，曰：'魏其侯与灌夫共守，笞欲杀之。'竟死。"

⑥秦主：指前秦皇帝苻坚。姚苌：十六国时期后秦开国君主。姚苌是羌人首领，本为前秦之臣。前秦在淝水之战大败后，姚苌在关中羌人的推戴下自称秦王，与前秦作战。不久，擒杀苻坚。姚苌称帝后，又掘苻坚墓，并把尸体剥去衣服放在荆棘上，再以土坑埋掉。《晋书·载记第十六》："姚苌梦苻坚将天官使者、鬼兵数百突入营中，苌惧，走入宫，宫人迎苌刺鬼，误中苌阴，鬼相谓曰：'正中死处。'拔矛，出血石余。寤而惊悸，遂患阴肿，医刺之，出血如梦。苌遂狂言，或称'臣苌，杀陛下者兄襄，非臣之罪，愿不枉臣'。以太元十八年死。"

译文

尔朱兆得到元徽的首级，也没有赏赐寇祖仁勋位。尔朱兆忽然梦到元徽对他说：“我有黄金二百斤、马一百匹，在寇祖仁家里，你可以去取。”尔朱兆醒来后，就暗自思量：“城阳王禄位显贵隆重，没听说清贫，但我曾亲自到他家掠夺，根本没发现金银，这个梦或许是真实的。”到天亮时收捕寇祖仁，征收他的金子和马匹。寇祖仁认为有人告密，立即服从承认，说实际只得到金子一百斤、马五十匹。尔朱兆怀疑他有所藏匿，依照梦中数目征收。寇祖仁家中诸房素来有金子三十斤，马三十匹，全部送给尔朱兆，还不够数目。尔朱兆于是发怒捉拿祖仁，把他的头吊在高树上，用大石拴在脚上往下坠，用鞭子抽打他，直到把他打死。当时人认为这是交相报应。

杨衒之说：“崇尚行善的人家，必有遗留下来的福泽；积累祸事的门庭，是灾殃完全聚集之所。寇祖仁忘恩负义，反噬旧主，贪图财货，杀死元徽，元徽即托梦增加金子马匹的数目，借尔朱兆之手来杀害寇祖仁。使得寇祖仁备受鞭打，受尽苦难，即使有魏其侯鞭打田蚡，秦主刺杀姚苌之事，可与此相比，也不见得更厉害。”

王典御寺

原文

宣忠寺东王典御寺，阉官王桃汤①所立也。时阉官伽蓝皆为尼寺，唯桃汤独造僧寺，世人称之英雄。

注释

①王桃汤：即王温，字桃汤，父王冀坐事被诛，温与兄继叔俱充宦者。为人谨慎，高祖时历官中谒者、中黄门、钩盾令、中给事中，给事东宫，加左中郎将。世宗之崩，群官迎肃宗于东宫。温于卧中起肃宗，与保母扶抱肃宗，入践帝位。出为巨鹿太守，加龙骧将军。灵太后临朝，征还，官至中侍中，封武阳县开国侯。建义初，于河阴遇

害，年六十六。永安初，赠骠骑大将军、仪同三司、雍州刺史。

译文

宣忠寺东面有王典御寺，是阉官王桃汤所建造的。当时阉官建的寺院都是尼寺，只有王桃汤独造僧寺，世人称他是有非凡作为的人。

原文

门有三层浮图一所，工逾昭仪。宦者招提，最为入室[①]。至于六斋，常击鼓歌舞也。

注释

①入室：比喻学问或技艺得到师传，达到精深之地。此指佛寺的建筑工艺精妙，达到了较高的水平。

译文

门前有一座三层宝塔，工艺超过昭仪尼寺。在宦官所建寺院中，最为精致。每到六斋日，这里常常击鼓唱歌跳舞。

白马寺

原文

白马寺[①]，汉明帝所立也。佛入中国之始。

注释

①白马寺：《水经注·谷水》：“谷水又南径白马寺东。昔汉明帝梦见大人金色，项佩白光。以问群臣，或对曰：‘西方有神名曰佛，形如陛下所梦，得无是乎？’于是发使天竺，写致经像，始以榆榇盛经，白马负图，表之中夏，故以白马为寺名。此榆榇后移在城内愍怀太子

浮图中，近世复迁此寺。然金光流照，法轮东转，创自此矣。”

译　文

白马寺是东汉明帝所建立，这是佛教传入中国之开始。

原　文

寺在西阳门外三里御道南。帝梦金神，长丈六，项背日月光明。胡人号曰佛。遣使向西域求之，乃得经像焉。时以白马负经而来，因以为名。明帝崩，起祇洹[①]于陵上。自此以后，百姓冢上或作浮图焉。寺上经函[②]，至今犹存。常烧香供养之，经函时放光明，耀于堂宇。是以道俗礼敬之，如仰真容。

注　释

①祇洹：即精舍。僧人修炼居住或讲道说法的场所。

②经函：以榆梲木制成的盛经的木函。

译　文

白马寺在西阳门外三里处御道的南面。汉明帝梦见金神，身高一丈六，头背后有日月光明。胡人称之为佛。遣使向西域求佛，于是得到经书和佛像。当时以白马负经而归，因此以白马为名。汉明帝驾崩，在陵墓上建起精舍。自此以后，百姓坟墓上有造宝塔的。寺里的经函，至今犹存。经常烧香来供奉它，经函时时放出光明，照耀堂宇。因此僧徒、俗人都礼敬它，如同仰望佛的真容。

原　文

浮屠前荼林、蒲萄异于余处[①]，枝叶繁衍，子实甚大。荼林实重七斤，蒲萄实伟于枣，味并殊美，冠于中京[②]。帝至熟时，常诣取之。或复赐宫人，宫人得之，转饷亲戚，以为奇味。得者不敢辄食，乃历数家。京师语曰：“白马甜榴，一实直牛。”

注　释

①荼林：果名，或作“途林”，即石榴。蒲萄：即葡萄。

②中京：即洛阳。东晋时称西晋故都洛阳为中京，一直沿用到初唐、盛唐。

译　文

白马寺宝塔前的石榴、葡萄与别处的不同，枝叶繁茂，果实甚大。石榴果子重达七斤，葡萄果子比枣还大，味道也特别甜美，冠绝京城。果子成熟时，皇帝经常亲自来取食。或再赐给宫人，宫人得到了，又转赠给亲戚，以为奇特的美味。得到的不敢马上吃，要展示给几家看。京师有俗语曰：“白马寺的甜榴，一个值一头牛。”

原　文

有沙门宝公者，不知何处人也。形貌丑陋，心识通达，过去未来，预睹三世[①]。发言似谶[②]，不可得解，事过之后，始验其实。胡太后闻之，问以世事。宝公曰：“把粟与鸡呼朱朱[③]。”时人莫之能解。建义元年，后为尔朱荣所害，始验其言。

时亦有洛阳人赵法和请占早晚当有爵否。宝公曰：“大竹箭，不须羽；东厢屋，急手作。”时人不晓其意。经十余日，法和父丧。大竹箭者，苴杖[④]；东厢屋者，倚庐[⑤]。造《十二辰歌》[⑥]，终其言也。

注　释

①三世：佛教以过去、现在、未来为三世。

②谶：谶语，指日后会得到应验的言语或兆头。

③朱朱：唤鸡声。又，“朱朱”即是“二朱”，与“尔朱”音近，隐指尔朱荣。此句谓胡太后要被尔朱荣害死，就如同粟要被鸡吃掉一样。《酉阳杂俎·贝编篇》：“后魏胡太后尝问沙门宝志国祚，且言把粟与鸡呼朱朱。盖尔朱也。”

④苴杖：古代居父丧时孝子所用的竹杖。《三礼图》：“苴杖，竹也。

为父所以杖用竹者，父是子之天，竹圆亦象天。竹又内外有节，象子为父亦有外内之痛。又能贯四时而不变，子之为父，哀痛亦经寒温而不改。故用竹也。”

⑤倚庐：居父母丧时所住的房子。倚木搭建，门向北开，用草木等材料盖成。《礼记·丧服大记》：“父母之丧，居倚庐，不涂。”

⑥《十二辰歌》：如《禅门十二时》之类。《敦煌零拾》有《禅门十二时》，分十二时为歌。即夜半子、鸡鸣丑、平旦寅、日出卯、食时辰、隅中巳、正南午、日昃未、晡时申、日入酉、黄昏戌、人定亥。全歌共十二段组成，每一段分别与一个时辰相联系。

译文

有个叫宝公的和尚，不知道是哪里的人。形貌丑陋，但知识通达，能预知过去、现在、未来，三世事。他说出的话像谶语，无法解释，事过之后，才验证他的话。胡太后听说后，问他当世的事情。宝公说：“把粟给鸡吃呼‘朱朱’。”当时人不能明白什么意思。建义元年，胡太后为尔朱荣所害，这才验证了他的话。

也有洛阳人赵法和请宝公占卜何时能有官爵。宝公说：“大竹箭，不须羽；东厢屋，急手作。”当时人不知道这话是什么意思。过了十几天，赵法和的父亲死了。原来大竹箭是指丧礼用的竹杖，东厢屋指服丧者的住处。所作的《十二辰歌》，是宝公最后的文辞。

宝光寺

原文

宝光寺，在西阳门外御道北。有三层浮图一所，以石为基，形制甚古，画工雕刻。

隐士赵逸见而叹曰：“晋朝石塔寺，今为宝光寺也。”人问其故，逸曰：“晋朝三十二寺尽皆湮灭，唯此寺独存。”指园中一处曰：“此是浴堂[1]。前五步，应有一井。”众僧掘之，果得屋及井焉。井虽填塞，砖口如初。浴堂下犹有石数十枚。当时园地平衍[2]，果菜葱青，莫不叹息焉。

园中有一海，号咸池。葭菼[3]被岸，菱荷覆水，青松翠竹，罗生其旁。京邑士子，至于良辰美日，休沐告归[4]，征友命朋，来游此寺。雷车接轸[5]，羽盖成阴。或置酒林泉，题诗花圃，折藕浮瓜[6]，以为兴适。

注释

①浴堂：佛教洗浴为日常行仪法式。《南海寄归内法传》："那烂陀寺，有十余所大池，每至晨时，寺鸣健推，令僧徒洗浴。世尊教为浴室，或作露地砖池，或作去病药汤，或令油遍涂体。夜夜油恒揩足，朝朝头上涂油。明目去风，深为利益。"中国佛教自印度传入，亦严格遵循洗浴这一习规。不少经典中有劝人多造浴室的记载。敦煌壁画中有描绘僧众洗浴的场面，都是洗澡习规的佐证。

②平衍：平坦宽广。

③葭菼：芦与荻。均为水生植物。

④休沐：古代官吏的例假。《初学记》卷二十："休假亦曰休沐。《汉律》：吏五日得一休沐。言休息以洗沐也。"告归：官吏告老回乡或请假回家。

⑤雷车：形容车声如雷。轸：车后横木。

⑥折藕浮瓜：犹"浮瓜沉李"，为消夏乐事。

译文

宝光寺，在西阳门外御道的北面。寺中有一座三层宝塔，以石头为地基，形制造型很古老，画工雕刻。

隐士赵逸见了此寺而感叹道："晋朝石塔寺，如今成为宝光寺。"人们问他缘故，赵逸曰："晋朝的三十二座寺院全都毁灭了，只有此寺独存。"他指园中一处说："这里是浴堂。往前五步，应该有一口井。"众僧挖掘，果然发现屋子和井。井虽然已被填塞，但砖口还和以前造的时候一样。浴堂下面还有几十块石头。当时园中地面平坦，果子蔬菜都是葱青的，看到的没有不叹息的。

园中有一水池，叫作咸池。芦苇遮蔽湖岸，菱荷覆盖水中，青松翠竹，罗列生长在池边。京城的士子，到了良辰美日，休假或告归，就约上朋友，来此寺游览。众车过往，发出雷鸣般的声音。鱼贯不断，车轸相接；羽毛做的车盖遮成阴影。游人或在树林泉水边摆酒，或在花圃里作诗，或折藕浮瓜，以为助兴消遣。

原文

普泰末，雍州刺史陇西王尔朱天光①总士马于此寺。寺门无何②都崩，天光见而恶之。其年天光战败，斩于东市也。

注释

①尔朱天光：尔朱荣从祖兄子。少勇决，善弓马，荣亲爱之，每有军戎事要，常预谋策。孝昌末年，尔朱荣南下洛阳，尔朱天光留镇肆州。建义初，特除抚军将军、肆州刺史，寻迁卫将军、骠骑将军，加散骑常侍，封广宗郡公。万俟丑奴反，除使持节、都督雍岐二州诸军事、骠骑大将军、雍州刺史，率贺拔岳、侯莫陈悦等以讨丑奴。俘万俟丑奴及萧宝夤等。尔朱荣死，庄帝使侍中朱瑞诣天光慰喻尔朱天光，进爵为广宗王。及闻尔朱兆已入京师，乃轻骑至洛阳见尔朱世隆。尔朱世隆等议废元晔，天光与定策立前废帝。后高欢立元朗于信都，尔朱度律与尔朱天光拒之，败于韩陵。为斛斯椿所执，送于高欢。高欢至洛阳，斩尔朱天光于都市。

②无何：不久，很短时间之后。

译文

普泰末年，雍州刺史陇西王尔朱天光总率兵马驻于此寺。没过多久，寺门突然崩塌，尔朱天光看见后很是厌恶。这年尔朱天光与高欢作战失败，被斩于东市。

法云寺 灵仙寺

原 文

法云寺，西域乌场国①胡沙门昙摩罗所立也。在宝光寺西，隔墙并门。

摩罗聪慧利根②，学穷释氏③。至中国，即晓魏言隶书，凡所闻见，无不通解，是以道俗贵贱，同归仰之。作祇洹一所，工制甚精。

注 释

①乌场国：《魏书·西域传》作“乌苌国”，即北天竺。位于今巴基斯坦北部斯瓦特河上游一带地方。

②利根：佛家语，谓根性明利，指能敏锐地理解佛法，并能圆满地达到解脱的根机。“利”谓锐利或疾速。“根”谓根机、根性，指受教修道的先天素质。

③释氏：佛姓释迦的略称。此指佛教。

译 文

法云寺，是西域乌场国的胡人和尚昙摩罗所建造的。在宝光寺的西面，两寺仅一墙之隔，寺门并立。

昙摩罗聪慧多智，根性明利，穷尽了释氏的学问。来到中国，即通晓魏国的语言和隶书，凡是听到的看到的，无不通彻了解，因此无论是佛教徒还是世俗人，无论是高贵者还是卑贱者，都很敬仰他。他又建了一座精舍，工艺非常精致。

原 文

佛殿僧房，皆为胡饰。丹素炫彩，金玉垂辉。摹写真容，似丈六之见鹿苑[1]；神光壮丽，若金刚之在双林[2]。伽蓝之内，花果蔚茂，芳草蔓合，嘉木被庭。京师沙门好胡法者，皆就摩罗受持[3]之。戒行真苦[4]，难可揄扬[5]。秘咒神验，阎浮[6]所无。咒枯树能生枝叶，咒人变为驴马，见之莫不忻怖[7]。西域所赍舍利骨及佛牙经像皆在此寺[8]。

注释

①丈六：借指佛身。《佛说十二经》："佛身长度一丈六尺。"鹿苑：又名鹿野苑，佛成道后说法处，在中天竺波罗奈国，即今印度北方邦瓦拉纳西以北约十公里处。

②金刚：宝石名。此处借指佛之法身，说明佛身的不可朽坏。双林：指拘尸那城阿夷罗跋提河边的娑罗双树，是佛涅槃的地方，在今印度北部。

③受持：佛教语。指用心记忆，持久不忘，思想上接受相关的戒律，并坚持身体力行。

④戒行：佛教语。指随顺戒体，在身、语、意三方面遵守戒律的行为。真：确实付诸实施。

⑤揄扬：宣扬，宣传。

⑥阎浮：亦称阎浮提、南阎浮提，为须弥山四方的四洲之一。即位于南方的南赡部洲，上面生长许多南赡部树。"阎浮"即"赡部"，一种树名。佛经中专指天竺（印度），后泛指人间世界。

⑦忻怖：指既高兴又害怕。

⑧舍利：梵语音译，是印度人死后身体的总称。在佛教中，僧人死后所遗留的头发、骨骼、骨灰等，均称为舍利。在火化后，所产生的结晶体，则称为舍利子或坚固子。《魏书·释老志》："佛既谢世，香木焚尸。灵骨分碎，大小如粒，击之不坏，焚亦不焦，或有光明神验，胡言谓之舍利。弟子收奉，置之宝瓶，竭香花，致敬慕。"佛牙：相传释迦牟尼死后，曾留下四颗牙齿，也被佛徒当作珍宝供奉。

译文

法云寺的佛殿僧房，都是胡地的装饰风格。红的白的，炫耀光彩，金饰玉饰，闪烁光辉。摹写的佛像，像是看见在鹿野苑说法的丈六佛陀；

佛的神光壮丽，又像是在双树前涅槃的佛像法身。寺院之内，花果茂盛，芳草滋蔓，嘉树遮住庭院。京城里好胡国佛法的和尚，都到昙摩罗那里受戒。戒行的苦痛，难以宣扬。其秘密咒语有神奇的效验，是人间所没有的。咒枯树能使其重生枝叶，咒人能使其变为驴马，看见的人无不欢喜、恐怖。西域所带来的舍利骨、佛牙、经像都安置在这座寺里。

原文

寺北有侍中尚书令临淮王彧[①]宅。彧博通典籍，辨慧清悟，风仪详审，容止可观。至三元肇庆[②]，万国齐臻，金蝉曜首[③]，宝玉鸣腰[④]，负荷执笏，逶迤复道[⑤]，观者忘疲，莫不叹服。彧性爱林泉，又重宾客。至于春风扇扬[⑥]，花树如锦，晨食南馆，夜游后园。僚寀[⑦]成群，俊民满席。丝桐[⑧]发响，羽觞流行[⑨]，诗赋并陈，清言乍起，莫不领其玄奥，忘其褊吝[⑩]焉。是以入彧室者，谓登仙也。荆州秀才张裴常为五言，有清拔[⑪]之句云："异林花共色，别树鸟同声。"彧以蛟龙锦赐之。亦有得绯紬紫绫者[⑫]。唯河东裴子明为诗不工，罚酒一石。子明八斗而醉眠，时人譬之山涛[⑬]。及尔朱兆入京师，彧为乱兵所害[⑭]，朝野痛惜焉。

注释

①临淮王彧：元彧，字文若。本名亮，字仕明，避穆绍父穆亮讳，请求皇帝下诏改名。帝诏曰："仕明风神运吐，常自以比荀文若（荀彧），可名'彧'，以取定体相伦之美。"少有才学，时誉甚美。历官前军将军、中书侍郎、给事黄门侍郎，累迁侍中、卫将军、左光禄大夫、兼尚书左仆射。尔朱荣入洛阳，杀害元氏皇族，元彧抚膺恸哭，遂奔萧衍。庄帝践阼，以母老请还，萧衍以礼遣其北归。累除位尚书令、大司马、兼录尚书。尔朱荣死，元彧为司徒公。尔朱世隆率部北叛，诏令元彧防守河阴。后为尔朱兆所杀。《魏书·元彧传》："彧美风韵，善进止，衣冠之下，雅有容则。博览群书，不为章句。所著文藻虽多亡失，犹有传于世者。然居官不能清白，所进举止于亲娅，为识者所

讥。”

②三元：农历正月初一这天为年、季、月之始，故称三元。肇庆：开始举行庆典。

③金蝉：一种冠饰。武冠加黄金珰，附蝉为文，貂尾为饰，因亦称“貂珰”“貂蝉”。曜首：在头顶闪耀。

④宝玉鸣腰：指佩玉在腰间铿锵作响。

⑤逶迤：曲折前进貌。复道：此指宫中上下道。

⑥扇扬：扇动，吹拂。

⑦僚宷：同僚或僚属。

⑧丝桐：指琴。古人削桐为琴，练丝为弦，故称。

⑨羽觞：又称羽杯、耳杯，古代一种盛酒器具。外形椭圆、浅腹、平底，两侧有半月形双耳，也有饼形足或高足。因其形状像爵，两侧有耳，就像鸟的双翼，故名“羽觞”。流行：周流传递。

⑩褊吝：褊狭鄙吝。

⑪清拔：清秀脱俗。

⑫绯紬：绛色绸子。紬：古通“绸”。绫：一种很薄的丝织品。

⑬山涛：公元205—283年，字巨源，河内郡怀县（今河南武陟西）人，“竹林七贤”之一。据说山涛饮酒八斗才会醉，《晋书·列传第十三》：“涛饮酒至八斗方醉，帝欲试之，乃以酒八斗饮涛，而密益其酒，涛极本量而止。”

⑭彧为乱兵所害：《魏书·元彧传》：“及尔朱兆率众奄至，彧出东掖门，为贼所获。见兆，辞色不屈，为群胡所殴薨。出帝赠太师、太尉公、雍州刺史。”

译文

寺的北面有侍中尚书令临淮王元彧的宅邸。元彧博通典籍，聪慧而富有辩才，清虚而具有悟性，风度仪表安详审慎，容貌举止潇洒可观。元旦庆贺，万国一同欢聚时，他所戴的金子装饰的帽子在头上闪耀，佩带的宝玉在腰间鸣响，手执笏板，从容地走在宫中的复道上，观看的人忘记疲劳，无不赞叹佩服。元彧性爱林泉，又看重宾客。每当春风吹拂，花树锦绣时，他便早晨到南馆里吃东西，夜晚到后园中游赏。僚属成群相随，才俊之士坐满座席。琴弦弹奏，酒杯流转，作诗作赋的都有，他清雅高妙的言论一说出口，没有人不领受他的深奥旨意，而忘记他的偏袒吝啬。所以进入元彧之室为宾者，称为登仙。荆州秀才张裴曾作五言诗，有清拔之句道："异林花共色，别树鸟同声。"元彧赐给他蛟龙锦，也有人得赐绛绸紫绫的。只有河东裴子明不善作诗，罚酒一石。裴子明喝了八斗就醉倒睡着了，当时人将他比作山涛。等到尔朱兆攻入京师，元彧为乱兵所害，朝野都感到痛惜。

原　文

出西阳门外四里御道南，有洛阳大市，周回八里。市南有皇女台[①]，汉大将军梁冀[②]所造，犹高五丈余。景明中，比丘道恒立灵仙寺于其上。台西有河阳县，台东有侍中侯刚[③]宅。

市西北有土山鱼池，亦冀之所造[④]。即《汉书》所谓"采土筑山，十里九坂，以象二崤"者。

注　释

①皇女台：《水经注·谷水》："谷水又南径平乐观东。灵帝于平乐观下起大坛，上建十二重五采华盖，高十丈……今于上西门外无他基观，唯西明门外独有此台，巍然广秀，疑即平乐观也。又言皇女雅殇，埋于台侧，故复名之曰皇女台。"

②梁冀：字伯卓，东汉大将军梁商之子，其妹为汉顺帝皇后。历官侍中、虎贲中郎将、步兵校尉、执金吾、河南尹，任内残暴不堪、肆意妄为。梁商病逝后，梁冀接任大将军，袭爵乘氏侯。顺帝崩，立冲帝，与太尉李固等录尚书事。冲帝崩，立质帝。后更毒杀质帝，另立桓帝。此后专擅朝政，结党营私，任人唯亲，梁氏一门前后七人封侯，三位皇后，六位贵人，两位大将军。延熹二年（159），早对梁冀专权乱政不满的汉桓帝，借宦官之力杀死梁冀，并将其灭族。

③侯刚：字乾之，出身寒微，善于鼎俎。孝文帝太和末年，为中散大夫，迁冗从仆射。宣武帝即位，以其质直，赐名刚。历官奉车都尉、右中郎将、武卫将军、右卫大将军。孝明帝即位，除卫尉卿，封武阳县开国侯。俄为侍中、抚军将军、恒州大中正，迁左卫将军。与元义为姻党，加车骑大将军、仪同三司。孝昌初年，除领军将军，出为冀州刺史，贬为征虏将军，卒于家。又《侯刚墓志铭》："以魏孝昌二年三月十一日寝疾，薨于洛阳中练里第。"

④亦冀之所造：《后汉书·梁统列传》："冀乃大起第舍，又广开园囿，采土筑山，十里九坂，以像二崤。深林绝涧，有若自然，奇禽驯兽，飞走其间。"

译 文

出西阳门外四里处御道的南面，有洛阳大市，周围有八里。市集南面有皇女台，是东汉大将军梁冀所造，至今仍高五丈余。景明年间，和尚道恒在台上建造了灵仙寺。台的西面有河阳县府，台的东面有侍中侯刚的住宅。

集市西北有土山鱼池，也是梁冀所建造。就是《后汉书》所谓的"采土筑山，十里路筑九坂，以象两个崤山"。

原 文

市东有通商、达货二里。里内之人，尽皆工巧，屠贩为生，资财巨万。有刘宝者，最为富室。州郡都会之处皆列一宅，各养马十匹[①]。至于盐粟贵贱，市价高下，所在一例。舟车所通，足迹所履，莫不商贩焉。是以海内之货，咸萃其庭。产匹铜山[②]，家藏金穴[③]。宅宇逾制，楼观出云，车马服饰拟于王者。

注 释

①养马十匹：据查考，刘宝于通衢要会立宅养马，当是便于货运，若只是养马十匹，又何足道。

②产匹铜山：据《史记·佞幸列传》，汉文帝曾赐邓通蜀严道铜山，让他可自铸钱，因此邓氏钱遍布天下。

③家藏金穴：据《后汉书·郭皇后纪》东汉光武帝郭皇后弟郭况迁大鸿胪，光武帝数幸其第，会公卿诸侯亲家饮宴，赏赐金钱缣帛，丰盛无比，京师号郭况家为"金穴"。

译 文

市集东面有通商里和达货里。里内的人，都极为工巧，以杀猪卖肉和贩卖商品为生，积累资产巨万。有个叫刘宝的，最为富有。全国州郡的都会，他都建有一个住宅，各处养马十四。至于盐和粟的贵贱，市价的高低，他所控制的地方都是统一的。凡是舟车所通，足迹所能到的地方，没有他不做生意的。因此海内的货物，都聚集在他的庭院里。他财产之多，好似家中有个用来铸钱的铜山，又好似家中藏有金穴。其宅邸规模超过制度，楼堂台观高耸入云，所用车马服饰堪与王侯相比。

原文

市南有调音、乐律二里。里内之人，丝竹讴歌，天下妙伎出焉。有田僧超者，善吹笳，能为《壮士歌》《项羽吟》①。征西将军崔延伯②甚爱之。正光末，高平③失据，虎吏充斥。贼帅万俟丑奴寇暴泾、岐之间④，朝廷为之旰食⑤，诏延伯总步骑五万讨之。延伯出师于洛阳城西张方桥，即汉之夕阳亭⑥也。时公卿祖道，车骑成列。延伯危冠⑦长剑耀武于前，僧超吹《壮士》笛曲于后。闻之者懦夫成勇，剑客思奋。延伯胆略不群，威名早著，为国展力二十余年，攻无全城，战无横陈⑧，是以朝廷倾心送之。延伯每临阵，常令僧超为壮士声，甲胄之士莫不踊跃。延伯单马入阵，旁若无人，勇冠三军，威镇戎竖⑨。二年之间，献捷相继。丑奴募善射者射僧超亡，延伯悲惜哀恸，左右谓伯牙之失钟子期不能过也⑩。后延伯为流矢所中，卒于军中。于是五万之师，一时溃散。

注释

①《壮士歌》：战国末年，荆轲欲刺秦王，与燕太子丹诀别易水，作歌曰："风萧萧兮易水寒，壮士一去兮不复还。"《壮士歌》即指此。一说即《陇上歌》。《乐府诗集·<陇上歌>题解》曰："《晋书·载记》曰：刘曜围陈安于陇城，安败，南走陕中。曜使将军平先、丘中伯率劲骑追安。安与壮士十余骑于陕中格战，安左手奋七尺大刀，右手执丈八蛇矛，近交则刀矛俱发，辄害五六，远则双带鞬服，左右驰射而走。平先亦壮健绝人，与安搏三交，夺其蛇矛而退，遂追斩于涧曲。

安善于抚接，吉凶夷险，与众同之。及其死，陇上为之歌。曜闻而嘉伤，命乐府歌之。”《项羽吟》：即《拔山吟》。《乐府诗集·〈力拔山操〉题解》曰：“《汉书》曰：项羽壁垓下，军少食尽，汉率诸侯兵围之数重。夜闻汉军四面皆楚歌，惊曰：汉已得楚乎，何楚人多也？起饮帐中，有美人姓虞氏，常从，骏马名骓，常骑。乃悲歌慷慨，自为歌诗。歌数曲，美人和之。羽泣下数行，遂上马，溃围南出。平明，汉军乃觉。”歌曰：力拔山兮气盖世，时不利兮骓不逝。骓不逝兮可奈何，虞兮虞兮奈若何！

②崔延伯：少有气力，以勇壮闻。初仕萧赜，为缘淮游军。太和年间，归顺北魏。胆气绝人，兼有谋略，所在征讨，咸立战功。孝文帝深为倚重，常为统帅。积功除征虏将军、荆州刺史，赐定陵男。出为安北将军、并州刺史。正光五年秋，莫折天生寇岐州，征西将军元志被擒，朝廷以崔延伯与萧宝夤讨莫折天生，大破之。后又讨万俟丑奴，中流矢，为贼所害，谥曰武烈。

③高平：镇名，治所在今宁夏固原，为北魏西部军事重镇之一。《魏书·肃宗纪》：“正光五年，夏四月，高平酋长胡琛反，自称高平王，攻镇以应拔陵。十一月，高平人攻杀卜朝，共迎胡琛。”

④贼帅万俟丑奴寇暴泾、岐之间：据《资治通鉴》卷一百五十，正光六年四月，胡琛据高平，遣其大将万俟丑奴、宿勤明达等寇魏泾州。泾：泾州，今甘肃东部泾川一带。岐：岐州，辖境相当于今陕西周至、麟游、陇县、宝鸡、太白等地。

⑤朝廷：此指皇帝，即孝明帝。旰食：指事务繁忙不能按时吃饭。

⑥夕阳亭：故址在今洛阳市西。汉晋时为饯别之所。

⑦危冠：高冠，形似雄鸡，冠之以示勇武。

⑧攻无全城，战无横陈：谓所攻之城，没有能保全的；所攻之阵，没有能保持横排阵势的。

⑨戎竖：古代对西北边境少数民族的鄙称。

⑩伯牙、钟子期：皆春秋时楚国人。伯牙善鼓琴，钟子期善听。伯牙鼓琴，志在高山。钟子期曰：“善哉，峨峨兮若泰山！”志在流水，钟子期曰：“善哉，洋洋兮若江河！”伯牙所念，钟子期必得之。子期死，伯牙谓世再无知音，乃破琴绝弦，终身不复鼓。事见《列子》《吕氏春秋》。

译 文

市集南面有调音里和乐律里。里内的人，都善于演奏丝竹乐器，且善唱歌，天下高妙的技手都出自这里。有个叫田僧超的，善吹笳，能演奏《壮士歌》《项羽吟》。征西将军崔延伯非常喜爱他。正光末年，高平失守，如虎一样的凶恶官吏充斥其间。贼率万俟丑奴在泾水、岐山之间抢夺劫掠，皇上为此忧虑不安，下诏令崔延伯率领步骑五万人讨伐万俟丑奴。崔延伯于洛阳城西张方桥出师，此地就是汉朝的夕阳亭。当时公卿为之饯行，车骑排列成行。崔延伯头戴高冠，手执长剑，威武地走在前面，田僧超用笛吹奏《壮士歌》走在后面。听闻此曲，懦夫也会成为勇士，剑客更思奋起。崔延伯胆略超群，早已威名远扬，他为国效力二十多年，攻无不克，战无不胜，因此朝廷尽心送他出征。崔延伯每次上阵作战，都令田僧超吹奏雄壮激昂的曲调，穿戴甲胄的战士们无不踊跃作战。崔延伯单骑闯入敌阵，旁若无人，勇冠三军，威名震慑戎人。两年间，战胜的捷报不停地呈上朝廷。万俟丑奴招募善射者射死了田僧超，崔延伯悲痛叹息，哀恸不已，左右之人认为从前伯牙失去钟子期的悲痛也不能超过他。后来崔延伯被流矢射中，卒于军中。于是五万大军，一时间全部溃散。

原 文

市西有延酤、治觞二里。里内之人，多酝酒为业。河东人刘白堕善能酿酒。季夏六月，时暑赫晞①，以罂②贮酒，暴于日中。经一旬，其酒味不动，饮之香美，醉而经月不醒。京师朝贵多出郡登藩③，远相饷馈，逾于千里。以其远至，号曰鹤觞，亦名骑驴酒。永熙年中，南青州刺史毛鸿宾赍酒之蕃④，路逢贼盗，饮之即醉，皆被擒获，因复命擒奸酒。游侠⑤语曰：“不畏张弓拔刀，唯畏白堕春醪⑥。”

注 释

①赫晞：炎暑炽盛貌。

②罂：古代大腹小口的酒器。

③出郡：出外赴郡县任职，指离开京城外出为官。登：去，前往。藩：藩国，封地。或指任所。

④南青州：北魏太和二十二年（498）改东徐州为南青州，治所在今山东沂水。毛鸿宾：毛遐弟，北地三原人。大鼻眼，多鬓须，黑而且肥，状貌颇异，氐、羌见者皆畏之。加胆略骑射，倜傥不拘小节，昆季之中，尤轻财好施。遐虽云早立，而名出其下。及贼起，乡里推为盟主，常与遐一守一战。后拜岐州刺史、散骑常侍、开国县侯。尔朱天光自关中还洛，鸿宾亦领乡中壮武二千人以从。寻拜西兖州刺史。转南青州刺史。孝武帝与高欢有隙，令鸿宾镇潼关。后护送孝武帝入关中，仍留守潼关。后为高欢擒至并州，忧恚卒。事见《北史·毛鸿宾传》。

⑤游侠：指古代称豪爽好交游、重义轻生、勇于排难解纷的人。

⑥春醪：即冬天酿制，至春而成的春酒。

译文

市集西面有延酤里和治觞里。里内的人，多以酿酒为业。河东人刘白堕擅长酿酒。夏季六月，这时暑气正盛，他用瓮贮藏酒，放在太阳下暴晒。十天过后，瓮中酒味丝毫不变，饮之香而醇美，喝醉了一个月也醒不过来。京城中的朝廷贵人，出外任职或前赴封地，都携带此酒相赠远方，行程有超过千里的。因它来自远方，所以称作鹤觞，也叫作骑驴酒。永熙年间，南青州刺史毛鸿宾携带此酒前赴任所，途中遇到贼盗。贼盗喝了酒立即醉倒，全部被擒获，于是又称此酒为擒奸酒。游侠说："不怕张弓拔刀，只怕白堕春醪。"

原文

市北有慈孝、奉终二里。里内之人，以卖棺椁为业，赁辆车[①]为事。有挽歌孙岩，娶妻三年，妻不脱衣而卧。岩因怪之，伺其睡，阴解其衣，有毛长三尺，似野狐尾。岩惧而出[②]之。妻临去，将刀截岩发而走，邻人逐之，变成一狐，追之不得。其后京邑被截发者一百三十余人。初变为妇人，衣服靓妆，行于道路，人见而悦近之，皆被截发[③]。当时有妇人著彩衣者，人皆指为狐魅。熙平二年四月有此，至秋乃止。

别有阜财、金肆二里，富人在焉。

注释

①辆车：载运棺柩的车子。

②出：出妻，即休妻。男子强制休妻，是我国古代社会最主要的离婚方式。

③“其后京邑”六句：《魏书·灵征志》：“高祖太和元年五月辛亥，有狐魅截人发，时文明太后临朝，行多不正之征也。肃宗熙平二年，自春，京师有狐魅截人发，人相惊恐。六月壬辰，灵太后召诸截发者，使崇训卫尉刘腾鞭之于千秋门外，事同太和也。”

译文

市集北面有慈孝里和奉终里。里内的人，以售卖棺椁、租赁丧车为业。有个唱挽歌的叫孙岩，娶妻三年，妻子从不脱衣睡觉。孙岩对此感到奇怪，就趁妻子睡着了，暗中解开她的衣服，只见她身上的毛有三尺长，就像野狐狸的尾巴。孙岩恐惧，就赶走了妻子。妻子临走的时候，用刀割断孙岩的头发跑掉，邻里的人追她，她变成一只狐狸，没能追上。后来京城被剪断头发的有一百三十多人。起初狐狸变成一个妇人，衣服靓丽，走在道路上，人见了就想亲近取悦她，都被剪断头发。以致当时只要是身穿彩衣的妇人，人们都指为狐狸要迷惑人。熙平二年四月发生的事，到了秋天才停止。

另外还有阜财里和金肆里，是富人居住的地方。

原文

凡此十里，多诸工商货殖[①]之民。千金比屋[②]，层楼对出，重门启扇，阁道交通，迭相临望。金银锦绣，奴婢缇衣[③]；五味八珍，仆隶毕口[④]。神龟年中，以工商上僭，议不听金银锦绣[⑤]。虽立此制，竟不施行。

注　释

①货殖：谓经商营利。

②千金：此指富豪人家。比：靠近，紧挨。

③缇衣：此指色彩鲜明的服饰。缇：丹黄色。一本作“裳”。

④毕口：谓皆可口尝。

⑤“神龟年中”三句：《魏书·元雍传》：“雍表请：王公以下贱妾，悉不听用织成锦绣、金玉珠玑，违者以违旨论；奴婢悉不得衣绫绮缬，止于缦缯而已；奴则布服，并不得以金银为钗带，犯者鞭一百。太后从之，而不能久行也。”上僭：谓越位逾制，冒用高于自己身份的名义、礼仪或器物等。

译　文

以上一共是十个里，里内居住的多是工商买卖之民。豪富的房屋一个挨着一个，高高的楼阁相对而立，大门重重开启，阁道相通往来，彼此可以登临眺望。金银首饰和锦绣衣裳，穿戴在奴婢的身上；五味八珍的美食，仆隶也能吃到。神龟年间，因这些工商人家的用度僭越规制，朝廷作出廷议，不准他们佩戴金银首饰，穿锦绣衣服。虽然立下了这项禁令，但最终也未能施行。

开善寺

原　文

阜财里内有开善寺，京兆人韦英宅也。英早卒，其妻梁氏不治丧而嫁，更纳河内人向子集为夫。虽云改嫁，仍居英宅。英闻梁氏嫁，白日来归，乘马将数人至于庭前，呼曰：“阿梁，卿忘我耶？”子集惊怖，张弓射之，应箭而倒，即变为桃人[①]。所骑之马亦变为茅马，从者数人尽化为蒲人。梁氏惶惧，舍宅为寺。

注释

①桃人：此指桃木人。古人迷信，以为鬼害怕桃树，故削桃木为人形，来驱鬼辟邪。

译文

阜财里内有一座开善寺，本是京兆人韦英的住宅。韦英早卒，他的妻子梁氏不治理丧事就改嫁了，招赘河内人向子集为丈夫。虽然号称是改嫁，但仍旧居住在韦英的住宅里。韦英的鬼魂听闻梁氏改嫁，白日归来，骑着马带着数人来到庭院前，呼喊道："阿梁，你忘记我了吗？"向子集惊慌恐怖，张弓射他，韦英应箭而倒，随即变成桃木人。所骑的马也变为茅草马，随从数人全部变为蒲草人。梁氏恐惧，捐出住宅建造了这座寺。

原文

南阳人侯庆有铜像一躯，可高尺余。庆有牛一头，拟货为金色。遇急事，遂以牛他用之。经二年，庆妻马氏忽梦此像谓之曰："卿夫妇负我金色，久而不偿，今取卿儿丑多以偿金色焉。"马氏悟觉，心不遑安。至晓，丑多得病而亡。庆年五十，唯有一子，悲哀之声，感于行路。丑多亡日，像自有金色，光照四邻。一里之内，咸闻香气。僧俗长幼，皆来观睹。尚书左仆射元顺①闻里内频有怪异，遂改阜财为齐谐②里也。

注释

①元顺：字子和，任城王元澄子。少聪敏，喜读书，笃志爱古。性謇谔，淡于荣利，好饮酒，解鼓琴，每长吟永叹，吒咏虚室。起家为给事中。后超转中书侍郎，俄迁太常少卿。以父忧去职，哭泣呕血，身自负土。时年二十五，便有白发，免丧抽去，不复更生，世人以为孝思所致。寻除给事黄门侍郎。元义掌权时，出为安东将军、齐州刺史。元义解职后，征为给事黄门侍郎。后除吏部尚书，兼右仆射。后除征南将军、右光禄大夫，转兼左仆射。尔朱荣谋害北魏宗室于河阴，

因素闻顺数谏诤，惜其亮直，谓朱瑞曰："可语元仆射，但在省，不须来。"顺不达其旨；闻害衣冠，遂便出走，为陵户鲜于康奴所害。家徒四壁，无物敛尸，只有书数千卷而已。谥曰文烈。

②齐谐：记载奇闻逸事的志怪书籍。《庄子·逍遥游》："齐谐者，志怪者也。"

译文

南阳人侯庆有一尊铜佛像，约一尺多高。侯庆有一头牛，打算卖了牛来给佛像涂金装。遇上急事，就将卖牛的钱改作了他用。两年后，侯庆的妻子马氏忽然梦见这佛像对自己说："你们夫妇欠我金装，那么长时间还不兑现，现在取你们儿子丑多的性命来偿还欠我的金装。"马氏醒来，心中惶惶不安。到天亮时，丑多得病死去。侯庆年已五十，只有一个儿子，他悲哀的哭声，连过路的行人都感伤。丑多死亡的那天，佛像自着金装，光彩照耀四邻。一里之内，都能闻到香气。僧人和俗人，无论长幼，都来围观。尚书左仆射元顺听说闻里内多次发生怪异的事，就改阜财里为齐谐里。

寿丘里　河间寺

原文

自延酤以西，张方沟[①]以东，南临洛水，北达芒山，其间东西二里，南北十五里，并名为寿丘里，皇宗所居也。民间号为王子坊。当时四海晏清[②]，八荒率职[③]，缥囊纪庆[④]，玉烛调辰[⑤]。百姓殷阜[⑥]，年登俗乐[⑦]。鳏寡[⑧]不闻犬豕之食，茕独不见牛马之衣[⑨]。于是帝族王侯，外戚公主，擅山海之富，居川林之饶，争修园宅，互相夸竞。崇门丰室，洞户连房[⑩]，飞馆生风，重楼起雾。高台芳榭，家家而筑；花林曲池，园园而有。莫不桃李夏绿，竹柏冬青。

注 释

①张方沟：沟渎名，位于洛阳城西，上有石桥，名张方桥。

②晏清：即海清河晏，指黄河的水清了，大海也平静了。比喻天下太平。

③八荒：八方边远的地方。率职：奉行职事，尽职。

④缥囊：用淡青色的丝绸制成的书囊。亦借指书卷。南朝梁萧统《文选序》："词人才子，则名溢于缥囊。"吕向注曰："缥，青白色；囊，有底袋也，用以盛书。"纪庆：谓文献著作记载着国家的吉庆幸福。

⑤玉烛调辰：指天地四时之气和合调顺，无自然灾害。亦指四季气候调顺宜人。古人认为，君子德美如玉，可致四时祥和之气。《尔雅·释天》："四气和谓之玉烛。"

⑥殷阜：殷实富足。

⑦年登：指谷物丰收。俗乐：指民间和乐。一说与"燕乐"相对，指民间音乐。言民众生活安逸，有闲情逸致可赏音乐。

⑧鳏寡：《孟子·梁惠王下》："老而无妻曰鳏，老而无夫曰寡，老而无子曰独，幼而无父曰孤；此四者，天下之穷民而无告者。"后泛指没有劳动力而又没有亲属供养的人。

⑨茕独：指无依无靠的人。牛马之衣：即牛衣马衣，一种用麻绳编织披在牛马背上的粗糙织物。

⑩洞户：指幽深的内室。一说室与室之间相通的门户。连房：连延的房屋。

译 文

自延酤里以西，张方沟以东，南临洛水，北达芒山，中间东西长二里，南北长十五里，都称为寿丘里，是皇族宗亲居住的地方。民间称之为王子坊。当时四海安宁清平，八方臣民各尽其职，书籍记录国之吉庆，天地四时之气和合调顺。百姓殷实富有，庄稼丰收，民间祥和快乐。鳏寡不吃猪狗之食，茕独不穿牛马之衣。于是皇族王亲，外戚公主，占有山海的财富，具有川林的饶利，争着修建园宅，互相夸耀攀比。高门广室，房间幽深，房屋连绵，高耸似飞的馆阁好像生出风来，重叠而起的楼屋笼罩在雾中。高台芳榭，家家筑起；花林曲池，园园都有。没有一家不是桃李夏季浓绿成荫，竹柏冬季青翠苍劲的。

原　文

而河间王琛[①]最为豪首，常与高阳争衡[②]。造文柏堂，形如徽音殿[③]，置玉井金罐，以五色缋[④]为绳。妓女三百人，尽皆国色。有婢朝云，善吹篪[⑤]，能为《团扇歌》[⑥]《陇上声》。琛为秦州[⑦]刺史，诸羌外叛，屡讨之不降。琛令朝云假为贫妪，吹篪而乞。诸羌闻之，悉皆流涕，迭相谓曰："何为弃坟井[⑧]，在山谷为寇也？"即相率归降。秦民语曰："快马健儿，不如老妪吹篪。"

注　释

①河间王琛：即元琛，字昙宝，袭爵河间王。幼而敏慧，高祖爱之。宣武帝时为定州刺史。琛妃，世宗舅女，高皇后妹。琛凭恃内外，多所受纳，贪惏之极。胡太后将其废于家。后行贿于侍中刘腾，出为秦州刺史。在州聚敛，百姓吁嗟。属东益、南秦二州氐反，诏琛为行台，仍充都督，还摄州事。琛性贪暴，既总军省，求欲无厌，百姓患害，有甚狼虎。进讨氐羌，大被摧破，士卒死者千数，率众走还。内侍刘腾，无所畏惮，为中尉纠弹，会赦，除名为民。寻复王爵。后讨鲜于修礼，败，免官爵。后讨汾晋胡、蜀，卒于军。见《魏书·河间王传》。

②争衡：争强斗胜，比试高低。

③徽音殿：洛阳宫殿名，在太极殿西。徽音：犹德音。指令闻美誉。

④缋：指丝带、丝绳一类的长条丝织物。

⑤篪：古代管乐器，即所谓的竹埙，是一种低音吹奏乐器。管身木制，单管横吹，专用于雅乐。《周礼》郑玄注："篪，如管，六孔。"郭璞注《尔雅》曰："篪，以竹为之，长尺四寸，围三寸，一孔上出，寸三分，名翘，横吹之，小者尺二寸。《广雅》云八孔。"

⑥《团扇歌》：古代宫廷闺怨诗歌。又称《团扇诗》《怨歌行》，相传为汉班婕妤所作。《乐府诗集·<班婕妤>题解》："《汉书》曰：孝成班婕妤，初入宫为少使，俄而大幸，为婕妤，居增成舍。自鸿嘉后，

帝稍隆内宠，婕妤进侍者李平，平得幸，立为婕妤，赐姓卫，所谓卫婕妤也。其后赵飞燕姊弟亦从微贱兴，班婕妤失宠，稀复进见。赵氏姊弟骄妒，婕妤恐久见危，求供养太后长信宫，帝许焉。《乐府解题》曰：《婕妤怨》者，为汉成帝班婕妤作也。婕妤，徐令彪之姑，况之女。美而能文，初为帝所宠爱。后幸赵飞燕姊弟，冠于后宫。婕妤自知见薄，乃退居东宫，作赋及纨扇诗以自伤悼。后人伤之而为《婕妤怨》也。”一说即《团扇郎》，写男女欢爱之情。《乐府诗集·<团扇郎>题解》：“《古今乐录》曰：《团扇郎歌》者，晋中书令王珉，捉白团扇与嫂婢谢芳姿有爱，情好甚笃。嫂捶挞婢过苦，王东亭闻而止之。芳姿素善歌，嫂令歌一曲当赦之。应声歌曰：‘白团扇，辛苦五流连。是郎眼所见。’珉闻，更问之：‘汝歌何遗豔？’芳姿即改云：‘白团扇，憔悴非昔容，羞与郎相见。’后人因而歌之。”

⑦秦州：州名，晋泰始五年（269）建，治所在今甘肃天水，原为羌、狄、戎所居。

⑧坟井：谓家乡，故土。

译文

其中河间王元琛最为富豪之首，常与高阳王元雍争高低。他建造的文柏堂，形制像徽音殿，放置玉井金罐，以五色缕做绳。家中蓄有歌姬舞女三百人，尽皆国色。有婢女叫朝云，善吹篪，能演奏《团扇歌》《陇上声》。元琛为秦州刺史，诸羌叛乱，屡次征讨都不归降。元琛令朝云假扮成贫苦的老太婆，吹着篪行乞。诸羌听到乐声，全都伤心流泪，互相说道：“为什么要抛弃坟墓和水井，在山谷里为贼寇呢？”随即相继归降。因此秦州百姓中流传道：“快马健儿，不如老妪吹篪。”

原文

琛在秦州，多无政绩，遣使向西域求名马，远至波斯国。得千里马，号曰追风赤骥。次有七百里者十余匹，皆有名字。以银为槽，金为环锁，诸王服其豪富。琛常语人云：“晋室石崇①，乃是庶姓②，犹能雉头狐腋③，画卵雕薪④，况我大魏天王，不为华侈？”造迎风馆于后园，窗户之上，列钱青琐⑤，玉凤衔铃，金龙吐佩。素柰朱李，树条入檐，伎女楼上，坐而摘食。

注释

①石崇：西晋富豪。曾任南中郎将、荆州刺史、南蛮校尉、鹰扬将军，在任上劫掠往来富商，因而致富。外戚王恺得晋武帝之助，常与石崇斗富攀比，然终不能胜石崇。

②庶姓：指天子或诸侯国君异姓且无亲属关系者。

③雉头狐腋：指以野鸡毛、狐腋皮做的裘衣。野鸡羽毛华丽，五彩皆备，颈毛如绣，可制为服。狐腋之皮，其毛纯厚，集以为裘，最为轻暖，所以为贵。形容穿着讲究，生活奢侈。

④画卵雕薪：在鸡蛋、薪木上雕画图形。形容富豪生活穷奢极侈。《荆楚岁时记》："古之豪家，食称画卵。今代犹染蓝茜杂色，仍加雕镂，递相饷遗。"《管子·侈靡篇》："雕卵然后瀹之，雕橑然后爨之。"

⑤列钱：宫殿墙上的装饰物。用镶嵌着玉石的金环排列在一条横木上，像连贯成串的钱，故称。李贤注《后汉书·班固传》曰："谓以黄金为釭，其中衔璧，纳之于壁带，为行列历历如钱也。"青琐：装饰皇宫门窗的青色连环花纹。颜师古注《汉书·元后传》曰："孟康曰：'以青画户边镂中，天子之制也。'孟说是。青琐者，刻为连环文，而青涂之也。"后华贵的宅第、寺院等门窗亦用此种装饰。

译文

元琛在秦州没有什么政绩，他遣使到西域寻求名马，最远到达波斯国。得到一匹千里马，取名叫追风赤骥。其次有日行七百里的马十多匹，都取有名字。用银做马槽，用金做环锁，诸王都佩服他的豪富。元琛常对人说："晋朝的石崇，只是庶族，尚且能用野鸡毛、狐腋皮做的衣裳，吃的蛋上画图案，烧的柴上雕花纹，何况我大魏天王，怎能不华奢呢！"他在后园造迎风馆，窗户之上，装饰着列钱青琐，玉凤衔着风铃，金龙吐着佩带。素柰朱李的树条伸入屋檐，歌伎在楼上坐着就可以摘果子来吃。

原文

琛常会宗室，陈诸宝器。金瓶、银瓮百余口，瓯、檠、盘、盒称是[①]。自余酒器，有水晶钵、玛瑙琉璃碗、赤玉卮数十枚[②]。作工奇妙，中土所无，皆从西域而来。又陈女乐及诸名马。复引诸王按行[③]府库，锦罽珠玑[④]，冰罗雾縠[⑤]，充积其内，绣、缬、绸、绫、丝、彩、越、葛、钱、绢等不可数计[⑥]。琛忽谓章武王融[⑦]曰："不恨我不见石崇，恨石崇不见我。"

注释

①瓯：古代敞口小碗式的酒器。檠：古代一种盘碟之类有脚的器皿。

②钵：形状像盆而较小的一种盛器。卮：古代酒器，圆形。

③按行：巡行，巡视。

④锦罽：丝织品和毛织品。亦指有纹彩的毡毯。罽：古代中国、中亚各国及阿富汗、伊朗、印度出产的一种毛织物，类似于毡子。珠玑：珠宝，珠玉。小珠曰玑。

⑤冰罗：洁白如冰雪的罗。雾縠：轻薄如雾的纱。縠：古称质地轻薄纤细透亮、表面起绉的平纹丝织物为縠，也称绉纱。

⑥绣：在丝帛上刺上花纹团的丝织品。缬：印染有花纹的丝织品。彩：有色的帛。越：一种轻薄漂亮的纤维织物，产于越地。葛：提花纺织品，用丝做经，用棉麻等做纬。钱：疑当作"线"。绢：平纹或以平纹变化组织为底组织的色织丝织物。

⑦章武王融：元融，章武王元彬长子。仪貌壮丽，衣冠甚伟，性通率，有豪气。高祖时，拜秘书郎。世宗初，袭爵，除骁骑将军。率军南讨，有战功。肃宗时，除散骑常侍、青州刺史。还为秘书监，迁中护军，领河南尹。性尤贪残，恣情聚敛，为中尉纠弹，削除官爵。后讨鲜于修礼失利，为葛荣所击，殁于阵中。谥曰庄武。

译文

元琛经常会聚皇族宗室，陈列众多宝器。金瓶、银瓮有百余个，瓯、檠、盘、盒数目相似。其他的酒器，有水晶钵、玛瑙琉璃碗、赤玉卮数十个。做工奇妙，是中国所没有，都来自西域。又陈列女乐和众名马。再引诸王巡视府库，只见里面堆积满了丝织品、毛织品、大小珠玉、似冰雪的白罗、薄如雾的轻纱，还有绣、缬、绸、绫、丝、彩、越、葛、钱、绢等不可计数。元琛忽然对章武王元融说："我不遗憾见不得石崇，只是遗憾石崇见不到我。"

原文

融立性贪暴，志欲无限，见之惋叹[①]，不觉生疾，还家卧三日不起。江阳王继[②]来省疾，谓曰："卿之财产，应得抗衡，何为叹羡，以至于此？"融曰："常谓高阳一人宝货多于融，谁知河间，瞻之在前[③]。"继笑曰："卿欲作袁术之在淮南，不知世间复有刘备也[④]？"融乃蹶起[⑤]，置酒作乐。

注释

①惋叹：悲叹，叹息。

②江阳王继：元继，字世仁，北魏宗室，袭封江阳王。权臣元乂之父。生性残暴，贪婪无度，好聚敛财富。

③瞻之在前：《论语·子罕》："颜渊喟然叹曰：仰之弥高，钻之弥坚，瞻之在前，忽焉在后。"指孔子的学问高深莫测，难以捉摸。此处谓河间王的财富胜过了自己。

④"卿欲作袁术"二句：东汉末年，袁术据九江称帝，时刘备领徐州，居下邳，与袁术相拒于淮上。袁术想联合吕布攻打刘备，便写信给吕布，信中称"术生年以来，不闻天下有刘备"。吕布于是袭击刘备，刘备请降。后曹操起兵征袁术，袁术败走，欲经过徐州投奔袁谭。曹操让刘备截击，使袁术不得过。袁术愤慨结病，呕血而死。元继用此典，是劝元融尊重事实，不要因财富不如元琛而不开心。或言劝元融自欺欺人，权当不知道元琛财富超过自己。

⑤蹶起：骤然而起，形容很突然，动作迅速。

译文

元融生性贪暴，意志欲望无限，见了元琛的财富后惋叹不已，不觉生了病，回家后卧床三日不起。江阳王元继来探病，对元融说："你的财产，应该可以与元琛抗衡，为何赞叹羡慕成这样呢？"元融说："过去以为只有高阳王一人成的财货比我多，谁知看见河间王的财产，又发觉自己落在了后面。”元继笑着说：“你要做在淮南称帝的袁术，却不知道世间还有刘备吗？”元融于是突然起身，设酒作乐。

原 文

于时国家殷富，库藏盈溢，钱绢露积于廊者，不可较数。及太后赐百官负绢，任意自取，朝臣莫不称力[①]而去。唯融与陈留侯李崇负绢过任，蹶倒伤踝。太后即不与之，令其空出，时人笑焉[②]。侍中崔光止取两匹。太后问曰：“侍中何少？”对曰：“臣有两手，唯堪两匹，所获多矣。”朝贵服其清廉。

注 释

①称力：指估量自己的力量。《魏书·食货志》：“自魏德既广，西域、东夷贡其珍物，充于王府。又于南垂立互市，以致南货，羽毛齿革之属无远不至。神龟、正光之际，府藏盈溢。灵太后曾令公卿已下任力负物而取之，又数赉禁内左右，所费无赀，而不能一丐百姓也。”

②“唯融与陈留侯李崇”数句：《魏书·皇后列传》：“灵太后幸左藏，王公、嫔、主已下从者百余人，皆令任力负布绢，即以赐之，多者过二百匹，少者百余匹。唯长乐公主手持绢二十匹而出，示不异众而无劳也。世称其廉。仪同、陈留公李崇，章武王融并以所负过多，颠仆于地，崇乃伤腰，融至损脚。时人为之语曰：‘陈留、章武，伤腰折股。贪人败类，秽我明主。’”过任：指超过自己力气所能承受的重量。

译 文

那时国家富足，库藏充满而溢出，钱绢暴露积压在走廊的，不可计数。等到胡太后赐百官背绢，各人任意自取，朝臣无不量力而取。只有元融与陈留侯李崇背绢超过自己的力量，以致跌倒在地，伤了脚踝。太后就没给他们，令他们空手出去，当时人当作笑谈。侍中崔光只取了两匹。太后问他：“侍中为何拿这么少？”崔光回答说：“臣有两只手，只能拿两匹，所获的够多了。”朝贵佩服他的清廉。

原文

经河阴之役，诸元歼尽，王侯第宅，多题为寺[①]。寿丘里闾[②]，列刹相望，祇洹郁起[③]，宝塔高凌。四月初八日，京师士女多至河间寺[④]，观其廊庑绮丽，无不叹息，以为蓬莱仙室，亦不是过。入其后园，见沟渎蹇产[⑤]，石磴嶕峣[⑥]，朱荷出池，绿萍浮水，飞梁[⑦]跨阁，高树出云，咸皆唧唧[⑧]，虽梁王兔苑[⑨]，想之不如也。

注释

①题为寺：指题上匾额，成为佛寺。《魏书·释老志》："河阴之酷，朝士死者，其家多舍巨宅以施僧尼。京邑第宅，略为寺矣。"

②里闾：古代二十五家为里，亦称闾。

③郁起：纷纷耸起，蓬勃兴起。

④河间寺：此指河间王宅邸改建的寺院。

⑤沟渎：沟洫，沟渠。蹇产：蜿蜒曲折貌。

⑥嶕峣：陡峭高耸貌。

⑦飞梁：凌空架设的桥梁。

⑧唧唧：象声词，赞叹声。

⑨兔苑：亦称兔园、梁园，西汉景帝弟梁孝王刘武营造的规模宏大的园林，为游赏延宾之所。故址在今河南商丘东。

译文

经过河阴之役，元氏皇族被诛戮殆尽，洛阳王侯的宅邸，多改建为佛寺。寿丘里内，排列的佛寺相望，精舍蓬勃兴起，宝塔高耸凌云。四月初八行像日，京城士女多到河间寺庙游赏，看其廊庑绮丽，无不赞叹，认为就算是蓬莱仙室，也不能胜过这里。进入后院，见沟渠曲折蜿蜒，石阶陡峭高峻，红色的荷花冒出水池，绿色的浮萍浮在水面，飞空的桥梁跨越楼阁，高大的树木直入云霄，人们都唧唧嗟叹，即使是西汉梁孝王的兔苑，料想也不如这里。

追先寺

原 文

追先寺，在寿丘里，侍中尚书令东平王略①之宅也。略生而岐嶷②，幼即老成。博洽群书，好道不倦。神龟中为黄门侍郎。元义专政，虐加宰辅③，略密与其兄相州刺史中山王熙欲起义兵④，问罪君侧⑤。雄规⑥不就，衅起同谋⑦，略兄弟四人，并罹涂炭⑧，唯略一身逃命江左。

注 释

①东平王略：即元略，字俊兴，中山王元英第四子。自员外郎稍迁羽林监、通直散骑常侍、冠军将军、给事黄门侍郎。清河王元怿死后，元义黜略为怀朔镇副将。未及赴任，会其兄元熙起兵，与略书信来去。元熙败亡，略南投萧衍。后肃宗征略，萧衍乃备礼遣略还。除侍中，封义阳王，寻改封东平王。灵太后甚宠任之，其见委信，殆与城阳王元徽相埒。尔朱荣入洛阳，遇害于河阴。谥曰文贞。

②岐嶷：原本出生后不久就能举踵站立，后多指幼年聪慧。《诗经·大雅·生民》："诞实匍匐，克岐克嶷。"朱熹《集传》："岐嶷，峻茂之状。"

③虐加宰辅：指元义杀太傅清河王元怿事。

④相州：州名，治所在今河南临漳西。中山王熙：元熙，字真兴，中山王元英次子，好学，俊爽有文才，声著于世，然轻躁浮动。延昌二年袭爵为中山王，历官将作大匠、太常少卿、给事黄门侍郎、光禄勋。出为东秦州刺史、相州刺史。元熙兄弟素与清河王元怿亲近，及元义、刘腾杀元怿专权，熙乃起兵。事败被杀。谥曰文庄王。《魏书·元熙传》："熙既蕃王之贵，加有文学，好奇爱异，交结伟俊，风气甚高，名美当世，先达后进，多造其门。"

⑤君侧：皇帝身边的亲信，此指元义。

⑥雄规：宏大的规划。

⑦衅起同谋：《魏书·元熙传》："熙兵起甫十日，为其长史柳元章、别驾游荆、魏郡太守李孝怡率诸城人，鼓噪而入，杀熙左右四十余人，执熙，置之高楼，并其子弟。又遣尚书左丞卢同斩之于邺街，传首京师。"衅：争端，矛盾。

⑧罹：遭。涂炭：此指杀害。据查考，元熙事败，其长子景献，次子仲献，三子叔献同被害。元熙兄弟五人，长兄元攸早卒，三弟元诱、五弟元纂俱为元义所杀，四弟元略南逃。另有异母弟元义兴，于河阴遇害。

译文

追先寺，在寿丘里内，是由侍中尚书令东平王元略的住宅改建的。元略生来挺秀俊茂，幼年老成。博通群书，好学不倦。神龟年间为黄门侍郎。元义掌权专政，残害宰辅，元略秘密同其兄长相州刺史中山王元熙商议，准备起义兵，向在君主旁边的元义问罪。可惜宏大的规划未能成功，同谋者之间产生了裂痕，元略兄弟四人，全部遭到残害，只有元略只身一人逃到江东。

原文

萧衍素闻略名，见其器度宽雅，文学优赡[①]，甚敬重之。谓曰："洛中如王者几人？"略对曰："臣在本朝之日，承乏摄官[②]。至于宗庙之美，百官之富，鸳鸾接翼[③]，杞梓成阴[④]。如臣之比，赵咨[⑤]所云，车载斗量，不可数尽。"衍大笑。乃封略为中山王，食邑[⑥]千户，仪比[⑦]王子。又除宣城太守，给鼓吹一部，剑卒千人。略为政清肃[⑧]，甚有治声[⑨]。江东朝贵，侈于矜尚[⑩]，见略入朝，莫不惮其进止。寻迁信武将军，衡州刺史。

注释

①优赡：渊博丰富。一说优美而充实。

②承乏摄官：古代暂任某官职时的谦称，谓职位一时无适当人选，暂由己充数。

③鸳、鸾：均为凤凰一类的鸟。比喻贤能的人。

④杞、梓：皆是良材。比喻优秀有特殊才能的人。

⑤赵咨：字德度，汉末南阳人，博闻多识，应对辩捷。三国时期吴国大臣，吴蜀夷陵之战时，奉孙权之命出使曹魏。裴松之注《三国志·吴书·吴主传》曰："权为吴王，擢赵咨为中大夫，使魏。魏文帝善之，嘲咨曰：'吴王颇知学乎？'咨曰：'吴王浮江万艘，带甲百万，任贤使能，志存经略，虽有余间，博览书传历史，籍采奇异，不效诸生寻章摘句而已。'帝曰：'吴可征不？'咨对曰：'大国有征伐之兵，小国有备御之固。'又曰：'吴难魏不？'咨曰：'带甲百万，江、汉为池，何难之有？'又曰：'吴如大夫者几人？'咨曰：'聪明特达者八九十人，如臣之比，车载斗量，不可胜数。'咨频载使北，魏人敬异。"

⑥食邑：古代受封者所享有的封地，收其租税而食，故名。

⑦仪比：管制用语。汉制，指获准享有高于本职的仪制待遇。

⑧清肃：清正严明。一说清平宁静。一说清净严肃。

⑨治声：指为政有成绩而获得的声誉。

⑩矜尚：自夸，骄矜自大。

译文

萧衍素闻元略的美名，如今又亲眼见他器度宽雅，文才优赡，因此非常敬重他。对他说："洛阳像您这样优秀的有几人？"元略回答："臣在本朝时，承蒙代理阙官。至于宗庙之美，百官之富，好比鸳鸾羽翼相接，杞梓绿叶成荫。像臣这样的人，正如赵咨所说，可以用车载，用斗量，多得不可胜数。"萧衍大笑。于是封元略为中山王，食邑千户，礼仪规格与王子相同。又任命元略为宣城太守，给他一部演奏鼓吹乐的乐队，剑卒千人。元略为政清正严明，很有治理的名声。江东朝廷的贵臣，崇尚矜夸，见元略入朝，无不忌惮他的举止。不久，升任信武将军，衡州刺史。

原文

孝昌元年，明帝宥吴人江革[1]，请略归国。江革者，萧衍之大将也。萧衍谓曰："朕宁失江革，不得无王。"略曰："臣遭家祸难，白骨未收，乞还本朝，叙录存没[②]。”因即悲泣，衍哀而遣之。乃赐钱五百万，金二百斤，银五百斤，锦绣宝玩之物，不可称数。亲帅百官送于江上，作五言诗赠者百余人。凡见礼敬如此[③]。

注 释

①江革：字休映。幼而聪敏，早有才思，六岁便解属文。九岁丁父艰，与弟观同生孤贫，傍无师友，兄弟自相训勖，读书精力不倦。十六丧母，以孝闻。初仕南齐。入梁除通直散骑常侍，迁秣陵、建康令。为治明肃，豪强惮之。后历官为中书舍人、尚书左丞、司农卿。出为晋安王长史、寻阳太守、庐陵王长史。行事如故，以清严为百城所惮。迁左光禄大夫、南平王长史、御史中丞，弹奏豪权，一无所避。授镇北豫章王萧综长史，镇彭城。及失守，为魏人所执。在魏数为徐州刺史元延明所逼，而辞色严正，志节不改。后放还南朝。累官至度支尚书。《梁书·江革传》：“江革好奖进闾阎，为后生延誉，由是衣冠士子，翕然归之。革性强直，每至朝宴，恒有褒贬，以此为权势所疾，乃谢病还家。革历官八府长史，四王行事，三为二千石，傍无姬侍，家徒壁立，世以此高之。”又，《魏书·元略传》：“会综以城归国，综长史江革、司马祖暅、将士五千人悉见擒虏。肃宗敕有司悉遣革等还南，因以征略。”

②叙录：本指叙录体提要。因我国古代图书目录的提要大多采用叙录体，故亦称提要为叙录。存没：活着的人与死去的人。一本作“收录”。《魏书·元略传》：“略虽在江南，自以家祸，晨夜哭泣，身若居丧。”

③凡见礼敬如此：《魏书·元略传》：“衍乃备礼遣之。略之将还也，衍为置酒饯别，赐金银百斤。衍之百官，悉送别江上，遣其右卫徐确率百余人送至京师。”

译 文

孝昌元年，明帝赦免吴人江革作为交换条件，请元略回国。江革，是萧衍的大将。萧衍对人说：“朕宁可失掉江革，也不能没有元略。”元略说：“臣一家遭受祸难，白骨尚未收殓，请求回到本朝，去和活着的人叙一叙，并记录一下死者的情况。”因而悲伤哭泣，萧衍哀怜他，送他回去。于是赐给他钱五百万，金二百斤，银五百斤，锦绣宝玩之物，多到不可计数。萧衍又亲率百官送到长江边，作五言诗赠别的有百余人。元略之受礼遇敬重到如此程度。

原　文

略始济淮，明帝拜略侍中、义阳王，食邑千户①。略至阙，诏曰："昔刘苍②好善，利建东平，曹植能文，大启陈国③，是用声彪盘石④，义郁维城⑤。侍中义阳王略，体自藩华，门勋夙著⑥，内润外朗。兄弟伟如⑦，既见义忘家，捐生殉国，永言忠烈，何日忘之？往虽弛担为梁⑧，今便言旋阙下⑨，有志有节，能始能终。方传美丹青⑩，悬诸日月。略前未至之日，即心立称，故封义阳。然国既边地，寓食他邑，求之二三，未为尽善。宜比德均封⑪，追芳曩烈⑫，可改封东平王，户数如前。"寻进尚书令、仪同三司，领国子祭酒，侍中如故。

略从容闲雅，本自天资，出南入北，转复高迈。言论动止，朝野师模。建义元年薨于河阴，赠太保，谥曰文贞。嗣王景式⑬舍宅为此寺。

注　释

①"略始济淮"三句：《魏书·元略传》："肃宗诏光禄大夫刁双境首劳问，又敕徐州赐绢布各一千匹。除略侍中、义阳王，食邑一千户。还达石人驿亭，诏宗室、亲党、内外百官先相识者，听迎之近郊。赐帛三千匹，宅一区，粟五千石，奴婢三十人。其略所至，一餐一宿之处，无不沾赏。"

②刘苍：东汉光武帝刘秀第八子，汉明帝刘庄同母弟。建武十五年（39）受封为东平公，十七年进封为东平王。汉明帝永平元年（58），为骠骑将军在朝辅政，五年归国。《后汉书·刘苍传》："苍少好经书，雅有智思，为人美须髯，要带八围，显宗甚爱重之。明帝问东平王处家何等最乐，王言为善最乐。"

③大启陈国：据查考，曹植为三国著名文学家，又受封为陈王，故云。

④是用：因此。彪：彰显，著名。盘石：即磐石。此处借指封藩的宗室。《史记·孝文本纪》：“高帝封王子弟，地犬牙相制，此所谓磐石之宗也。”《索隐》曰：“言其固如磐石。”

⑤郁：茂盛。此指深厚。维城：连城以卫国。借指皇子或皇室宗族。《诗经·大雅·板》：“怀德维宁，宗子维城。”郑玄《笺》：“宗子，谓王之嫡子也。”谓帝王的德政乃是保护宗子的坚城。后以“维城”咏宗室子。

⑥门勋夙著：家中先代有卓越的功勋。夙：早。

⑦伟如：卓越超群貌。

⑧弛担：栖息。此指寄居南梁，在南梁任职为官。

⑨言旋：返回，归来。言：语气助词，无意义。

⑩丹青：指史籍。古代丹册纪勋，青史纪事。

⑪比德均封：参照德行给予合理的封赐。比：比照。均：公平，合理。

⑫曩烈：前人或先贤。此指刘苍、曹植。亦可指先人或先贤的功业。

⑬嗣王景式：即元略世子元顽，字景式，袭爵，官至北广平太守。

译文

元略刚渡过淮河，明帝就拜他为侍中、义阳王，食邑千户。元略到达宫阙，明帝下诏曰：“从前刘苍好行善事，有利于建设东平郡，曹植能作文章，大大发扬了陈国的声望，因此藩王声名卓著就好似磐石，皇族德义深厚就好像维城。侍中义阳王元略是出身皇族的精英，门第功勋卓越显著，内心温润，外表开朗。他的兄弟亦俊伟，既见义而忘家，捐生殉国，不朽的忠烈，哪一天能忘记呢？过去虽然在梁任职，如今已回到朝廷，有志有节，能始能终。应当用史书记载他的美德，像悬挂的日月一样不可磨灭。元略未到的日子，我心里就确立了名声，所以封为义阳王。然封地不仅属于边地，而且俸禄还需要其他郡邑提供。考虑过另外两三处地方，都不如意。应该比照德行选相称的封国，以追美前人，可改封东平王，食邑户数如前。”不久，元略升任尚书令、仪同三司，领国子祭酒，侍中职位依旧。

元略从容闲雅，本来出自天资，加之出入南北，气质更加高迈。他的言论举止，都是朝野的楷模。孝庄帝建义元年元略死于河阴，赠太保，谥曰文贞。嗣王元景式捐出元略的住宅建造此追先寺。

融觉寺

原 文

融觉寺，清河文献王怿所立也，在阊阖门外御道南。有五层浮图一所，与冲觉寺齐等。佛殿僧房，充溢三里[①]。比丘昙谟最[②]善于禅学，讲《涅槃》《华严》，僧徒千人。天竺国胡沙门菩提流支[③]见而礼之，号为菩萨。流支解佛义，知名西土，诸夷号为罗汉[④]。晓魏言及隶书，翻《十地》《楞伽》及诸经论二十三部[⑤]。虽石室之写金言[⑥]，草堂之传真教[⑦]，不能过也。

流支读昙谟最《大乘义章》，每弹指[⑧]赞叹，唱言微妙。即为胡书[⑨]写之，传之于西域。西域沙门常东向遥礼之，号昙谟最为东方圣人[⑩]。

注 释

①佛殿僧房，充溢三里：《续高僧传·卷二十四》："敕住洛都融觉寺。寺即清河文献怿所立，廊宇充溢周于三里。"

②昙谟最：《续高僧传》作"昙无最"，俗姓董。善于禅学，尤精通《涅槃》《华严》，僧徒千人。居融觉寺，撰《大乘义章》。正光元年，于皇宫大殿与道士姜斌对论，以佛法力压道法。姜斌终以惑众之罪，被处以极刑。

③菩提流支：意译为道希，北天竺人，是大乘瑜伽系佛教学者，博通经、律、论三藏，又熟悉刚刚兴起的密宗教法。志在宏法，于北魏永平元年（508）经西域来到洛阳，受到魏宣武帝的优礼，让他从事译经工作。与勒那摩提共同翻译了《十地经论》。有弟子道宠，俗名张宾，原为大儒雄安生弟子，后出家从流支学《地论》深义，受教三年，

一边听讲一边将笔记整理成义疏，后成为很有成就的《地论》师，在邺城讲学。《续高僧传·卷一》:“菩提流支，魏言道希，北天竺人也。遍通三藏，妙入总持，志在弘法，广流视听，遂挟道宵征，远莅葱左。以魏永平之初，来游东夏，宣武皇帝下敕引劳，供拟殷华。处之永宁大寺，四事将给七百梵僧，敕以留支为译经之元匠也。先时流支奉敕，创翻《十地》。宣武皇帝命章一日亲对笔受，然后方付沙门僧辨等，讫尽论文。佛法隆盛英俊蔚然，相从传授孜孜如也。”又《高僧摘要》曰:“魏宣武帝，崇尚佛法。天竺梵僧菩提留支，初翻《十地》，在紫极殿。勒那摩提，在太极殿。各有禁卫，不许通言。校其所释，恐有浮滥。始于永平元年，至四年方讫。”

④夷：我国古代对西北少数民族的鄙称。此指西域各国。罗汉：阿罗汉的简称，梵语音译，含有杀贼、无生、应供等义。杀贼是杀尽烦恼之贼，无生是解脱生死不受后有，应供是应受天上人间的供养。是小乘佛教的最高果位，称为“无学果”，指已断尽烦恼，超出三界轮回，应受人天供养的尊者。《翻译名义集·三乘通号篇第五》:“《大论》云：阿罗名贼，汉名破，一切烦恼贼破。复次，阿罗汉，一切漏尽故，应得一切世间诸天人供养。又阿名不，罗汉名生，彼世中更不生，是名阿罗汉。《法华》疏云:《阿飏经》云应真，《瑞应》云真人。悉是无生释罗汉也。或言无翻，名含三义。无明糠脱，后世田中，不受生死果报，故云不生。九十八使烦恼尽，故名杀贼。具智断功德，堪为人天福田，故言应供。含此三义，故存梵名。”

⑤《十地》：佛经名，有《十地经》及其论著《十地经论》，此指后者。《十地经论》是印度大乘瑜伽学系的重要典籍。作者世亲初从声闻乘出家，后闻其兄无著讲《十地经》，便改变所宗而先撰成《十地经论》，以赞扬大乘，巩固了瑜伽学说的理论基础。该经主旨是讲菩萨修行渐近于佛的十个阶段。十地的名目分别是欢喜地、离垢地、发光地、焰慧地、难胜地、现前地、远行地、不动地、善慧地、法云地。《楞伽》：佛经名。楞伽，也作楞迦，是山名，也是城名，以此城在楞伽山顶，故以山名为城名。楞伽为梵语，中文意译为“不可往”、“不可到”“难入”。因为此山城极高，原为夜叉王所据，在此瞰食生灵，无路可通，无神通者不可往，故名。位于古师子国（今斯里兰卡）。相传佛在龙宫说法后，自龙宫出，降伏夜叉王，即于此山城开演此大乘无上经典，故以“楞伽”为经名。又此经乃佛以自证境界，为诸大菩萨开演之无上圆顿法门，非凡愚可入，故名“不可入”。《楞伽经》主旨

在于提出五法（名、相、妄想、正智、真如）、三自性（遍计执性、依他起性、圆成实性）、八识（眼、耳、鼻、舌、触、意、末那、阿赖耶）等，述说宇宙一切事物皆自心所见，虚假不实，第八识（即“心”）是认识世界的一切根本。否认客观世界的真实性，归结到建立一个虚幻的不生不灭的涅槃境界。是佛教中禅宗、法相宗、法性宗的理论依据。本经共有三种译本：南朝宋元嘉二十年（443）中天竺僧人求那跋陀罗所译《楞伽阿跋多罗宝经》，四卷本，亦称《四卷楞伽》；北魏北天竺僧人菩提流支所译《入楞伽经》，十卷本；唐代于阗僧人实叉难陀所译《大乘入楞伽经》，七卷本。由于求那跋陀罗的译本最早，更接近本经的原始义，因此流传广、影响大。又《续高僧传·卷一》：“三藏流支自洛及邺，爰至天平，二十余年。凡所出经，三十九部，一百二十七卷，即佛名《楞伽》《法集》《深密》等经；《胜思惟》《大宝积》《法华》《涅槃》等论是也。并沙门僧朗、道湛，及侍中崔光等笔受，具列唐贞观内典录。”

⑥石室之写金言：指东汉明帝永平中，摄摩腾至洛阳译《四十二章经》，缄于兰台石室事。《高僧传·卷一》：“摄摩腾，本中天竺人。善风仪，解大小乘经，常游化为任。汉永平中，明皇帝夜梦金人飞空而至。乃大集群臣，以占所梦。通人傅毅奉答：‘臣闻西域有神，其名曰佛，陛下所梦将必是乎。’帝以为然，即遣郎中蔡愔博士弟子秦景等，使往天竺寻访佛法。愔等于彼遇见摩腾，乃要还汉地。腾誓志弘通，不惮疲苦，冒涉流沙，至乎洛邑。明帝甚加赏接，于城西门外立精舍以处之。汉地有沙门之始也。但大法初传未有归信，故蕴其深解无所宣述。后少时卒于雒阳。有记云：腾译《四十二章经》一卷，初缄在兰台石室第十四间中。腾所住处，今雒阳城西雍门外白马寺是也。”

⑦草堂：指草堂寺。真教：指佛教，佛法。《魏书·释老志》：“鸠摩罗什为姚兴所敬，于长安草堂寺集义学八百人，重译经本。罗什聪辩有渊思，达东西方言。时沙门道彤、僧略、道恒、道衣剽、僧肇、昙影等，与罗什共相提挈，发明幽致。诸深大经论十有余部，更定章句，辞义通明，至今沙门共所祖习。”鸠摩罗什，又译鸠摩罗耆婆，略作罗什，意译童寿。父鸠摩罗炎出身天竺望族，弃宰相之位周游列国学道。后赴龟兹，与龟兹王妹结合生罗什。罗什自幼天资超凡，相貌出众，半岁会说话，三岁能认字，五岁博览群书，七岁随母出家。游学天竺各国，遍访名师大德，深究妙义。他年少精进，又博闻强识，既通梵语，又娴汉文，佛学造诣极深。博通大乘、小乘，精通经藏、

律藏、论藏三藏。公元384年，后凉太祖吕光取鸠摩罗什到达甘肃凉州。鸠摩罗什在凉州十七年，弘扬佛法，学习汉文。公元401年，入后秦都城长安。至公元409年，与弟子译成《大品般若经》《法华经》《维摩诘经》《阿弥陀经》《金刚经》等经和《中论》《百论》《十二门论》等论。总计翻译经律论传94部、425卷，与玄奘、不空、真谛并称中国四大译经家，并位列首位。《高僧传·卷二》有传。

⑧弹指：表示情绪激越。

⑨胡书：胡人的文字。此指梵文。《颜氏家训·省事》："天文、画绘、棊博、鲜卑语、胡书、煎胡桃油，炼化锡为银，如此之类，略得梗概，皆不通熟。"

⑩东方圣人：《续高僧传·卷二十四》："天竺沙门菩提留支见而礼之，号为东土菩萨。尝读最之所撰《大乘义章》，每弹指唱善，翻为梵言，寄传大夏。彼方读者，皆东向礼之为圣人矣。"《魏书·释老志》载鸠摩罗什称释道安为东方圣人，在昙谟最之前。

译文

融觉寺，是清河文献王元怿所建造，位于阊阖门外御道的南面。有一座五层宝塔，规模与冲觉寺差不多。寺内的佛殿僧房，布满方圆三里。和尚昙谟最精于禅学，讲《涅槃经》和《华严经》，从学的僧徒多达千人。天竺国的和尚菩提流支看见他后向他行礼，称他为菩萨。菩提流支精解佛义，在西域很是知名，诸夷称他为罗汉。他通晓魏国语言和隶书，翻译《十地经论》《楞伽经》及诸经论二十三部。即使是在石室里译写金言的摄摩腾，在草堂里传佛教的鸠摩罗什，也不能胜过他。

菩提流支读昙谟最的《大乘义章》，经常弹指赞叹，说讲得深微巧妙。就将它翻译成胡文，传之于西域。西域和尚经常向东遥远地敬礼，称昙谟最为东方圣人。

大觉寺

原 文

大觉寺，广平王怀舍宅所立也，在融觉寺西一里许。北瞻芒岭，南眺洛汭[①]，东望宫阙，西顾旗亭。禅皋[②]显敞，实为胜地。是以温子升碑云："面水背山，左朝右市。"是也。

怀所居之堂，上置七佛[③]，林池飞阁，比之景明。至于春风动树，则兰开紫叶；秋霜降草，则菊吐黄花。名僧大德，寂以遣烦。永熙年中，平阳王[④]即位，造砖浮图一所。是土石之工，穷精极丽，诏中书舍人温子升以为文也。

注 释

①洛汭：位于洛水的下游，洛水入黄河处。汭：河流汇合或弯曲处。

②皋：水边高地。

③七佛：指释迦牟尼佛及在其以前出现的六位佛陀。即过去庄严劫中的毗婆尸佛、尸弃佛、毗舍浮佛，与现在贤劫中的拘留孙佛、拘那含佛、迦叶佛、释迦牟尼佛。这七佛皆已入灭，故又称过去七佛。据佛经记载，我们这个世界在庄严劫、贤劫和星宿劫三大劫中，各有一千尊佛成，每当一尊佛入灭后，就要经历相当漫长的岁月，另一尊佛才会出现。因此，值遇佛陀在世是很难的。佛陀出世就像昙花一现，电光一闪，就又进入漫漫长夜。据《贤劫千佛名经》记载，我们这一劫叫作贤劫，释迦牟尼佛是贤劫出世的第四尊佛。《法苑珠林》卷八："如《长阿含经》云：过去九十一劫有佛出世，名毗婆尸，人寿八万岁。复过去三十一劫有佛出世，名尸弃，人寿七万岁。复过去三十一劫有佛出世，名毗舍浮，人寿六万岁。复过去贤劫中有佛出世，名拘留孙，人寿五万岁。又贤劫中有佛出世，名拘那含，人寿四万岁。又贤劫中

有佛出世，名迦叶，人寿二万岁。我今出世，人寿百岁，少出多减。依《智度》《迦延论》，据释迦人寿一万岁，世时合出，为观众生一万岁已来，无机可度，乃至百岁。众生见苦敦逼，劫欲将末，故出乎世。故《论》云：劫末佛兴世，劫初转轮王出。”

④平阳王：即北魏孝武帝元修，广平王元怀之子。

译 文

大觉寺，是由广平王元怀捐出住宅所建造的，它在融觉寺西面一里左右。北面瞻望芒岭，南面眺望洛汭，东面遥望宫阙，西面顾视旗亭。寺的高地显明宽敞，实在是一处胜地。因此温子升的碑文曰：“面临洛水，背靠芒山，左边是朝廷，右边是市集。”的确是这样。

元怀所居的厅堂，上面放置七尊佛像。寺里有林池，有飞阁，可与景明寺相比。当春风吹动树木，兰草就开出紫叶；当秋霜降落草上，菊丛就吐出黄花。名僧大德，来这里静修，以排遣烦恼。永熙年间，平阳王元修即位为魏帝，在这里建造一座砖宝塔。土石的工巧，极尽精丽，孝庄帝下诏令中书舍人温子升撰写大觉寺碑文。

永明寺

原 文

永明寺，宣武皇帝所立也，在大觉寺东。时佛法经像盛于洛阳，异国沙门，咸来辐辏。负锡持经，适兹乐土。世宗故立此寺以憩之①。房庑②连亘，一千余间。庭列修竹，檐拂高松，奇花异草，骈阗③阶砌。百国沙门，三千余人。西域远者，乃至大秦国④，尽天地之西垂⑤。耕耘绩纺⑥，百姓野居，邑屋⑦相望，衣服车马，拟仪⑧中国。

注 释

①世宗故立此寺以憩之：《资治通鉴》卷一百四十七：“时佛教盛于

洛阳，沙门之外，自西域来者三千余人，魏主别为之立永明寺千余间以处之。”

②庑：堂的廊屋。此处“房庑”泛指房屋。

③骈阗：也作“骈填”“骈田”，形容密集而又连续不断。

④大秦国：古代中国对罗马帝国及近东地区的称呼。当时的中国认为罗马帝国就像中国一样拥有高度文明，而罗马正位于贸易路线上的终点，因此把它命名为“大秦”。《魏书·西域传》：“大秦国，一名黎轩，都安都城。从条支西渡海曲一万里，去代三万九千四百里。其海傍出，犹渤海也，而东西与渤海相望，盖自然之理。地方六千里，居两海之间。其地平正，人居星布。其王都城分为五城，各方五里，周六十里。王居中城。城置八臣以主四方，而王城亦置八臣，分主四城。若谋国事及四方有不决者，则四城之臣集议王所，王自听之，然后施行。王三年一出观风化，人有冤枉诣王诉讼者，当方之臣小则让责，大则黜退，令其举贤人以代之。其人端正长大，衣服车旗拟仪中国，故外域谓之大秦。其土宜五谷桑麻，人务蚕田，多璆琳、琅玕、神龟、白马、朱鬣、明珠、夜光璧。”

⑤垂：通“陲”，边陲，边境。

⑥耕耘：亦作“耕芸”，指犁地除草。泛指农耕之事。绩纺：泛指纺织之事。

⑦邑屋：邑里的房舍、村舍。

⑧拟仪：模仿其法度，仿效。

译文

永明寺由宣武帝元恪所建造，位于大觉寺的东面。当时佛法佛经佛像在洛阳极为昌盛，异国的和尚都聚在这里。他们背负锡杖，手持经书，来到这片乐土。因此世宗建造此寺以供他们休息。该寺房庑连延绵亘，共有一千余间。庭院里修竹成列，高松在檐宇上拂动，各种奇花异草布满台阶。百国的和尚，有三千余人居于此寺。西域遥远的，要数大秦国，已经在天地的最西边了。那里的百姓也耕耘土地，绩麻纺纱，人民都居住在野地里，房屋错落相望。其衣服车马，与中国相似。

原文

南中有歌营国[①]，去京师甚远，风土隔绝，世不与中国交通，虽二汉及魏，亦未曾至也[②]。今始有沙门菩提拔陁[③]至焉。自云："北行一月，至句稚国[④]；北行十一日，至典孙国[⑤]；从典孙国北行三十日，至扶南国[⑥]。方五千里，南夷之国，最为强大。民户殷多，出明珠金玉及水精[⑦]珍异，饶槟榔。从扶南国北行一月，至林邑国[⑧]。出林邑，入萧衍国[⑨]。"拔陁至扬州岁余，随扬州比丘法融来至京师。京师沙门问其南方风俗，拔陁云："古有奴调国[⑩]，乘四轮马为车。斯调国出火浣布[⑪]，以树皮为之，其树入火不燃。凡南方诸国，皆因城郭而居，多饶珍丽[⑫]。民俗淳善，质直好义，亦与西域、大秦、安息、身毒诸国交通往来[⑬]。或三方四方[⑭]，浮浪乘风，百日便至。率[⑮]奉佛教，好生恶杀[⑯]。"

注　释

①南中：古地域名。三国、魏晋时特有名称。相当于今四川大渡河以南和云南、贵州两省地。此处泛指南部地区、南方。歌营国：古国名，亦称加营国，关于其故地，法国人伯希和谓在今马来半岛南部。或以为在今印度南端，或以为在今印度尼西亚爪哇岛。《太平御览》卷七百九十引《南州异物志》曰："歌营国在句稚南，可一月行到，其南文湾中有洲名蒲类，上有居人，皆黑如漆，齿正白，眼赤，男女皆裸形。"又卷三百五十九引三国康泰《吴时外国传》曰："加营国王好马，月支贾人常以舶载马到加营国，国王悉为售之。若于路失羁靽，但将头皮示王，王亦售其半价。"苏继庼《加营国考》："南印有古国曰恭瞿奄，有今加因八多及南部莎楞一带，为太米耳族所建诸国之一。当其盛时，没来海岸地多隶属之。窃意《吴时外国传》与《扶南土俗传》著录之加营国，《南州异物志》与《洛阳伽蓝记》著录之歌营国，殆即Koyam（Padi）或Koyam（Muturu）之省译也。"

②"风土隔绝"四句：三国吴孙权时，曾派宣化从事朱应、中郎康泰通海南。其所经及传闻，则有百数十国。晋代通中国者盖少。宋、齐以后渐多。风土：指习惯风俗以及地理环境。隔绝：此指相去甚远，大相径庭。

③菩提拔陁：一说即佛驮跋陀罗，又称觉贤，北天竺迦毗罗卫国

（今尼泊尔境内）人。甘露饭王后裔。五岁丧父，十七岁出家。以精于禅定和戒律出名。曾与同学僧迦达多游罽宾，遇后秦僧人智严。受智严邀请，赴中国弘法。辗转三年，到达青州东莱郡。公元408年，听说鸠摩罗什在长安，便前往拜见。初和罗什相处甚好，后不和，被迫与弟子慧观等赴庐山，备受东晋高僧慧远欢迎。留居庐山年余，译出《达摩多罗禅经》二卷。公元412年赴荆州，其后又到建康住道场寺。与法显等译出《摩诃僧祇律》四十卷、《大般泥洹经》六卷。又创译《华严经》六十卷。其所译经论共13部，125卷。所译《华严经》对中国佛学的发展影响甚大。据查考，观觉贤生平，显与菩提拔陁非一人。

④句稚国：古国名，位于今马来半岛西岸一带。《太平御览》卷七百九十引《南州异物志》曰：“句稚，去典游八百里，有江口，西南向，东北行，极大崎头出涨海中，浅而多磁石。”苏继庼《加营国考》：“《南州异物志》与《洛阳伽蓝记》均以句稚为自歌营国来中国之中途要站。按句稚，《吴时外国传》作拘利，为马来半岛西岸北纬十度泊沾河一带地方称。”

⑤典孙国：古国名，又称典逊、顿逊，位于今马来半岛。《梁书·扶南国传》：“其（扶南国）南界三千余里，有顿逊国，在海崎上，地方千里。城去海十里，有五王，并羁属扶南。顿逊之东界通交州；其西界接天竺、安息徼外诸国，往还交市。所以然者，顿逊回入海中千余里，涨海无崖岸，船舶未曾得径过也。其市东西交会，日有万余人，珍物货宝，无所不有。又有酒树似安石榴，采其花汁，停瓮中，数日成酒。”《太平御览》卷七百八十八引《南州异物志》：“顿逊在扶南三千余里，本为别国，扶南先王范蔓有勇略，讨服之。今属扶南。”又引竺芝《扶南记》曰：“顿逊国属扶南国，主名昆仑。国有天竺胡五百家，两佛图，天竺婆罗门千余人。顿逊敬奉其道，嫁女与之，故多不去，唯读《天神经》。以香花自洗，精进不舍昼夜。疾困便发愿鸟葬，歌舞送之邑外，有鸟啄食，余骨作灰，瓮盛沉海。鸟若不食，乃蓝盛火，葬者投火，余灰函盛埋之。祭祠无年限。”

⑥扶南国：古国名，又作夫南国、跋南国，位于今中南半岛，其辖境大致相当于当今柬埔寨全部国土以及老挝南部、越南南部和泰国东南部一带。《梁书·扶南国传》：“扶南国在日南郡之南海西大湾中。去日南可七千里，在林邑西南三千余里。城去海五百里，有大江，广十里，西北流，东入于海。其国轮广三千余里，土地洿下而平博，气候风俗，大较与林邑同。出金、银、铜、锡、沉木香、象牙、孔翠、

五色鹦鹉。扶南国俗本裸体，文身被发，不制衣裳。以女人为王，号曰柳叶。年少壮健，有似男子。今其国人皆丑黑，鬈发。所居不穿井，数十家共一池引汲之。俗事天神，天神以铜为像，二面者四手，四面者八手，手各有所持，或小儿，或鸟兽，或日月。其王出入乘象，嫔侍亦然。王坐则偏踞翘膝，垂左膝至地，以白叠敷前，设金盆香炉于其上。国俗，居丧则剃除须发。死者有四葬：水葬则投之江流，火葬则焚为灰烬，土葬则瘗埋之，鸟葬则弃之中野。人性贪吝，无礼义，男女恣其奔随。”

⑦水精：水晶。无色透明的结晶石英，是一种贵重矿石。

⑧林邑国：古国名，又作林邑国、占城、占婆，位于今中南半岛东部，辖境约在今越南南部顺化等处。《梁书·林邑国传》：“林邑国者，本汉日南郡象林县，古越裳之界也。伏波将军马援开汉南境，置此县。其地纵广可六百里，城去海百二十里，去日南界四百余里，北接九德郡。其南界，水步道二百余里，有西国夷亦称王，马援植两铜柱表汉界处也。其国有金山，石皆赤色，其中生金。金夜则出飞，状如萤火。又出玳瑁、贝齿、吉贝、沉木香。其国俗：居处为阁，名曰于阑，门户皆北向；书树叶为纸；男女皆以横幅吉贝绕腰以下，谓之干漫，亦曰都缦；穿耳贯小镮；贵者著革屣，贱者跣行。自林邑、扶南以南诸国皆然也。其王著法服，加璎珞，如佛像之饰。出则乘象，吹螺击鼓，罩吉贝伞，以吉贝为幡旗。国不设刑法，有罪者使象踏杀之。其大姓号婆罗门。嫁娶必用八月，女先求男，由贱男而贵女也。同姓还相婚姻，使婆罗门引婿见妇，握手相付，咒曰‘吉利吉利’，以为成礼。死者焚之中野，谓之火葬。其寡妇孤居，散发至老。国王事尼乾道，铸金银人像，大十围。”

⑨萧衍国：即南朝梁国。

⑩奴调国：当即姑奴国，位于南洋群岛中。《太平御览》卷七百九十引《南州异物志》曰：“姑奴国去歌营可八千里，民人万余户，皆乘四辕车，驾二马或四马，四会所集也。舶船常有百余艘，市会万余人，昼夜作市，船皆鸣鼓吹角。人民衣被同中国。”

⑪斯调国：古国名，故地在今斯里兰卡，一说为今印度尼西亚爪哇岛东南的一岛。《太平御览》卷七百八十七引《南州异物志》云：“斯调，海中洲名也，在歌营东南可三千里。上有王国，城市街巷。土地沃美。”又引康泰《扶南土俗》曰：“斯调洲湾中有自然监，累如细石子。国人取之，一车输王，余自入。”火浣布：指用石棉纤维纺织而成的布。

由于其具不燃性，在火中能去污垢。裴松之注《三国志·魏书四》引《异物志》曰："斯调国有火州，在南海中。其上有野火，春夏自生，秋冬自死。有木生于其中而不消也，枝皮更活，秋冬火死则皆枯瘁。其俗常冬采其皮以为布，色小青黑；若尘垢汙之，便投火中，则更鲜明也。"又《梁书·扶南国传》："又传扶南东界即大涨海，海中有大洲，洲上有诸薄国，国东有马五洲。复东行涨海千余里，至自然大洲。其上有树生火中，洲左近人剥取其皮，纺绩作布，极得数尺以为手巾，与焦麻无异而色微青黑。若小垢涴，则投火中，复更精洁。或作灯炷，用之不知尽。"

⑫珍丽：此指珠玉。

⑬安息：西亚古国。汉武帝时，领有全部伊朗高原即两河流域。《魏书·西域传》："安息国，在葱领西都蔚搜城。北与康居，西与波斯相接，在大月氏西北，去代二万一千五百里。"身毒：即今印度。始见于《史记》，为中国对印度的最早译名。《后汉书·西域传》："身毒有别城数百，城置长。别国数十，国置王。"

⑭或三方四方：其义未详。疑指通南夷之水路需经过三四次曲折。

⑮率：大概，大多。

⑯好生恶杀：爱惜生命，不好杀戮。

译文

南方夷国中有个歌营国，距离京师非常远，那里的风土人情与中国大相径庭，世代不与中国交通，即使是两汉与魏，也未曾有使者来访。如今才有和尚菩提拔陁到来。自称说："我向北走了一个月，到达句稚国；又向北走了十一天，到达典孙国；从典孙国往北走了三十天，到达扶南国。扶南国方圆五千里，在南夷国家中最为强大。其民户殷实众多，出产明珠金玉和水精等珍异物品，盛产槟榔。再从扶南国往北走一个月，到达林邑国。出了林邑国，就进入萧衍的国家了。"拔陁到扬州一年多，跟随扬州和尚法融来到京师洛阳。京师和尚问他南方夷国的风俗，拔陁说："古代有奴调国，乘坐四轮马车。又有斯调国，出产火浣布，是用树皮制成的，这种树投入火中也不会燃烧。凡是南方诸国，都靠近城郭居住，多富有珍珠宝玉。那里民风淳朴和善，正直好讲义气，也与西域、大秦、安息、身毒等国家交通往来。有时候到了三四个国家，驾船乘风，只需百日，便可到达。那些国家大抵信奉佛教，好生恶杀。"

原 文

寺西有宜年里，里内有陈留王景皓、侍中安定公胡元吉等二宅①。景皓者，河州刺史陈留庄王祚②之子。立性虚豁，少有大度，爱人好士，待物无遗③。夙善玄言道家④之业，遂舍半宅安置佛徒，演唱大乘数部⑤。并进京师大德超、光、日延、荣四法师⑥，三藏⑦胡沙门菩提流支等咸预其席。诸方伎术之士，莫不归赴。时有奉朝请孟仲晖者，武威⑧人也。父宾，金城⑨太守。晖志性聪明，学兼释氏，四谛⑩之义，穷其旨归。恒来造第，与沙门论议，时号为玄宗先生。晖遂造人中夹纻像一躯⑪，相好端严⑫，希世⑬所有。置皓前厅，须弥宝坐⑭。永安二年中，此像每夜行绕其坐，四面脚迹，隐地成文。于是士庶异之，咸来观瞩。由是发心⑮者，亦复无量⑯。永熙三年秋，忽然自去，莫知所之。其年冬，而京师迁邺。武定五年，晖为洛州开府长史⑰，重加采访，寥无影迹。

注 释

①陈留王景皓：元景皓，陈留王元祚子，袭爵为王。北齐天保时为高洋所诛。《北齐书·元景安传》："天保时，诸元帝室亲近者多被诛戮。疏宗如景安（元景皓叔父元永子）之徒议欲请姓高氏，景皓云：'岂得弃本宗，逐他姓，大丈夫宁可玉碎，不能瓦全！'景安遂以此言白显祖，乃收景皓诛之，家属徙彭城。由是景安独赐姓高氏，自外听从本姓。"胡元吉：即胡祥，字元吉，胡国珍之子，胡太后异母弟，历官殿中尚书、中书监、侍中，改封平凉郡公。薨，赠开府仪同三司、雍州刺史，谥曰孝景。

②陈留庄王祚：元祚，陈留王拓跋虔之后。《北史·魏诸宗室传》："（陈留王）建弟嫡子祚，字龙寿。宣武校艺，每于岁暮诏令教习讲武。初，建以子罪失爵，祚欲求本封，有司奏听祚袭公，其王爵不轻与，求更议，诏从之。卒于河州刺史。节闵时赠侍中尚书仆射。"据此则元

祚未袭爵为王。又《北齐书·元景安传》："永兄祚袭爵陈留王，祚卒，子景皓嗣。"此又言元祚袭爵为王。二者有异，未知孰是。

③无遗：此指周到，没有失礼之处。

④道家：此指佛教。《四十二章经》称佛教为释道或道法，《牟融理惑论》称释教为佛道，又僧徒亦称道人，可证古时称道家非是专指道教而言。

⑤演唱：此指念诵经文。大乘：即大乘佛教，公元1世纪逐渐形成的佛教派别。强调利他，普渡一切众生，提倡以"六度"为主的"菩萨行"，比喻修行法门如发大心者所乘的大车，故称"大乘"。《华严经》《涅槃经》《法华经》均为大乘经典。

⑥超、光、日延、荣四法师：事迹未详。疑指僧超、惠光、智诞、道荣四僧。

⑦三藏：三藏法师的简称。"三藏"原本是指佛教经典的总集。佛教以经藏、律藏、论藏为三藏。经藏总说根本教义，论藏是经义的解释，律藏记戒律。后把通晓三藏的僧人称为"三藏法师"，简称"三藏"。

⑧武威：郡名，古称凉州，又名姑臧，治所在今甘肃武威。

⑨金城：郡名，治所在今甘肃永靖西北。东汉始置，晋时迁治所至今甘肃兰州东。

⑩四谛：佛教以苦、集、灭、道为四谛，又作"四圣谛""四真谛"。据查考，三界六趣之苦报曰苦；一切善恶之业曰集，以其能集起三界六趣之苦报也；灭生死苦果而得涅槃曰灭；正见思惟等八正道曰道，以其能通于涅槃也。此四者为圣者所见之真理，故名四谛。《大般涅槃经》："所谓四圣谛，苦、集、灭、道，是名四圣谛。"又云："若能见四谛，则得断生死。"

⑪人中："人中尊"的略称。人中尊为佛的德号，意谓人世间最尊贵者。此处代指佛。夹纻：亦作夹纻、挟纻。一种传统手工技艺。作为漆塑像的方法，先用泥塑成胎，后用漆把麻布贴在泥胎外面。待漆干后，反复再涂多次。最后把泥胎取空，因此又有"脱空像"之称。

⑫相好：佛家语。相：指佛身各部之相状。好：指相之细微者。佛经称，佛之化身有三十二种相，八十种好。

⑬希世：世所罕有。

⑭须弥宝坐：佛教语，指佛座。亦称须弥坛，形象须弥山，中细之台坐，其上安置本尊。据佛教解释，须弥山就是佛祖居住的地方。

一本作“须臾弥宝坐”，指不一会儿就入了佛座。弥：通“眯”，意为入、安。

⑮发心：佛教语。指为达到佛果之心，在修行之前，便发菩提之心，以求修成正果。是一种佛教修炼功夫。菩提心包括三心：直心、深心、大悲心。《涅槃经》卷三十八：“发心毕竟二不别，如是二心前心难。”《华严经》：“初发心时，便成正觉。”

⑯无量：形容数量多到无法计算。

⑰洛州：北魏改司州置，治所在今河南洛阳东北。开府长史：官名。南北朝时，凡是州刺史带将军称号开府者，其幕府设长史，以总理幕府。

译文

寺的西面有宜年里，里内有陈留王元景皓、侍中安定公胡元吉二人的住宅。元景皓，是河州刺史陈留庄王元祚之子。他秉性豁达，年少时就有大度，爱惜百姓，喜欢士子，待人接物十分周到。早就精通玄妙的佛学，于是捐出住宅的一半来安置佛教徒，讲诵大乘佛教数部经典。并且宴请京师中大德僧超、慧光、智诞、道荣四位法师，以及通晓三藏的外国和尚菩提流支等，都参与法席。四方伎术之士，无不前来归附。当时有位奉朝请叫孟仲晖，是武威人。其父孟宾，官至金城太守。孟仲晖志性聪明，兼通佛学，对四谛的旨意完全了解。他经常造访永明寺，与和尚议论佛学，当时人称他为玄宗先生。孟仲晖于是造了一尊夹纻佛像，相貌端庄严肃，世间所稀有。佛像安置在元景皓的前厅的佛座上。永安二年中，此佛像每夜起来绕着它的佛座行走，四面的脚印，隐约地在地上成为纹路。于是士人和庶民觉得奇异，都前来观看。因此而发动意念皈依佛教的，也是无数。永熙三年秋，佛像忽然自行离去，谁也不知道它去了哪里。那年冬天，京城迁到邺城。武定五年，孟仲晖任洛州开府长史，重新加以查访，还是没有发现任何踪迹。

原文

出阊阖门城外七里，有长分桥。中朝时以谷水浚急[①]，注于城下，多坏民家，立石桥以限之。长[②]则分流入洛，故名曰长分桥。或云：晋河间王在长安遣张方征长沙王[③]，营军于此，因名为张方桥也。未知孰是。今民间语讹，号为张夫人桥。

朝士送迎，多在此处。

注释

①浚急：湍急，水深而急。

②长：此指水涨。

③晋河间王：即司马颙，字文载，晋宣帝司马懿三弟安平献王司马孚之孙，太原烈王司马瑰之子，西晋“八王之乱”中的八王之一。少年时有名声，轻钱财厚待贤士。晋武帝赞叹其为藩王的表率。赵王司马伦篡位时，他响应齐王司马冏起兵，因功授任侍中、太尉，加三锡之礼。永宁二年（302），李含假称受帝密诏说服司马颙讨伐齐王司马冏、长沙王司马乂。后又废太子司马覃，立成都王司马颖为皇太弟。永兴三年（306），东海王司马越率义军讨伐司马颙，司马颙接连挫败。义军逐占据关中，司马颙保守孤城。同年，司马越以诏书征召司马颙入朝任司徒之职，司马越之弟南阳王司马模派将军梁臣将司马颙掐死。张方：西晋名将。身世贫贱，以材勇得幸于河间王颙，迁兼振武将军。奉命讨伐齐王司马冏、长沙王司马乂。荡阴之役后，纵兵大掠，挟持晋惠帝及司马颖前往长安，受封中领军、录尚书事，领京兆太守。后司马颙听信参军毕垣之谗，将其杀死。长沙王：即司马乂，字士度，晋武帝司马炎第六子，亦为“八王之乱”中的八王之一。永宁元年（301），齐王司马冏等诸侯王起兵讨伐篡位的赵王司马伦，司马乂率军响应，因军功升任抚军大将军。次年河间王司马颙起兵讨伐司马冏，司马乂暗中作为内应攻入洛阳将司马冏捕杀。永兴元年（304），被司马颙的部将张方杀害。《晋书·张方传》：“永宁中，（河间王）颙表讨齐王冏，遣方领兵二万为前锋。及冏被长沙王乂所杀，颙及成都王颖复表讨乂，遣方率众自函谷入屯河南。惠帝遣左将军皇甫商距之，方以潜军破商之众，遂入城。乂奉帝讨方于城内，方军望见乘舆，于是小退。方退壁于十三里桥。乃夜前进，逼洛城七里。乂既新捷，不以为意，忽闻方垒成，乃出战，败绩。东海王越等执乂送于金墉城，方使郅辅取乂还营炙杀之。于是大掠洛中官私奴婢万余人而西还长安。”

译文

出阊阖门城外七里，有座长分桥。晋朝时因谷水深急，流到城下，冲毁了很多民居，所以立石桥来阻止它。水涨便分水流入洛河，所以叫作长分桥。有说法称：晋朝的河间王在长安派遣张方征讨长沙王，在此驻军，因此叫作张方桥。不知道哪一种说法是对的。如今民间错讹，称这座桥为张夫人桥。

朝廷士人迎来送往，多在此处。

原文

长分桥西，有千金堰[①]。计其水利，日益千金，因以为名。昔都水使者[②]陈勰所造，令备夫一千，岁恒修之。

注释

①千金堰：即千金堨，古代水利工程，在今河南洛阳东北。李善注沈约《三月三日率尔成篇》引杨佺期《洛阳记》曰："千金堰在洛阳城西，去城十五里。堰上有谷水坞。"《水经注·谷水》："《河南十二县境簿》曰：河南县城东十五里有千金堨。《洛阳记》曰：千金堨旧堰谷水，魏时更修此堰，谓之千金堨。堨是都水使者陈勰所造。《语林》曰：陈勰数进阮步兵酒。后晋文王欲修九龙堰，阮举协，文王用之。掘地得古承水铜龙六枚，堰遂成。水历堨东注，谓之千金渠。逮于晋世，大水暴注，沟渎泄坏，又广功焉。后张方入洛，破千金堨。永嘉初，汝阴太守李矩、汝南太守袁孚修之，以利漕运，公私赖之。水积年，渠堨颓毁，石砌殆尽，遗基见存。朝廷太和中修复故堨。"

②都水使者：官名。秦有都水长、丞，掌陂池灌溉、保守河渠。西汉治水之官，原来分散在太常、少府、水衡都尉、三辅各部门，官名都叫都水长、丞。武帝始设左右都水使者，总领水官。西汉末哀帝省都水使者。东汉改置河堤谒者。西晋置都水台，主官即称使者，以河堤谒者为都水台属官。隋以后改都水台为都水监，唐代的都水监犹以都水使者为其主官。

译文

长分桥的西面，有座千金堰。因为计算它带来的利益，每天可增益千金，因此以"千金"命名。

这座堰从前是都水使者陈勰所造，配备役夫一千人，常年加以修缮。

卷五　城北

禅虚寺

原　文

禅虚寺，在大夏门外御道西。寺前有阅武场，岁终农隙，甲士习战[①]，千乘万骑，常在于此。有羽林马僧相善角抵戏[②]，掷戟与百尺树齐等。虎贲张车渠[③]，掷刀出楼一丈。帝亦观戏在楼，恒令二人对为角戏。

中朝时，宣武场[④]在大夏门东北，今为光风园，苜蓿生焉[⑤]。

注　释

①岁终农隙，甲士习战:《左传·隐公五年》:“故春蒐、夏苗、秋狝、冬狩，皆于农隙以讲事也。”杜预注曰:“各随时事之闲。”文中习战当属于冬狩性质。

②角抵戏：起源于战国的一种技艺表演，名称始于秦汉。《汉书·刑法志》云:“春秋之后，灭弱吞小，并为战国。稍增讲武之礼，以为戏乐，用相夸视，而秦更名角抵。”又《汉武故事》曰:“角抵者，六国时所造也。”《汉书·武帝纪》:“（元封）三年春，作角抵戏，三百里内皆观。”文颍注曰:“名此乐为角抵者，两两相当，角力，角技艺射御，故名角抵。盖杂技乐也。巴俞戏鱼龙曼衍之属也。”晋以后亦称为“相扑”“争交”，类似于现代的摔跤。一说角抵戏是包括角力在内的各种舞乐杂技的总称。

③张车渠：史载其参与谋杀元乂，事败而死。《魏书·皇后列传》:“其后（胡）太后从子都统僧敬与备身左右张车渠等数十人，谋杀乂，复奉太后临朝。事不克，僧敬坐徙边，车渠等死，胡氏多免黜。”

④宣武场：位于宣武观之北，魏、晋两代皆为习武之场所。《河南志》卷二引《晋宫阁簿》:“宣武观在大夏门内东北。”《水经注·谷水》:“狄泉在洛阳北，后遂为东宫池。其一水自大夏门东径宣武观，凭城结构，不更增墉，左右夹列步廊，参差翼跂，南望天渊池，北瞩宣武场。

《竹林七贤论》曰：王戎幼而清秀。魏明帝于宣武场上为栏，苞虎牙，使力士袒裼迭与之搏，纵百姓观之。戎年七岁，亦往观焉。”《世说新语·识鉴》：“晋武帝讲武于宣武场，帝欲偃武修文，亲自临幸，悉召群臣。”

⑤苜蓿：豆科一年生或多年生草本植物，又称“木粟”“牧宿”“怀风”“光风草”“连枝草”。原产西域，汉武帝时从大宛传入中国，作为牛马等的饲料以及绿肥作物，亦可入药。《史记·大宛列传》：“（大宛）俗嗜酒，马嗜苜蓿。汉使取其实来，于是天子始种苜蓿、蒲陶肥饶地。及天马多，外国使来众，则离宫别观旁尽种蒲萄、苜蓿极望。”《西京杂记》卷一：“乐游苑自生玫瑰树，树下多苜蓿。苜蓿，一名怀风，时人或谓之光风。风在其间，常萧萧然，日照其花，有光采，故名苜蓿为怀风。茂陵人谓之连枝草。”

译　文

禅虚寺，在大夏门外御道的西面。寺前有阅武场，岁末和农闲时，兵士在此训练作战，千乘万骑，常会聚于此。有羽林军士马僧相，善于作角抵戏，抛掷戟与百尺树等高。虎贲军士张车渠，抛掷刀高出楼屋一丈。皇帝也在楼上观看，经常令二人相互作角抵戏的表演。

晋朝时，宣武场位于大夏门东北方，如今为光风园，园内生长着苜蓿。

凝玄寺

原　文

凝玄寺，阉官济州刺史贾璨所立也①，在广莫门外一里御道东，所谓永平里也。即汉太上王②庙处。迁京之初，璨创居此里。值母亡，舍以为寺。

地形高显，下临城阙。房庑精丽，竹柏成林，实是净行息心之所也③。王公卿士来游观，为五言④者，不可胜数。

注释

①济州：州名。北魏泰常八年（423）置，治所在今山东茌平西南。贾璨：《魏书·阉官传》作"贾粲"。其传曰："贾粲，字季宣，酒泉人也。太和中，坐事腐刑。颇涉书记。与元义、刘腾等同其谋谟，进光禄勋卿。专侍明帝，与义、腾等伺帝动静。右卫奚康生之谋杀义也，灵太后、明帝同升于宣光殿，左右侍臣，俱立西阶下。康生既被囚执，粲绐太后曰：'侍官怀恐不安，陛下宜亲安慰。'太后信之，适下殿，粲便扶明帝出东序，前御显阳，还闭太后于宣光殿。粲既义党，威福亦震于京邑。自云本出武威，魏太尉文和之后，遂移家属焉。时武威太守韦景承粲意，以其兄绪为功曹。绪时年向七十。未几，又以绪为西平太守。灵太后反政，欲诛粲，以义、腾党与不一，恐惊动内外，乃止。出粲为济州刺史。未几，遣武卫将军刁宣驰驿杀之。"

②汉太上王：疑即汉高祖刘邦之父刘太公，名刘煓，也作刘湍。一说名昂，字执嘉，号显初，又号太平。他是历史上第一位在世时就被尊为太上皇的人。

③净行：佛教语，意谓清静修行。息心：梵语"沙门"的意译。谓勤修善法，息灭恶行。袁宏《后汉书·明帝纪上》："沙门者，汉言息心，盖息意去欲，而归于无为也。"

④五言：此指五言诗。或泛指诗赋。

译文

凝玄寺是阉官济州刺史贾璨所建造，它位于广莫门外一里处御道的东面，就是所谓的永平里。寺即汉太上王庙处。迁都洛阳之初，贾璨在此里修建住宅。碰上母亲亡故，于是捐出住宅作为寺庙。

这里地形高耸突出，下面俯瞰城阙。房屋精美华丽，竹丛柏树茂密成林，实在是清净修行、安息身心的好地方。王公卿士前来游观，作五言诗歌咏的，不可胜数。

原文

洛阳城东北有上商里[①]，殷之顽民[②]所居处也。高祖名闻义里。迁京之始，朝士住其中，迭相讥刺[③]，竟皆去之。唯有造瓦者止其内，京师瓦器出焉。世人歌曰："洛城东北上商里，殷之顽民昔所止。今日百姓造瓮子，人皆弃去住者耻。"唯冠军将军郭文远游憩其中，堂宇园林，匹于邦君。时陇西李元谦乐双声[4]语，常经文远宅前过，见其门阀[5]华美，乃曰："是谁第宅？过佳！"婢春风出曰："郭冠军家。"元谦曰："凡婢双声！"春风曰："伫奴慢骂！"[6]元谦服婢之能，于是京邑翕然[7]传之。

注 释

①上商里：《后汉书·鲍永传》："赐永洛阳商里宅。"注曰："《东观记》曰：赐洛阳上商里宅。陆机《洛阳记》曰：上商里在洛阳东北，本殷商顽人所居，故曰上商里宅也。"

②顽民：不服从统治的人。此指亡国后不服从新朝统治的殷商遗民。《尚书·多士序》："成周既成，迁殷顽民。"孔安国传曰："殷大夫士心不则德义之经，故徙近王都教诲之。"《水经注·谷水》："昔周迁殷民于洛邑。城隍逼狭，卑陋之所耳。晋故城成周以居敬王，秦又广之，以封不韦。"

③迭相讥刺：据查考，《魏书·成淹传》云："及銮舆行幸……行到朝歌，（王）肃问：此是何城？淹言：纣都朝歌城。肃言：故应有殷之顽民也。淹言：昔武王灭纣，悉居河、洛，中因刘、石乱华，仍随司马东渡。肃知淹寓于青州，乃笑而谓淹曰：青州间何必无其余种？淹以肃本隶徐州，言：青州本非其地，徐州间今日重来，非所知也。肃遂伏马上掩口而笑，顾谓侍御史张思宁曰：向者聊因戏言，遂致辞溺。"以殷顽遗种相戏诮，可见彼时风尚如此。

④双声：指两个字的声母相同。双声语即指用双声字遣词造句。《南史·谢庄传》："王玄谟问庄何者为双声，何者为叠韵？答曰：玄护为双声，碻磝为叠韵。"又《南史·羊戎传》："戎少有才气，而轻薄少行检。语好双声。江夏王义恭尝设斋，使戎布床。须臾王出，以床狭，乃自开床。戎曰：官家恨狭，更广八分。王笑曰：卿岂唯善双声，乃辩士也。文帝好与玄保棋。尝中使至，玄保曰：今日上何召我耶？戎曰：金沟清泚，铜池摇飏，既佳光景，当得剧棋。"又《北齐书·魏收传》："收之外兄博陵崔岩，尝以双声嘲收曰：愚魏衰收。答曰：颜岩腥瘦，是谁所生，羊颐狗颊，头团鼻平，饭房笭笼，着孔嘲玎。"据此

可知南北朝人声韵学发达。作双声语，或谓之体语。

⑤门阀：门第和阀阅的合称。阀阅指古代仕宦人家大门外的左右柱，用以榜贴功状。后以“阀阅”泛指有功臣的世家。以“门阀”泛指世代为官的名门望族。

⑥“是谁第宅”数句：李元谦与女奴春风的对话均用双声语。按照当时的读音，“是”与“谁”，“第”与“宅”，“过佳”与“郭（冠军）家”，“凡”与“婢”，“双”与“声”，“佇”与“奴”，“慢”与“骂”，均分别为双声字。以双声语互相嘲戏弄，是当时文士习尚，南北皆然，故女婢亦能为之。佇奴：劣奴。慢骂：侮慢詈骂。

⑦翕然：一致称颂。

译 文

洛阳城东北有上商里，是从前殷商顽民居住的地方。高祖改名为闻义里。

迁都洛阳之初，朝廷士人多住在闻义里，但他们相互讥讽，最终竟都搬走了。只有造瓦器的工匠留了下来，因而京城的瓦器都由这里出产。世人作歌唱道：“洛城东北上商里，殷之顽民昔所止。今日百姓造瓮子，人皆弃去住者耻。”只有冠军将军郭文远游憩其间，他建造的堂宇园林，堪与王侯相比。当时陇西李元谦好作双声语，曾从郭文远住宅前经过，看见其门阀华美，于是说：“这是谁的第宅？太美了！”婢女春风出来回答说：“郭冠军家。”李元谦说：“平庸婢女会说双声！”春风说：“劣奴骂人！”李元谦佩服婢女的才能，于是此事在京城迅速传扬。

闻义里

原 文

闻义里有敦煌[①]人宋云宅，云与惠生俱使西域[②]也。

神龟元年十一月冬，太后遣崇立寺[③]比丘惠生向西域取经，凡得一百七十部，皆是大乘妙典[④]。

注　释

①敦煌：郡名，亦作“燉煌”，汉武帝元鼎六年（前111）分酒泉郡西部置，屡经废置，在北魏时介居西北柔然、吐谷浑间。孝昌二年（526）复置郡，属瓜州。治所在今甘肃敦煌西，位于党河南岸，是古代与西域往来的要道。阎文儒《敦煌史地杂考》：“敦煌县城在党河东，故城在党河西，相隔约半里。城垣已圮，遗址尚存，东西长近二里，南北仅见残垣数段。”据查考，汤用彤《汉魏两晋南北朝佛教史》云：“佛教为异域宗教，根据自在传译。故印度中国之交通道路，其通塞改易，均与我国佛教有关系。我国北部至印度之通路，自多经今之新疆及中亚细亚……当魏全盛，威权及于今之新疆及中亚细亚。故中印间之行旅商贾，多取此途。经像僧人由此来者，亦较南方海程为多。其路线之大别，在新疆则分为南北二路。一路由凉州出关至炖煌，越沙漠，以至鄯善。乃沿南山脉以达于阗。又西北进至莎车，是为南道。由南道则经巴达克山南下，越大雪山而达罽宾。一路由炖煌之北，西北进至伊吾，经吐番、焉耆进至龟兹，而至疏勒，是为北道。再经葱岭西南行而至罽宾。此二者为通常由行之路。”

②云与惠生俱使西域：《魏书·西域传》：“熙平中，肃宗遣王伏子统宋云、沙门法力等往西域访求佛经，时有沙门惠生者与偕行。至正光中还。惠生所经诸国，不能知其本末及山川里数，盖举其略云。”《魏书·释老志》：“熙平元年（516），诏遣沙门惠生使西域，采诸经律。正光三年（522）冬，还京师。所得经论一百七十部，行于世。”《北史》记载与《魏书》略同。唐道宣《释迦方志》卷下云：“后魏神龟元年（518），敦煌人宋云及沙门道生等，从赤岭山傍铁桥至干陀卫国雀离浮图所，及反寻于本路。”宋释志磬《佛祖统纪》卷三十八云：“正光二年（521），敕宋云、沙门法力等往西天求经。四年（523），宋云等使西竺诸国还，得佛经一百七十部。”据以上诸书记载，宋云往还的年月颇不一致，而《洛阳伽蓝记》据《宋云家记》等书而录，如传写无误，所说当最为可靠。

③崇立寺：据查考，本书所记寺院无崇立寺，卷二有崇真寺，卷三有崇虚寺，此处“崇立”或为“崇虚”之误。

④皆是大乘妙典：据查考，当时西域之乌苌、干陀罗等国为大乘佛教之中心。

译文

闻义里有敦煌人宋云的住宅，宋云与惠生和尚一同出使西域。

神龟元年十一月冬，太后遣崇立寺和尚惠生前往西域取经，共得经书一百七十部，都是大乘佛教的精妙典籍。

原文

初发京师，西行四十日，至赤岭①，即国之西疆也。皇魏关防②，正在于此。赤岭者，不生草木，因以为名。其山有鸟鼠同穴③。异种共类，鸟雄鼠雌，共为阴阳④，即所谓鸟鼠同穴。

注释

①赤岭：即今青海省境内的日月山，位于湟源县西南，在青海湖东南，既是湟源、共和两县的交界处，又是青海农区和牧区的分界线，海拔3520米，是游人进入青藏高原的必经之地，故有“西海屏风”“草原门户”之称。“赤”含有虚空无物的意思。由于岭上寸草不生，故名赤岭。

②皇魏：大魏，即北魏王朝。关防：驻兵防守的关口。亦有防守戒备之意。

③鸟鼠同穴：古山名，又称“鸟鼠山”，位于今甘肃渭源县西，是渭河的发源地。山势险峻，风景秀美。《尔雅·释鸟》云：“鸟鼠同穴，其鸟为鵌，其鼠为鼵。”郭璞注曰：“鼵如人家鼠而短尾，鵌似鵽而小，黄黑色。穴入地三四尺，鼠在内，鸟在外。今在陇西首阳县鸟鼠同穴山中。《孔氏尚书传》云：共为雄雌。《张氏（晏）地理记》云：不为牝牡。”按鸟鼠同穴在凉州以西多有，非止赤岭一处。王虬荪云：“鼠之穴地，其常也。西北风土高寒，其穴加深，而有三四尺，皆无足怪。盖此鸟不能为巢，故借鼠穴以寄焉。鼠在内，鸟在外，犹之鹊巢鸠居而已。鼵自牝牡而生鼵，鵌自雌雄而生鵌，皆事理之可推者。若使鸟鼠共为牝牡，则鵌鼵之外，必又别成一物，而今无之，则不相牝牡之说为长。”

④阴阳：古人以阴阳解释万物化生，凡天地、日月、男女等皆分

属阴阳。此指雌雄交配。据查考，本文言鸟鼠“共成阴阳”，然据诸书记载即实地考证，此说不确。

译文

从京师出发，往西行走四十天，到达赤岭，就是国家的西部边疆。大魏的关防，正设在此地。赤岭，不生草木，因此得名。有座叫鸟鼠同穴的山。不同的族类，却同穴而居，鸟是雄，鼠是雌，共成阴阳，就是所谓的鸟鼠同穴。

原文

发赤岭，西行二十三日，渡流沙①，至吐谷浑国②。路中甚寒，多饶风雪，飞沙走砾，举目皆满，唯吐谷浑城③左右暖于余处。其国有文字，衣冠同魏④，风俗政治，多为夷法。

注释

①流沙：在敦煌西，古曰沙州，亦称“沙河”，以其风沙流漫得名。夏则炎热，冬则寒苦。渡流沙之困苦情况，见《高僧传》卷三《法显传》曰：“炖煌太守李浩供给渡沙河，沙河中多有恶鬼热风，遇则皆死，无全者。上无飞鸟，下无走兽，遍望极目。欲求度处，则莫知所拟，唯以死人枯骨为标识耳。”

②吐谷浑国：古代鲜卑族所建立的王朝。原定居于辽东，魏晋时西迁，负阴山而居。晋末又西度陇，在今青海北部和新疆东南部地区居住。公元663年，为吐蕃所灭。据查考，吐谷浑所领有之洮水流域，青海环近及鄯善、且末等，为由于阗取南道而入中国必经之地。据《魏书·吐谷浑传》，北魏高祖时，其伏连筹为魏藩，遣世子贺鲁头朝于京师。终世宗世，至于正光，牦牛蜀马及西南之珍无岁不至。后西域动乱，关徼不通，贡献路绝。伏连筹死，子夸吕立，始自号为可汗，居伏俟城，在青海西十五里。虽有城郭而不居，恒处穹庐，随水草畜牧。其地东西三千里，南北千余里。官有王公、仆射、尚书及郎将、将军之号。其俗：丈夫衣服略同于华夏，多以罗幕为冠，亦以缯为帽；妇人皆贯珠贝，束发，以多为贵。兵器有弓刀甲槊。国无常赋，须则税富室商人以充用焉。其刑罚：杀人及盗马者死，余则征物以赎罪，亦

量事决杖；刑人，必有毡蒙头，持石从高击之。父兄死，妻后母及嫂等，与突厥俗同。至于婚，贫不能备财者，辄盗女去。死者亦皆埋殡。其服制，葬讫则除之。性贪婪，忍于杀害。好谢猎，以肉酪为粮。亦知种田，有大麦、粟、豆，然其北界气候多寒，唯得芜菁、大麦，故其俗贫多富少。据查考，宋云至吐谷浑时，其王当为伏连筹。

③吐谷浑城：即其国都伏俟城也，位于今青海共和西北黑马镇东北。

④衣冠同魏：原作“况同魏”，据文义改。

译文

从赤岭出发，往西行走二十三天，渡过流沙，到达吐谷浑国。路上很是寒冷，多有风雪，飞沙走石，抬眼满目皆是，只有吐谷浑城左右比其他地方暖些。该国有文字，衣冠和魏国相同，但其风俗习惯和政治制度，多是夷法。

原文

从吐谷浑西行三千五百里，至鄯善[①]城。其城自立王，为吐谷浑所吞。今城是吐谷浑第二息宁西将军[②]，总部落三千，以御西胡。

注释

①鄯善：古西域国名，原名楼兰。西汉初年归属匈奴。汉昭帝元凤四年（前77），汉臣傅介子斩杀楼兰王，更其国名为鄯善。公元前60年，属汉朝西域都护府。鄯善古国后被风沙所吞，现今只剩遗址。故址位于今新疆罗布泊南岸若羌县境，古时东通敦煌，西通且末、精绝、拘弥、于阗，东北通车师，西北通焉耆，扼丝绸之路的要冲。国都扜泥城，即今新疆若羌县治卡克里克。《汉书·西域传》载：“鄯善国，本名楼兰，王治扜泥城，去阳关千六百里，去长安六千一百里。户千五百七十，口万四千一百，胜兵二千九百十二人。辅国侯、却胡侯、鄯善都尉、击车师都尉、左右且渠、击车师君各一人，译长二人。西北去都护治所（今甘肃张掖）千七百八十五里，至山国千三百六十五里，西北至车师千八百九十里。地沙卤，少田，寄田仰谷旁国。国出

玉，多葭苇、柽柳、胡桐、白草。民随畜牧逐水草，有驴马，多橐驼，能作兵，与婼羌同。”公元448年，北魏太武帝灭鄯善国。后吐谷浑强盛，遂为所据，故其时国主为吐谷浑王子。《魏书·西域传》：“鄯善国，都扜泥城，古楼兰国也。去代七千六百里，所都城方一里。地多沙卤，少水草，北即白龙堆路。”

②息：亲生儿子。宁西将军：官号，为魏所封。北魏《吐谷浑玑墓志》：“父丰承袭，显着魏邦，除宁西将军长安镇将。”据查考，当时吐谷浑王为伏连筹，服事魏朝，故其子受魏封，犹伏连筹之拜征西将军，非自立官号。

译文

从吐谷浑往西行走三千五百里，到达鄯善城。原来的国王占城自立为王，后来被吐谷浑吞并。现在的城主是吐谷浑国王的第二个儿子宁西将军，统率部落三千，以防御西面的胡人。

原文

从鄯善西行一千六百四十里，至左末①城。城中居民可有百家。土地无雨，决水种麦，不知用牛，耒耜②而田。城中图佛与菩萨，乃无胡貌，访古老③，云是吕光④伐胡所作。

注释

①左末：亦作“且末”“沮末”，即今新疆且末县治车尔城，在罗布泊西岸。《魏书·西域传》：“且末国，都且末城，在鄯善西，去代八千三百二十里。真君三年，鄯善王比龙避沮渠安周之难，率国人之半奔且末，后役属鄯善。且末西北流沙数百里，夏日有热风为行旅之患。风之所至，唯老驼豫知之，即鸣而聚立，埋其口鼻于沙中，人每以为候，亦即将毡拥蔽鼻口。其风迅驶，斯须过尽，若不防者，必至危毙。”《水经注·河水》：“且末国，治且末城，西通精绝二千里，东去鄯善七百二十里。种五谷，其俗略与汉同。”

②耒耜：古代农业生产工具，起源较早。形如木叉，上有曲柄，下面是犁头，用以松土，可看作犁的前身。亦泛指农具。

③古老：即故老，年高而见识多的人。

④吕光：字世明，氐族人，前秦太尉吕婆楼之子。年十岁，游戏好战陈之法，为诸儿所推。身长八尺四寸，肘有肉印。从王猛征讨，稍迁破虏将军。公元382年，前秦天王苻坚以吕光为骁骑将军，率众七千讨西域。所经诸国，莫不降附。至龟兹，王帛纯拒之，西域诸胡救帛纯者，七十余万人。光乃结陈为勾锁之法，战于城西，大破之，斩级万余。帛纯逃走，降者三十余国。吕光既破龟兹，获鸠摩罗什。还至凉州，闻苻坚为后秦皇帝姚苌所杀，乃窃号关外，十余年而卒。史称后凉。

译　文

从鄯善城往西行走一千六百四十里，到达左末城。城中居民大约只有百家。这片土地上没有雨水，靠挖渠引水来种植麦子，不知道使用牛，靠人力用农具耒耜种田。城中画有佛像和菩萨像，没有胡人的相貌，访问老人，说是吕光伐胡时所作的。

原　文

从左末城西行一千二百七十五里，至末城[①]。城傍花果似洛阳，唯土屋平头为异也。

注　释

①末城：他书未载，一说在今尼雅之于阗附近。

译　文

从左末城往西行走一千二百七十五里，到达末城。城旁的花果景象与洛阳城相似，只有土屋是平顶，与洛阳不同。

原　文

从末城西行二十二里，至捍麽城[①]。城南十五里有一大寺，三百余僧众。有金像一躯，举高丈六，仪容超绝，相好炳然[②]。面恒东立，不肯西顾。父老传云："此像本从南方腾空而来，于阗国王亲见礼拜，载像归。中路夜宿，忽然不见，遣人寻之，还来本处。王即起塔，封四百户以供洒扫。户人有患，以金箔贴像所患处，即得阴愈③。”后人于此像边造丈六像者及诸像塔，乃至数千。悬彩幡盖④，亦有万计。魏国之幡过半矣。幡上隶书，多云太和十九年、景明二年、延昌二年⑤。唯有一幡，观其年号，是姚兴⑥时幡。

注 释

①捍麼城：即捍弥城，《大唐西域记》称“媲摩城”。捍弥，古国名，治捍弥城，大约在于阗西三百九十里。一说在于阗所属克里雅城以东。

②炳然：光明显耀，光彩夺目貌。

③“此像本从南方”数句：唐玄奘《大唐西域记》：“媲摩城有雕檀立佛，像高二丈余，甚多灵应，时烛光明。凡有疾病，随其痛处，金薄帖像，即时痊复。虚心请愿，多亦遂求。闻之土俗曰：‘此像昔佛在世，憍赏弥国邬陀衍那王所作也。佛去世后，自彼凌空至此国北曷劳落迦城中。’初，此城人安乐富饶，深着邪见，而不珍敬，传其自来，神而不贵。后有罗汉礼拜此像，国人惊骇，异其容服，驰以白王。王乃下令，宜以沙土坌此异人。时阿罗汉身蒙沙土，糊口绝粮。时有一人心甚不忍，昔常恭敬尊礼此像，及见罗汉，密以馔之。罗汉将去，谓其人曰：从后七日，当雨沙土，填满此城，略无遗类。尔其知之，早图出计……语已便去，忽然不见。其人入城，具告亲故……至第二日，大风忽发，吹去秽壤，雨杂宝满衢路。人更詈所告者，此人心知必然，窃开孔道出城而穴之。第七日夜宵分之后，雨沙土满城中。其人从孔道出，东趣此国，止媲摩城。其人才至，其像亦来，即此供养，不敢迁移。”金箔：涂金粉的纸片或用金子捶薄而成的片状物，多用于包佛像或装饰器物的外表。阴愈：为所荫覆而痊愈。

④幡盖：旌旗，华盖一类条形旗帜。

⑤太和：北魏孝文帝年号，十九年即公元495年。景明：北魏宣武帝年号，二年即公元501年。延昌：北魏宣武帝年号，二年即公元513年。

⑥姚兴：字子略，羌族，十六国时期后秦武昭帝姚苌长子，后秦第二位皇帝，公元394—416年在位。姚兴勤于政事，治国安民。重视

发展经济，兴修水利，关心农事。提倡佛教和儒学，广建寺院。他先后消灭了前秦、西秦、后凉的势力，使西方安宁。同时东与北魏、东晋抗衡。弘始元年（399）率兵攻打东晋，一举攻陷洛阳，迫使晋军南撤，晋之淮、汉以北纷纷降秦，使统治疆域迅速扩大，西至河西走廊，东至徐州，几乎控制了整个黄河、淮河、汉水流域。后因连年出征，国力不足，增收杂税，引起阶级矛盾日趋激化，又加诸子不和，遂使政局不稳。416年姚兴病死，谥文桓皇帝，庙号高祖。太子姚泓继位。次年为东晋刘裕所灭，后秦亡。一说宋云所见姚兴时幡，为赴西域取经的东晋高僧法显所建。

译文

从末城往西行走二十二里，到达捍麼城。城南十五里有一座大寺院，寺内有僧众三百余人。有金色佛像一尊，高达一丈六，仪态容貌超凡绝尘，相貌光彩焕发。总是面朝东立着，不肯朝西看。父老相传说："此佛像本来是从南方腾空而来的，于阗国王亲眼看见，礼拜佛像，然后载着佛像回去。半路夜宿，佛像忽然不见了，派人寻找，发现佛像又回到了原来的地方。国王随即建造佛塔，命当地四百户人家专供洒扫。这四百户人家如果有人患病，就用金箔贴在佛像身上的害病处，病渐渐就痊愈了。"后人在此佛像边又造了一尊高一丈六的佛像，以及诸像塔，数量达到数千。悬挂着的彩色幡盖，也数以万计。其中魏国的幡超过一半。幡上写的隶书，多称太和十九年、景明二年、延昌二年。只有一幡，观其年号，是姚兴时的幡。

原文

从捍麼城西行八百七十八里，至于阗[①]国。王头著金冠，似鸡帻[②]，头后垂二尺生绢，广五寸，以为饰。威仪有鼓角金钲[③]，弓箭一具，戟二枝，槊[④]五张。左右带刀，不过百人。其俗妇人袴衫束带[⑤]，乘马驰走，与丈夫无异。死者以火焚烧，收骨葬之，上起浮图。居丧者，翦发劈面[⑥]，以为哀戚。发长四寸，即就平常。唯王死不烧，置之棺中，远葬于野，立庙祭祀，以时思之[⑦]。

注释

①于阗：古西域国名，亦称于寘。依《大唐西域记》所载，此国即瞿萨旦那国，俗称涣那，诸胡谓之豁旦，匈奴人谓之于遁，印度谓之屈丹。于阗地处塔里木盆地南沿，东通且末、鄯善，西通莎车、疏勒，盛时领地包括今和田、皮山、墨玉、洛浦、策勒、于田、民丰等县市，都西城（今新疆和田约特干遗址）。于阗自古即盛行佛教，1006年被喀喇汗国吞并，逐渐伊斯兰化。《魏书·西域传》："于阗国，在且末西北，葱岭之北二百余里。东去鄯善千五百里，南去女国二千里，去朱俱婆千里，北去龟兹千四百里，去代九千八百里。其地方亘千里，连山相次。所都城方八九里，部内有大城五，小城数十，于阗城东三十里有苴拔河，中出玉石。土宜五谷并桑麻，山多美玉，有好马、驼、骡。其刑法，杀人者死，余罪各随轻重惩罚之。自外风俗物产与龟兹略同。俗重佛法，寺塔僧尼甚众，王尤信尚，每设斋日，必亲自洒扫馈食焉。俗无礼义，多盗贼，淫纵。自高昌以西，诸国人等深目高鼻，唯此一国，貌不甚胡，颇类华夏。"

②鸡帻：即鸡冠。帻：又称巾帻。古代男子包裹鬓发、遮掩发髻的巾帕。始见于汉代。

③威仪：帝王或大臣的仪仗、扈从。鼓角：战鼓和号角的总称。金钲：古乐器，铜制，形似钟而狭长，有长柄可执，口向上以物击之而鸣，在行军时敲打。

④槊：亦作"矟"。类似于红缨枪、斧头的攻击武器，即长杆矛。

⑤袴：通"裤"。衫：古指短袖单衣。

⑥剺面：用刀划面，以表示悲戚或诚心和决心。《新唐书·郭云振传》："召为太仆卿，将行，安西酋长有剺面哭送者。"

⑦时：时节。思：缅怀，追思。据查考，于阗之风俗，《梁书·诸夷传》载曰："于阗国，西域之属也。其地多水潦沙石，气温，宜稻、麦、蒲桃。有水出玉，名曰玉河。国人善铸铜器。其治曰西山城，有屋室市井，果蓏菜蔬与中国等。尤敬佛法。王所居室，加以朱画，王冠金帻，如今胡公帽。与妻并坐接客。国中妇人皆辫发，衣裘袴。其人恭，相见则跪，其跪则一膝至地。书则以木为笔札，以玉为印。国人得书，戴于首而后开札。"

译文

从捍麽城往西行走八百七十八里，到达于阗国。于阗国王头戴金冠，形似鸡冠，头后垂挂二尺的生绢，宽五寸，用以作装饰。他的仪仗队有鼓角金钲，弓箭一副，戟两支，槊五张。左右带刀的侍卫不超过百人。于阗的风俗是，妇人穿裤衫，束腰带，骑马奔驰，与男子无异。人死后用火焚烧，收骨灰安葬，上面造宝塔。居丧的人，剪掉头发，用刀画面，以示哀痛。头发长到四寸，就恢复平常。只有于阗王死后不烧，安置在棺内，远葬在野地里，建庙以祭祀，定时追思。

原文

于阗王不信佛法，有商胡将①一比丘名毗卢旃在城南杏树下，向王伏罪云："今辄②将异国沙门来在城南杏树下。"王闻忽怒，即往看毗卢旃。旃语王曰："如来③遣我来，令王造覆盆④浮图一躯，使王祚永隆。"王言："令我见佛，当即从命。"毗卢旃鸣钟告佛，即遣罗睺罗⑤变形为佛，从空而现真容。王五体投地⑥，即于杏树下置立寺舍，画作罗睺罗像。忽然自灭，于阗王更作精舍笼之。今覆盆之影，恒出屋外，见之者无不回向⑦。其中有辟支佛⑧靴，于今不烂，非皮非彩⑨，莫能审之。案于阗国境，东西不过三千余里⑩。

注释

①将：率领，带领。

②辄：即专辄，意指专断，擅自裁决。

③如来：梵文意译，音译为多陀阿伽陀，佛祖十大称号之一。《翻译名义集·十种通号篇》："多陀阿伽陀，亦云怛闼阿竭，后秦翻为如来。《金刚经》云：无所从来，亦无所去，故名如来。此以法身释。《转法轮论》云：第一义谛如名，正觉名来。此以报身释。《成实论》云：乘如实道，来成正觉，故名如来。此约应身释。"《胜鬘宝窟》："如来者，体如而来，故名如来。又如诸佛来，故名如来。"则关于"如来"

之解释，莫衷一是。

④覆盆：此指所建宝塔圆拱顶好似覆盖的盆一样。

⑤罗睺罗：梵文音译，佛教传说人物，相传公元前6世纪至5世纪生于古印度北部迦毗罗卫国（今尼泊尔境内），是佛陀嫡子。罗睺罗十五岁出家，在佛陀十大弟子中为密行第一。《翻译名义集·十大弟子篇》："罗睺罗，什曰：阿修罗食月时名罗睺罗，秦言覆障，谓障月明也。罗睺罗六年处母胎，所覆障故，因以为名。《西域记》云：罗怙罗，旧曰罗睺罗，又曰罗云，皆讹略也。此云执日。《净名疏》曰：有翻宫生。太子出家，太妃在宫，何得有娠？佛共净饭王于后证是太子之子，亲是宫之所生，因名宫生。"

⑥五体投地：佛教顶礼仪式，又称五轮投地，即两手、两膝和头一起着地。《翻译名义集·众善行法篇》："《大论》云：礼有三种：一者口礼；二者屈膝，头不至地；三者头至地，是为上礼。头至地者，即五体投地。故《大论》云：人之一身，头为最上，足最为下，以头礼足，恭敬之至。《辅行》云：准地持阿含，皆以双膝双肘及顶至地，名五体投地；亦名五轮，五处圆故。《西域记》云：致敬之式，其仪九等：一发言慰问，二俯首示敬，三举手高揖，四合掌平拱，五屈膝，六长跪，七手膝踞地，八五轮俱屈，九五体投地。凡斯九等，极唯一拜，跪而赞德，谓之尽敬。"

⑦回向：佛教语。指将自己所修的功德，不愿自己独享，而将之'回'转归'向'与法界众生同享，以拓开自己的心胸，并且使功德有明确的方向而不致散失。据查考，此文记于阗王向佛事亦见《大唐西域记》，曰："（于阗）王城南十余里有大伽蓝，此国先王为毗卢折那阿罗汉建也。昔者此国佛法未被，而阿罗汉自迦湿弥罗国至此林中宴坐习定。时有见者骇其容服，具以其状上白于王。王遂躬往，观其容止，曰：'尔何人乎？独在幽林！'罗汉曰：'我如来弟子，闲居习定。王宜树福，弘赞佛教，建伽蓝，召僧众。'王曰：'如来者有何德，有何神？而汝鸟栖勤苦奉教！'曰：'如来慈愍四生，诱导三界，或显或隐，示生示灭。遵其法者出离生死，迷其教者羁缠爱网。'王曰：'诚如所说，事高言议。既云大圣，为我现形。既得瞻仰，当为建立，罄心归信，弘扬教法。'罗汉曰：'王建伽蓝，功成感应。'王苟从其请，建僧伽蓝，远近咸集，法会称庆，而未有犍椎扣击召集。王谓罗汉曰：'伽蓝已成，佛在何所？'罗汉曰：'王当至诚，圣鉴不远。'王遂礼请，忽见空中佛像下降，授王犍椎，因即诚信，弘扬佛教。"

⑧辟支佛：梵语音译，即辟支迦佛陀，意为“独觉”或“缘觉”。佛教以车乘喻佛法，分声闻乘、缘觉乘、菩萨乘等。不逢佛世，独自观十二因缘而悟道为缘觉乘，也称“辟支佛乘”。《翻译名义集·三乘通号篇》：“孤山云：此翻缘觉，观十二缘而悟道故。亦翻独觉，出无佛世，无师自悟故。”《法门名义集》：“此云缘觉。辟支者，此言缘；佛者，此言觉。一者出无佛世，犹悟非常思惟，得道，名为缘觉辟支；二者值佛为说十二因缘之法，观因缘之理，而得悟道，名为声闻辟支。于三乘之中，此为中乘。”《魏书·西域传》：“（于阗）城南五十里有赞摩寺，即昔罗汉比丘卢旃为其王造复盆浮图之所，石上有辟支佛跣处，双迹犹存。”据此，此文所记于阗王所建之寺当为赞摩寺。又《水经注·河水》：“城南十五里有利刹寺，中有石靴，石上有足迹，彼俗言是辟支佛迹。”此又言利刹寺，疑即赞摩寺。

⑨彩：彩色的丝织品。《酉阳杂俎·物异篇》：“于阗国赞摩寺有辟支佛靴，非皮非彩，岁久不烂。”

⑩东西不过三千余里：《大唐西域记》言于阗周四千余里，沙碛太半，壤土隘狭。此云三千余里，盖是约计。

译　文

于阗王不信佛法，有一位胡商带来一位名叫毗卢旃的和尚，安置在城南杏树下，向于阗王请罪道：“今擅自将异国和尚带来，安置在城南杏树下。”于阗王听后忽然发怒，随即前往看毗卢旃。毗卢旃对于阗王说：“如来派我来，命令王造一座圆顶宝塔，以使王的国运永远昌盛。”于阗王言：“你让我见到佛，我就立即从命。”于是毗卢旃鸣钟向佛禀告，佛即派罗睺罗变身为佛像，从空中现出真容。于阗王即五体投地，就在杏树下建立佛寺僧舍，描画罗睺罗像。画像忽然自己消失了，于阗王又造精舍来笼罩它。如今圆顶的塔影，恒久地伸出于屋外，看见的人无不回心向佛。塔内有辟支佛靴，至今不烂，非皮非彩，没人知道其中的奥秘。查考于阗的国境范围，东西长度不过三千余里。

原　文

神龟二年七月二十九日入朱驹波[1]国。人民山居，五谷甚丰，食则面麦，不立屠煞。食肉者以自死肉。风俗言音与于阗相似，文字与婆罗门[2]同。其国疆界可五日行遍。

注 释

①朱驹波：古西域国名，史料所载名目不一，亦作朱居波、悉居半、朱俱槃、斫句迦等。国都原在呼鞬谷（今新疆叶城西南），后迁今叶城。一说为汉西夜国地，在今叶尔羌西南绰洛克朗吉尔台迤西山麓间。自此溯泽普勒善河西上葱岭，皆当时汉盘陀国境。《新唐书》："朱俱波亦名朱俱槃，汉子合国也，并有西夜、蒲犁、依耐、得若四种地。直于阗西千里，葱岭北三百里，西距喝盘陀，北九百里属疏勒，南三千里女国也。胜兵二千人。尚浮屠法。文字同婆罗门。"

②婆罗门：梵文音译，意译为净行。本为印度四姓之一，自称梵天后裔，世代以祭祀、诵经、传教为业，享受特权。此指古印度国。《大唐西域记》卷二："印度种姓，族类群分，而婆罗门特为清贵；从其雅称，传以成俗，无云经界之别，总谓婆罗门国焉。"

译 文

神龟二年七月二十九日进入朱驹波国。此地人民居住在山里，五谷很丰盛，吃的是面麦，不屠杀动物。食肉者吃自然死去的动物的肉。其风俗和语言与于阗国相似，文字与婆罗门相同。其国疆界五日可以走遍。

原 文

八月初入汉盘陀[1]国界。西行六日，登葱岭山。复西行三日，至钵盂城[2]。三日至不可依山[3]。其处甚寒，冬夏积雪。山中有池，毒龙居之。昔有三百商人，止宿池侧，值龙忿怒，泛[4]杀商人。盘陀王闻之，舍位与子，向乌场国[5]学婆罗门咒，四年之中，尽得其术。还复王位，就地咒龙。龙变为人，悔过向王。王即徙之葱岭山，去此池二千余里。今日国王十三世祖也。

注 释

①汉盘陀：古西域国名，亦作朅盘陀、渴盘陀、喝盘陀、渴饭檀、喝啰盘陀等。其位置约在今新疆喀什地区塔什库尔干塔吉克自治县，

即所谓塞勒库勒处，为经葱岭的要冲，由此可通往北印度、睹货罗国、莎车、于阗、疏勒等地。《梁书·诸夷传》：“渴盘陁国，于阗西小国也。西邻滑国，南接罽宾国，北连沙勒国。所治在山谷中，城周回十余里，国有十二城。风俗与于阗相类。衣吉贝布，着长身小袖袍、小口袴。地宜小麦，资以为粮。多牛马骆驼羊等。出好毡、金、玉。”《大唐西域记》卷十二：“朅盘陀国周二千余里，国大。都城基大石岭，背徙多河，周二十余里。山岭连属，川原隘狭。谷稼俭少，菽麦丰多。林树稀，花果少。原隰丘墟，城邑空旷。俗无礼义，人寡学艺，性既犷暴，力亦骁勇，容貌丑弊，衣服毡褐。文字语言大同佉沙国。然知淳信，敬崇佛法。伽蓝十余所，僧徒五百余人，习学小乘教说一切有部。”

②钵盂城：其地未详，当在今博勒根回庄处。

③不可依山：古山名，在今格尔山峰西北布伦口一带。

④泛：水漫溢横流。

⑤乌场国：《大唐西域记》卷三作“乌仗那”，谓其国人禁咒为艺业。本书卷四“法云寺”条所记乌场国僧人昙摩罗即精于咒术，足见其盛行。一说此处婆罗门谓婆罗门教，奉梵王为主，佛教徒视为外道。

译文

八月初进入汉盘陀国界。往西行走六天，登葱岭山。再往西行走三日，到达钵盂城。又三日，到达不可依山。这里非常寒冷，冬夏都有积雪。山中有池，有毒龙居于其中。从前有三百名商人停宿在池旁，碰上毒龙发怒，发水淹杀商人。盘陀王听说后，放弃王位给儿子，自己前往乌场国学习婆罗门咒，花了四年时间，完全掌握了其中法术。于是回去恢复王位，到池边对毒龙施咒。毒龙变为人，向国王悔过。国王就将他迁到葱岭山，距离此池二千余里。那位国王是当今国王的十三世祖。

原文

自此以西，山路欹侧①，长坂千里，悬崖万仞，极天之阻，实在于斯。太行孟门②，匹兹非险；崤关陇坂③，方此则夷④。自发葱岭，步步渐高，如此四日，乃得至岭。依约⑤中下，实半天矣！汉盘陀国正在山顶。自葱岭已西，水皆西流，世人云是天地之中。人民决水以种，闻中国田待雨而种，笑曰："天何由可共期也？"城东有孟津河[6]，东北流向沙勒[7]。葱岭高峻，不生草木。是时八月，天气已冷，北风驱雁，飞雪千里。

注释

①欹侧：倾斜，崎岖不平。

②太行、孟门：皆山名。太行山跨河南、河北、山西三省间；孟门山在河南辉县西，位太行山东。《吕氏春秋·离俗览》云："通乎德之情，则孟门太行不为险矣。"可见二山之险要，相传已久。

③崤关：崤山，山在函谷关之东端，故称崤关。《元和郡县志》："二崤山又名嵚崟山，在县北二十八里……自东崤至西崤三十五里。东崤长阪数里，峻阜绝涧，车不得方轨；西崤全是石阪十二里，险绝不异东崤。"陇坂：即萨山，亦名陇坻，在陕西陇县西北，为关中西面之要塞。

④方：与"匹"同为比较之意。夷：平。

⑤依约：仿佛，隐约。

⑥孟津河：即今新疆塔什库尔干塔吉克自治县境内的塔什库尔干河，又称塔克敦巴什河，为叶尔羌河上源支流河之一。

⑦沙勒：古西域国名，即疏勒，国都疏勒城（今新疆喀什）。一说沙勒汉时为莎车、疏勒二国，因疏勒王兼并莎车，移都其地，遂合二国为名。

译文

自此向西，山路崎岖不平，长坡千里，悬崖万仞，天下最险阻的地方，正在这里。太行山、孟门山和这些山相比，都不算险要了；崤关、陇坂和这里相比，就算是平地了。自从葱岭出发，一步步逐渐升高，这样行走四天，才能攀到岭上。仿佛还不到山腰，其实到了半天之上了！汉盘陀国正位于山顶上。自葱岭往西，水皆向西流，世人说这里是天地的中心。此地人民决水种田，听说中原地区的田等待天下雨才种，便笑道："天怎么可以让你期待下雨呢？"城东有孟津河，东北流向沙勒。葱岭高峻，草木不生。当时已是八月，天气已冷，北风驱赶大雁南飞，飘雪弥漫千里。

原文

九月中旬入钵和国①。高山深谷，险道如常。国王所住，因山为城。人民服饰，惟有毡衣。地土甚寒，窟穴而居。风雪劲切，人畜相依。国之南界有大雪山②，朝融夕结，望若玉峰。

注释

①钵和国：古西域国名，古籍亦称镬侃、护密、达摩悉铁帝。据考证，其地位于今和罕南山间一带。其王城，《新唐书》谓为塞迦审城，北临乌浒河，当即今之伊塞迦审。《魏书·西域传》："钵和国，在渴槃西。其土尤寒，人畜同居，穴地而处。又有大雪山，望若银峰。其人唯食饼麨，饮麦酒，服毡裘。有二道，一道西行向哌哒，一道西南趣乌苌。亦为哌哒所统。"

②南界有大雪山：一说即喜马拉雅山脉最北处。一说即印度库士山。

译文

九月中旬进入钵和国。此地高山深谷，道路险峻，与之前一样。国王所居住的地方，依山为城。人民穿的服饰，只有毡衣。这里气候甚寒，于是掘洞而居。风雪十分强劲，人畜相依取暖。国的南面边界有大雪山，早晨融化，傍晚又凝结，远远望去像一座玉峰。

原文

十月之初，至哌哒①国。土田庶衍②，山泽弥望③。居无城郭，游军而治④。以毡为屋，随逐水草，夏则迁凉，冬则就温 。乡土不识，文字礼教俱阙。阴阳运转，莫知其度。年无盈闰⑤，月无大小，周十二月为一岁。受诸国贡献，南至牒罗⑥，北尽敕勒⑦，东被于阗，西极波斯，四十余国皆来朝贡。王居大毡帐，方四十步，周回以氍毹⑧为壁。王著锦衣，坐金床 ，以四金凤凰为床脚。见大魏使人，再拜[9]跪受诏书。至于设会，一人唱[10]，则客前[11]，后唱，则罢会，唯有此法，不见音乐。

注 释

①嚈哒：古西域国名，5世纪中分布于今阿姆河之南，西方史学家称之为“白匈奴”。建都拔底延城（今阿富汗北部），势力曾覆盖康居、安息、疏勒、于阗等地区。后为突厥所破，部落分散。《魏书·西域传》：“嚈哒国，大月氏之种类也，亦曰高车之别种，其原出于塞北。自金山而南，在于阗之西，都马许水南二百余里，去长安一万一百里。其王都拔底延城，盖王舍城也。其城方十里余，多寺塔，皆饰以金。风俗与突厥略同。衣服类加以缨络。头皆剪发。其语与蠕蠕、高车及诸胡不同。众可十万。无城邑，依随水草，以毡为屋，夏迁凉土，冬逐暖处。分其诸妻，各在别所，相去或二百、三百里。其王巡历而行，每月一处，冬寒之时，三月不徙。王位不必传子，子弟堪任，死便授之。其国无车有舆，多驼马。用刑严急，偷盗无多少皆腰斩，盗一责十。死者，富者累石为藏，贫者掘地而埋，随身诸物，皆置冢内。其人凶悍，能斗战。西域康居、于阗、沙勒、安息及诸小国三十许皆役属之，号为大国。”

②庶衍：广阔平坦。

③弥望：充满视野，满眼都是。

④游军而治：指治理国家要依照方向不定临机应变的军队那样的方法。

⑤年无盈闰：指没有平年和闰年之分，便是伊斯兰教历。

⑥牒罗：史籍无载。一说即为铁拉布克梯，为福力基族（北方月氏人）之旧壤也。

⑦敕勒：古代北方民族，亦称铁勒、狄历、丁零等，因其使用车轮高大的车子，又称之为高车。或言其地东起嗢昆河，西抵东罗马帝国。

⑧氍毹：毛或毛麻混织的布、地毯之类。古代产于西域。可用作地毯、壁毯、床毯、帘幕等。

⑨再拜：古代一种隆重的礼节，拜两次，表达敬意。

⑩唱：长声高呼，喊叫。

⑪前：指唱和。一说上前入席。

译文

十月初，到达嚈哒国。此地土田广阔平坦，放眼望去满眼都是山林与川泽。这里的人民不居住在城郭，以流动军队的方式来治理国家。用毡做屋，追逐水草迁徙，夏季迁居凉爽的地方，冬季就迁居到温暖的地方。没有什么乡土的意识，文字礼教都缺乏。随日月的运动转换，却不知道它的度数。一年中没有盈闰，月不分大小，过十二月为一年。嚈哒国接受诸国贡献，南至牒罗，北尽敕勒，东到于阗，西及波斯，四十余国皆来朝贡。国王居住在大毡帐中，四十步见方，周围以毛毯做壁。国王穿着锦衣，坐在金饰的床上，以四只金饰的凤凰做床脚。会见大魏国使者，则再拜下跪接受诏书。至于设置宴会，一人歌唱，客人陆续唱和，唱完后就结束宴会。只有这样的表演法，不见有音乐。

原文

嚈哒国王妃亦著锦衣，长八尺奇，垂地三尺，使人擎之。头带一角①，奇②长三尺，以玫瑰五色珠装饰其上。王妃出则舆③之，入坐金床，以六牙白象四狮子为床④。自余大臣妻皆随。伞头亦似有角，团圆垂下，状似宝盖⑤。观其贵贱，亦有服章⑥。四夷之中，最为强大。不信佛法，多事外神⑦。杀生血食⑧，器用七宝⑨。诸国奉献，甚饶珍异。按嚈哒国去京师二万余里。

注释

①角：即角帽。《魏书·西域传》："其（嚈哒国）俗兄弟共一妻，夫无兄弟者其妻戴一角帽，若有兄弟者依其多少之数，更加角焉。"又《大唐西域记》卷十二载呬摩呾罗国"妇人首冠木角，高三尺余。前有两岐，表夫父母，上岐表父，下岐表母。随先丧亡，除去一岐。舅姑俱没，角冠全弃。其先强国，王释种也。葱岭之西，多见臣伏。境邻突厥，遂染其俗。"据此，妇人之戴角帽，本为突厥之风俗，邻国效之。

②奇：通"袤"。《广雅释诂疏》："南北曰袤，东西曰广。对文则横长谓之广，从长谓之袤。散文则横长谓之袤，周长亦谓之袤。"

③舆：轿子。此处作动词，指乘轿子。

④六牙白象四狮子为床：指坐床雕刻成六牙白象的形状，四角雕刻成四只狮子。六牙白象与狮子经常出现在佛事装饰中。

⑤宝盖：以七宝装饰的伞盖，悬于佛、菩萨及讲师的高座之上。

⑥服章：古代表示官阶身份的服饰。

⑦外神：指火神、天神之类。火神即拜火教，天神即大自在天。

⑧血食：古代杀牲取血以祭，故称。此指吃鱼肉之类荤腥食物。

⑨七宝：《翻译名义集·七宝篇》：“佛教七宝，凡有二种：一者七种珍宝，二者七种王宝。七种珍宝，略引四文。《佛地论》云：一金，二银，三吠琉璃，四颇胝迦，五牟呼婆羯洛婆，当砗磲也。六遏湿摩揭婆，当玛瑙。七赤真珠。《无量寿经》云：金、银、琉璃、颇梨、珊瑚、玛瑙、砗磲。《恒水经》云：金、银、珊瑚、珍珠、砗磲、明月珠、摩尼珠。《大论》云：有七种宝，金、银、毗琉璃、颇梨、砗磲、码瑙、赤珍珠。七种王宝者，晋译《华严经》云：王得道时，于其正殿，婇女围绕，七宝自至。一金轮宝，名胜自在；二象宝，名曰青山；三绀马宝，名曰勇疾风；四神珠宝，名光藏云；五主藏臣宝，名曰大财；六玉女宝，名净妙德；七主兵臣宝，名离垢眼。得是七宝，于阎浮提，作转轮王。”

译文

嚈哒国王妃也身穿锦衣，长度超过八尺，有三尺拖垂在地上的，派人托着。头带角帽，角有三尺高，以玫瑰五色珠装饰在上面。王妃出则乘舆，入则坐金床，以六牙白象和四头狮子装饰床。其他大臣的妻子都随侍左右。罩在金床上的伞形顶部也有角，由角向四周垂下，形状类似宝盖。从服饰上能反映身份的贵贱。四方少数民族国家当中，嚈哒国最为强大。不信佛法，多崇奉异教之神。杀生吃肉，使用七宝器皿。诸国进献的供品中，有许多珍异之物。根据查考，嚈哒国距离京师洛阳二万余里。

原文

十一月初入波知国①。境土甚狭，七日行过。人民山居，资业穷煎②。风俗凶慢，见王无礼。国王出入，从者数人。其国有水，昔日甚浅，后山崩截流，变为二池。毒龙居之，多有灾异。夏喜暴雨，冬则积雪，行人由之，多致艰难。雪有白光，照耀人眼，令人闭目，茫然无见。祭祀龙王，然后平复。

注释

①波知国：古西域国名。《魏书·西域传》："波知国，在钵和西南。土狭人贫，依托山谷，其王不能总摄。有三池，传云大池有龙王，次者有龙妇，小者有龙子，行人经之，设祭乃得过，不祭多遇风雪之困。"

②资业：资财产业。穷煎：指极其贫穷匮乏。

译文

十一月初进入波知国。该国领土非常狭小，七天时间就能走到尽头。人民居住在山中，生活物资极其贫乏。风俗凶横野蛮，会见国王也没有礼仪。国王出入，随从只有数人。境内有河流，从前很浅，后来因山崩截断水流，变成两个水池。有毒龙居住在池中，多有灾异之事发生。夏天总是暴雨连连，冬天则是积雪覆盖，行人经过这里，多感艰难。雪的白光照耀人的眼睛，令人睁不开眼，茫茫然什么也看不清。祭祀龙王后，也就相安无事了。

原文

十一月中旬入赊弥国①。此国渐出葱岭，土田峣峭②，民多贫困。峻路危道，人马仅通。一直一道，从钵卢勒国③向乌场国，铁锁为桥，悬虚而度，下不见底，旁无挽捉④，倏忽⑤之间，投躯万仞，是以行者望风谢⑥路耳。

注释

①赊弥国：西域古国名，亦作商弥国、双靡城、奢摩羯罗阇国。《魏书·西域传》："赊弥国，在波知之南。山居。不信佛法，专事诸神。亦附哌哒。"《大唐西域记》卷十二："商弥国周二千五六百里。山川相间，堆阜高下，谷稼备植，菽麦弥丰。多蒲萄，出雌黄，凿崖析石，然后得之……俗急，人性淳质。俗无礼义，智谋寡狭，伎能浅薄。

多衣毡褐。其王释种也，崇重佛法，国人从化，莫不淳信。伽蓝二所，僧徒寡少。国境东北逾山越谷，经危履险，行七百余里，至波谜罗川。”

②峣崅：亦作“硗确”，指土地瘠薄、贫瘠。

③钵卢勒国：古西域国名，亦作钵露罗国、波路、小勃律，其国在大雪山间，东西长，南北狭。其都城在《唐书》中叫孽多，即今吉尔吉特。《魏书·西域传》：“赊弥国东有钵卢勒国，路险，缘铁锁而度，下不见底。熙平中，宋云等竟不能达。”

④挽捉：扶手，把手。此指护栏。

⑤倏忽：很快地，忽而间。

⑥谢：指拒绝，停止。谢路为退却而改走他路。

译 文

十一月中旬进入赊弥国。此国渐渐远离葱岭山脉，土田干硬，人民多贫困。道路陡峻危险，仅容人马通行。一条直路从钵卢勒国通向乌场国，途中以铁锁链子作为桥，悬虚而度，下不见底，旁无扶栏，稍有闪失，便葬身万仞深渊，因此行人皆闻风丧胆，纷纷退却，不敢前行。

原 文

十二月初入乌场国[①]。北接葱岭，南连天竺，土气和暖，地方数千里。民物殷阜，匹临淄[②]之神州；原田膴膴[③]，等咸阳[④]之上土。鞞罗[⑤]施儿之所，萨埵[⑥]投身之地，旧俗虽远，土风犹存。国王精进[⑦]，菜食长斋[⑧]，晨夜礼佛，击鼓吹贝[⑨]，琵琶箜篌，笙箫备有。日中已后，始治国事。假有死罪，不立杀刑，唯徙空山，任其饮啄[⑩]。事涉疑似，以药服之，清浊[⑪]则验。随事轻重，当时即决。土地肥美，人物丰饶。五谷尽登，百果繁熟[⑫]。夜闻钟声，遍满世界[⑬]。土饶异花，冬夏相接，道俗采之，上佛供养。

注释

①乌场国：古西域国名，亦作乌苌、乌仗那。《魏书·西域传》："乌苌国，在赊弥南。北有葱岭，南至天竺。婆罗门胡为其上族。波罗门多解天文吉凶之数，其王动则访决焉。土多林果，引水灌田，丰稻麦。事佛，多诸寺塔，事极华丽。人有争讼，服之以药，曲者发狂，直者无恙。为法不杀，犯死罪唯徙于灵山。西南有檀特山，山上立寺，以驴数头运食，山下无人控御，自知往来也。"

②临淄：先秦时期齐国都城，位于今山东淄博东北。物产丰富，手工业发达，商业繁盛，为古代经济、文化发达地区。《史记·苏秦列传》："临淄甚富而实，其民无不吹竽鼓瑟，弹琴击筑，斗鸡走狗，六博蹋鞠者。临淄之途，车毂击，人肩摩，连衽成帷，举袂成幕，挥汗成雨。家殷人足，志高气扬。"

③原田：原野上的土地。朊朊：指土地肥沃。《诗经·大雅·绵》："周原朊朊。'"郑笺："朊朊然肥美。"

④咸阳：战国时期秦国都城，位于今陕西长安西渭城故城。秦孝公十二年（前350）筑城，将秦都自栎阳迁此，因置咸阳县。

⑤鞞罗：叶波国太子，亦作须大拏、苏达拏、善施太子。据《太子须大拏经》载，太子天性慈善好施，曾将国王珍宝置四城门外及着市中以用布施。叶波国王有白象名须檀延，多力健斗，每与诸国共相攻伐，此象常胜。太子将其施与敌国，被国王驱逐至檀特山，其妃曼坻及一儿一女同行。时鸠留国有一贫穷婆罗门，乞讨太子一儿一女为奴婢。太子从之。后此婆罗门携太子儿女去叶波国沿街叫卖，被人辨认出来，报告了国王。国王迎孙男孙女入宫，并派人接回太子夫妻，敌国也交还了白象。太子回国后，布施不休，而自致得佛。《大唐西域记》卷二："昔苏达拏太子摈在弹多落迦山（即檀特山），婆罗门乞其男女于此鬻卖。跋虏伏沙城东北二十余里至弹多落迦山。岭上有窣堵波，无忧王所建，苏达拏太子于此栖隐。其侧不远有窣堵波，太子于此以男女施婆罗门。婆罗门捶其男女，流血染地，今诸草木，犹带绛色。"此须大拏太子就是释迦牟尼前身。

⑥萨埵：即菩提萨埵，又作摩诃萨埵、菩提索多、冒地萨怛缚、扶萨等。通称作菩萨，其位次于佛。此指未成佛时的释迦牟尼。据《金光明经》《贤愚经》等佛经记载，过去无量世时有大国，其王曰大宝。王有三子：摩诃波那罗、摩诃提婆和摩诃萨埵。某日三位王子同入山

林，见一雌虎新产数子，无暇求食，因而饥饿憔悴，其命将绝。大王子认为雌虎饥困交迫，必会吞食幼虎以求生。二王子认为非新屠之血肉，不能救虎。三王子摩诃萨埵天生具有一副慈悲心肠，因思此身虚弃败坏，曾无少益，何不舍身，救济众生，永离忧苦。乃合手投身岩下，以干竹刺颈出血，虎得啖食，母子俱活。此摩诃萨埵即是佛前身。

⑦精进：佛教六度之一。佛教以布施、持戒、忍辱、精进、禅定（止观）、智慧为成佛的基本功，称“六度”。精进度谓精励身心，精修一切大行，能对治懈怠，成就一切善法。一说能持善道，不自放逸。

⑧长斋：佛教用语。过午不食者为持斋，长时如此则为持长斋。泛指长期素食。

⑨贝：一种乐器，即法螺。

⑩饮啄：饮水啄食。引申为吃喝，生活。

⑪清浊：此指事情的是非曲直。

⑫五谷尽登，百果繁熟：或作“百谷尽登，五果繁熟”。《翻译名义集·五果篇》：“律明五果：一核果，如枣、杏等；二肤果，如梨、柰皮肤之果；三壳果，如椰子、胡桃、石榴等；四桧果，如松柏子；五角果，如大小豆。”

⑬世界：佛教用语。世指时间，界指空间，世界即宇宙。据《楞严经》卷四载，世，即迁流之义；界，指方位。即时间上有过去、现在、未来三世之迁流，空间上有东南西北、上下十方等定位场所之意。亦指众生居住之所依处，如山川、国土等。

译文

十二月初进入乌场国。此国北接葱岭，南连天竺，气候和暖，土地方圆数千里。人民众多，物资丰富，可与古都临淄匹敌；原野广阔，土地肥沃，不差于咸阳的上等土壤。这里是鞞罗将亲子用作施舍、菩提萨埵投身虎口的地方，旧俗虽然久远，但尚佛之风依然存在。国王能持善道而有上进心，素食洁斋，早晚向佛礼拜的仪式中，击鼓吹贝，琵琶、箜篌、笙箫等乐器也都备有。正午过后，才开始处理国事。若有人犯下死罪，不立即执行死刑，只是将其流放到荒山中，任其生死。断案若遇真假难辨，就让当事人服药，谁是谁非就能立即分明。不论事物轻重，都是当即作出判决。土地肥沃，人口众多，物产丰饶，五谷丰登，百果繁熟。夜间能听见钟声，在天地之间回荡。这里的土地适宜生长许多奇花异卉，冬天和夏天交替开放，世俗百姓与和尚采花，以供养佛像。

原文

国王见宋云，云大魏使来，膜拜[①]受诏书。闻太后崇奉佛法，即面东合掌，遥心顶礼[②]。遣解魏语人问宋云曰：“卿是日出[③]人也？”宋云答曰：“我国东界有大海水，日出其中，实如来旨。”王又问曰：“彼国出圣人否？”宋云具说周、孔、庄、老之德；次序蓬莱[④]山上银阙金堂，神仙圣人并在其上；说管辂[⑤]善卜，华陀[⑥]治病，左慈[⑦]方术。如此之事，分别说之。王曰：“若如卿言，即是佛国，我当命终，愿生彼国。”

注释

①膜拜：古代拜礼。行礼时，两手放在额上，长时间下跪叩头。原专指礼拜神佛时的一种敬礼，后泛指表示极端恭敬或畏服的行礼方式。

②顶礼：佛教徒最高的敬礼。即两膝、两肘及头着地，以头顶敬礼。后泛指表示敬礼、致敬的意思。

③日出：此指东方。

④蓬莱：神话传说中的神山名。《汉书·郊祀志》：“自威、宣、燕昭使人入海求蓬莱、方丈、瀛洲。此三神山者，其传在勃海中，去人不远，盖尝有至者，诸仙人及不死之药皆在焉。其物禽兽尽白，而黄金银为宫阙。”

⑤管辂：字公明，三国时期曹魏术士。年八九岁，便喜仰观星辰。成人后，精通《周易》，善于卜筮、相术，习鸟语，相传每言辄中，出神入化。体性宽大，常以德报怨。正元初，为少府丞。北宋时被追封为平原子。管辂被后世奉为卜卦观相的祖师。

⑥华陀：字元化，一名旉，东汉末年著名的医学家。他医术全面，尤其擅长外科，精于手术。并精通内、妇、儿、针灸各科。晚年因遭曹操怀疑，下狱被拷问致死。华佗与董奉、张仲景并称为“建安三神医”，被后人称为“外科圣手”“外科鼻祖”。

⑦左慈：字元放，东汉末年方士。少明五经，兼通星纬，学道术，明六甲，传说能役使鬼神。见汉祚将尽，天下向乱，便归隐不出，相

传最终成仙而去。

译 文

乌场国国王接见宋云，听说是大魏国使者到来，便膜拜接受诏书。又听闻太后崇奉佛法，就面向东方合掌，遥遥地行礼。派懂魏国语言的人问宋云道："您是日出地方的人吗？"宋云回答说："我国最东边有大海，太阳从那里升起，实在是如来的旨意。"国王又道："贵国出圣人吗？"宋云便详细介绍说周公、孔子、庄子、老子的道德；其次叙述蓬莱山上银阙金堂的胜景，神仙圣人都居住在其上；讲说管辂善于卜卦，华陀善于治病，左慈通晓方术。诸如此类的事情，分别描述。国王说："若真如您所说，贵国即是佛国，我到命终时，希望投生在那个国家。"

原 文

宋云于是与惠生出城①外，寻如来教迹。水东有佛晒衣处②。初，如来在乌场国行化③，龙王瞋怒，兴大风雨，佛僧迦梨④表里通湿。雨止，佛在石下东面而坐，晒袈裟⑤。年岁虽久，彪炳⑥若新。非直条缝明见，至于细缕亦彰。乍往观之，如似未彻，假令刮削，其文转明。佛坐处及晒衣所，并有塔记。

注 释

①城：此指乌场国旧都，《大唐西域记》之瞢揭厘城。

②水：此指阿波逻罗龙泉，即《水经注》所称河步罗龙渊。晒衣处：即晒衣石。《法显行传》云："及晒衣石，度恶龙处，亦悉现在。石高丈四，长二丈许，一边平。"又《水经注·河水》曰："犍陀罗国北，重复寻川，水西北十里有河步罗龙渊，佛到渊上浣衣处，浣石尚存。"

③行化：感化济度众生。此指化度恶龙。《大唐西域记》卷三："瞢揭厘城东北行二百五六十里。入大山。至阿波逻罗龙泉，即苏婆伐窣堵河之源也。此龙者，迦叶波佛时，生在人趣，名曰殑只，深闲咒术，禁御恶龙，不令暴雨，国人赖之以蓄余粮。居人众庶，感恩怀德，家税斗谷，以馈遗焉。既积岁时，或有逋课，殑只含怒，愿为毒龙。暴

行风雨，损伤苗稼，命终之后，为此池龙。泉流白水，损伤地利。释迦如来，大悲御世，愍此国人独遭斯难，降神至此，欲化暴龙。执金刚神杵击山崖，龙王震惧，乃出归依。闻佛说法，心净信悟。如来遂制，勿损农稼。龙曰：凡有所食，赖收人田，今蒙圣教，恐难济给，愿十二岁一收粮储。如来含覆，愍而许焉。故今十二年一遭白水之灾。"据查考，佛度化恶龙事亦见《菩萨本行经》《阿育王传》等书。

④僧迦梨：又作僧伽胝、僧伽致，僧佛大衣名，是比丘所服，为三衣之一。又因必须割截后始制成，故称重衣、复衣、重复衣。因其条数多，故称杂碎衣。

⑤袈裟：梵语音译，意译为坏色、不正色、赤色、染色，又作莲服、袈裟野、迦逻沙曳、迦沙等。为佛教僧尼法衣的总称。《翻译名义集·沙门服相篇》："具云迦罗沙曳，此云不正色，从色得名。《章服仪》云：袈裟之目，因于衣色，如经中坏色衣也。《会正》云：准此本是草名，可染衣，故将彼草目此衣号。《真谛杂记》云：袈裟是外国三衣之名，名含多义。或名离尘服，由断六尘故；或名消瘦服，由割烦恼故；或名莲华服，服者离着故；或名间色服，以三如法色所成故。"

⑥彪炳：指文彩焕发貌。

译　文

宋云于是和惠生一起去到城外，寻访如来教化的遗迹。水的东面有佛晒衣的地方。当初，如来在乌场国行化，龙王瞋怒，兴起大风雨，佛的法服内外皆湿。雨停后，佛就在石下面向东而坐，晾晒袈裟。袈裟虽然已穿多年，但光彩夺目，好像新的一样。非但衣服的缝清晰可见，甚至连袈裟上的旧麻线也显露出来。乍一看它，好像未经过多年风雨的剥蚀，假使加以刮削，则它的纹路更加分明。佛坐的地方和晒衣的地方，都有宝塔和碑记。

原　文

水西有池，龙王居之。池边有一寺，五十余僧。龙王每作神变[①]，国王祈请，以金玉珍宝投之池中，在后涌出，令僧取之。此寺衣食，待龙而济，世人名曰龙王寺。

注　释

①神变：佛教用语，指神通变化。

译　文

水的西面有池，龙王居住在其中。池边有一座寺庙，内有五十余名僧人。龙王每次显现奥妙无穷阴阳莫测的变化时，国王都会祈祷请愿，将金玉珍宝投入池中，等到水把它涌出来后，再令僧捞取。此寺僧人的衣食，靠龙王接济，所以世人称此寺为龙王寺。

原　文

王城北八十里，有如来履石之迹[①]，起塔笼之。履石之处，若践水泥，量之不定，或长或短。今立寺，可七十余僧。塔南二十步，有泉石。佛本清净，嚼杨枝[②]，植地即生，今成大树，胡名曰婆楼。

注　释

①如来履石之迹：《大唐西域记》卷三："阿波逻罗龙泉西南三十余里，水北岸大磐石上，有如来足所履迹。随人福力，量有短长，是如来伏此龙已，留迹而去。后人于上积石为室，遐迩相趋，花香供养。"又云："顺流而下三十余里，至如来濯衣石，袈裟之文宛焉如缕。"《法显行传》："乌苌国，传言佛至北天竺，即此国也。佛遗足迹于此，迹或长或短，在人心念，至今犹尔。"

②杨枝：佛教传说中如来净齿遗枝而成奇树。即取杨柳等树的小枝，将枝头咬成细条，用以剔牙。义净《南海寄归内法传》称之曰齿木，其《朝嚼齿木篇》云："其齿木者，梵云惮哆家瑟诧，惮哆译之为齿，家瑟诧即是其木。长十二指，短不减八指，大如小指。一头缓须熟嚼良久，净刷牙关。一头纤细以剔断牙。自至终身牙疼，西国迥无，良为嚼其齿木，岂容不识。齿木，名作杨枝。西国柳树全稀，译者辄传斯号。佛齿木树实非杨柳，那烂陀寺目自亲观。即不取信于他，闻者亦无劳致惑。"又《大唐西域记》卷一："象坚窣堵波北，山岩下有一龙泉，是如来受神饭已，及阿罗汉于中漱口嚼杨枝，因即植根，今为

茂林。后人于此建立伽蓝，名鞞铎佉。”

译文

乌场国王城北八十里处，有如来踏石的印记，建塔来笼罩它。踏石的地方，就像在水中踏泥，无法丈量，或长或短。如今建了一座寺庙，寺内约有七十余名僧人。塔南二十步处，有泉石。佛本清净，口嚼杨枝净齿，遗枝植入土中即存活，今已长成大树，胡人称之为婆楼。

原文

城北有陀罗寺，佛事最多。浮图高大，僧房逼侧①，周匝金像六千躯。王年常大会，皆在此寺，国内沙门，咸来云集。宋云、惠生见彼比丘戒行精苦②，观其风范，特加恭敬。遂舍奴婢二人，以供洒扫。

注释

①逼侧：犹“逼仄”，迫近，相接。

②精苦：精勤刻苦。

译文

城北有陀罗寺，佛像最多。寺内宝塔高大，僧房紧密相连，周围有六千尊金佛像。国王的年常大会，都在此寺举办，国内的僧人，都云集至此。宋云、惠生见那里的僧人受戒极为精诚刻苦，观察他们的作风仪范，特别恭敬。于是捐舍奴婢二人，以供洒扫之杂务。

原文

去王城东南，山行八日，至如来苦行投身饿虎之处①。高山茏嵸②，危岫③入云。嘉木灵芝，丛生其上。林泉婉丽，花彩曜目。宋云与惠生割舍行资，于山顶造浮图一所，刻石隶书，铭魏功德。山有收骨寺，三百余僧。

注释

①如来苦行投身饿虎之处：据查考，投身饲虎事见前“萨埵”条注。《法显行传》：“自此（犍陀卫国）东行七日，有国名竺刹尸罗。复东行二日，至投身喂虎处。”《大唐西域记》卷三：“呾叉始罗国北界渡信度河，东南行二百余里，度大石门，昔摩诃萨埵王子于此投身饲饿乌檡（即虎）。其南百四五十步，有石窣堵波。摩诃萨埵愍饿兽之无力也，行至此地，干竹自刺，以血啖之，于是乎兽乃啖焉。其中地土，洎诸草木，微带绛色，犹血染也。人履其地，若负芒刺，无云疑信，莫不悲怆。”

②宠嵸：山势高峻貌。

③岫：峰峦，山或山脉的峰顶。

译文

离开王城向东南行走，走了八天山路后，到达如来苦行投身喂饿虎的地方。这里山势陡峭险峻，峰峦高耸入云。佳木和灵芝，丛生在上面。树林和泉水，婉转美丽，花的色彩，令人赏心悦目。宋云与惠生割舍旅费，在山顶造了一座宝塔，在石头上刻写隶属，铭记大魏国的功德。山上有收骨寺，寺内有三百余名僧人。

原文

王城南一百余里，有如来昔作摩休国剥皮为纸、折骨为笔处①。阿育王②起塔笼之，举高十丈。折骨之处，髓流著石，观其脂色，肥腻若新。

注释

①摩休国：即《大唐西域记》之摩愉伽蓝，唐代称为豆寺。《大唐西域记》卷三：“摩诃伐那伽蓝（在瞢揭厘城南二百余里）西北下山三四十里至摩愉伽蓝，有窣堵波，高百余尺。其窣堵波基下有石，色带黄白，常有津液，是如来在昔修菩萨行，为闻正法于此，析骨书写经典。”剥皮为纸、折骨为笔：指佛以骨为笔，以髓为墨写经。据《大智度论》载，佛本生之名曰爱法，十二岁遍阎浮提求知圣法而不能得，

因为当时无佛，佛法亦尽。有一婆罗门对他说，我这里有佛法一偈，你如果真的爱法，就用身上的皮作纸，用骨头作笔，用血和墨书写，这样我就把它传授给你。佛从之，因而得到佛经。

②阿育王：古印度摩揭陀国孔雀王朝的第三代国王，梵文意译为无忧。阿育王早先信婆罗门教，后改信佛教，为大护法，称无忧王。阿育王在全国各地兴建佛教建筑，据说总共兴建了84000座奉祀佛骨的佛舍利塔。为了消除佛教不同教派的争议，阿育王曾邀请著名高僧目犍连子帝须长老召集1000比丘，在华氏城举行大结集，驱除外道，整理经典，并编撰了《论事》，为佛教在印度的发展做出了巨大的贡献。

译　文

王城南一百余里，有如来当年在摩休国剥皮为纸、折骨为笔的地方。阿育王造宝塔笼罩它，高达十丈。折骨的地方，血髓流到石上，看它的脂色，滑腻得像是新染上去的。

原　文

王城西南五百里，有善持山①，甘泉美果，见于经记。山谷和暖，草木冬青。当时太簇御辰②，温炽已扇③，鸟鸣春树，蝶舞花丛。宋云远在绝域④，因瞩此芳景，归怀之思，独轸⑤中肠，遂动旧疹⑥，缠绵⑦经月。得婆罗门咒，然后平善⑧。

注　释

①善持山：即《魏书》之檀特山，《大唐西域记》之弹多落伽山，是须大拏太子被放逐后栖隐之地。《太子须大拏经》曰："檀特山嵚崟嵯峨，树木繁茂，百鸟悲鸣，流泉清池，美水甘果，凫雁鸳鹕，翡翠鸳鸯，异类甚众。太子入山，山中禽兽皆大欢喜，来迎太子。"

②太簇御辰：指农历正月。太簇是十二律名之一。古人将十二律与十二月相配以记月份，太簇配农历正月，故太簇又用作正月的别称。《礼记·月令》："孟春之月，其音角，律中大簇。"郑玄注："孟春气至，则大簇之律应。应谓吹灰也。大簇者，林钟之所生，三分益一，律长八寸。"

③温炽：亦作温风，指夏日和暖的风。扇：吹扬。

④绝域：指极其遥远的地方，多指国外。

⑤轸：悲痛惋惜貌。

⑥疹：一种皮肤病。此指疾病。

⑦缠绵：此指卧病在床，久病不愈。

⑧平善：平安，健康。

译文

王城西南五百里处，有座善持山，山中有甘泉和美果，佛经上都有记载。山谷里气候和暖，草木冬季都是绿色的。当时正值正月，已经吹起温暖的风，鸟儿在春树上鸣叫，蝴蝶在花丛间飞舞。宋云远在遥远的他国，看到这美丽的景色，不禁生起归去的念头，独自触动心肠，于是引发旧病，卧床达一个月。得到婆罗门咒，然后才恢复健康。

原文

山顶东南，有太子[①]石室，一户两房。太子室前十步有大方石。云太子常坐其上，阿育王起塔记之。塔南一里，有太子草庵处。去塔一里，东北下山五十步，有太子男女绕树不去，婆罗门以杖鞭之流血洒地处，其树犹存。洒血之地，今为泉水。室西三里，天帝释化为师子，当路蹲坐遮嫚娓之处[②]。石上毛尾爪迹，今悉炳然。阿周陀窟及闪子供养盲父母处[③]，皆有塔记。

注释

①太子：即前文所提须大拏太子。

②"去塔一里"数句：据《太子须大拏经》记载，当太子将儿子施与鸠罗国婆罗门时，太子妃嫚娓有事进山未归。婆罗门用绳子绑住太子儿女，打算迁走，孩子们以绳绕树拖延时间，希望母亲前来搭救。婆罗门用木棒抽打他们，以致流血及地。当时嫚娓在山中突感左脚极痒，右眼皮跳，且两乳出汁，料想儿女有难，于是速回。天帝释恐怕嫚娓回去会败坏太子的善心，便化作狮子当道而蹲。待婆罗门远去，才放她过去。嫚娓：太子之妻，又作曼坻、嫚娍、嫚妘。

③阿周陀：佛教人名，即目连。目连在檀特山时称阿周陀道人。《大唐西域记》卷二言太子石室侧不远处有一石庐，为古仙人之所居。此仙人居庐疑即阿周陀窟。闪子：即睒子。《大唐西域记》作"商莫迦"，其卷二曰："北行五十余里，有窣堵波，是商莫迦菩萨恭行鞠养侍盲父母于此。采果，遇国王畋游猎，毒矢误中。至诚感灵，天帝傅药，德动明圣，寻即复苏。"又据《佛说菩萨睒子经》载，昔佛在比罗勒国告诸比丘，过去无数世时，迦夷国有一长者，夫妻皆盲，孤苦无儿，然愿入山修无上慧。菩萨为助之，遂愿下生为其子，称睒子。睒子侍奉父母至孝，与父母入山，结草为庐。父母尝渴欲饮水，睒子乃着鹿皮提瓶至水边，遇迦夷国王入山射猎，误为麋鹿，而为毒箭射入胸中。睒子大呼，王惊而至睒子前谢罪。睒子不诉其痛苦，仅忧其父母，遂托王奉养而死。王乃伴其父母至睒子之尸旁，父抱其脚，母抱其头，仰天大号，天帝释为其至诚所感动，以神药灌入睒子口中，箭自拔出而复活，父母惊喜两目皆开。佛告诸比丘，时睒子即吾身也。

译 文

山顶的东南，有太子居住的石室，一扇门，两个房间。太子室前十步处有一块大方石。据说太子常坐在上面，阿育王造塔记载此事。塔的南面一里处，有太子的草庵。离塔一里，东北方下山五十步，是太子的儿女绕树不肯离去，婆罗门以杖鞭打他们，以致血洒满地的地方，那棵树至今犹存。洒血的地方，如今变为泉水。室西面三里处，是天帝释化为狮子，挡着路蹲坐着以阻嫚媙的地方。石头上残留毛尾爪的痕迹，至今还都很明显。阿周陀的石窟和睒子供养盲父母的地方，都建了宝塔，立了碑记。

原 文

山中有昔五百罗汉床，南北两行相向坐处，其次第相对。有大寺，僧徒二百人。太子所食泉水北有寺，恒以驴数头运粮上山，无人驱逐，自然往还①。寅发午至②，每及中餐。此是护塔神湿婆仙③使之然。此寺昔日有沙弥④，常除灰⑤。因入神定⑥，维那挽之⑦，不觉皮连骨离。湿婆仙代⑧沙弥除灰处，国王与湿婆仙立庙，图其形像，以金傅之。

注 释

①“太子所食泉水”四句：《法苑珠林》卷五十二引《西域记》云：“乌苌国西南有檀特山，山中有寺，大有众僧。日日有驴运食，无控御者，自来留食，还去莫知所在。”

②寅：指凌晨三点钟到五点钟。午：指上午十一点到下午一点。

③湿婆仙：与梵天、毗湿奴并称为印度教三大神之一。湿婆的地位是毁灭者，兼具生殖与毁灭、创造与破坏双重性格。为外道所祭祀。

④沙弥：佛教称出家已受十戒，未受具足戒，年龄在七岁至二十岁之间的僧人为沙弥。沙弥为梵语省译，正译作室罗末尼罗，意译为求寂、息慈、勤策，即止恶行慈，觅求圆寂的意思。义净《南海寄归内法传·受戒规则篇》：“既受戒已，名室罗末尼罗。”注曰：“译为求寂，言欲求趣涅槃圆寂之处。旧云沙弥者，言略而音讹，翻作息慈，意准而无据也。”

⑤除灰：此指涂灰外道，古印度十六外道之一，又作兽主外道、牛主外道。即遍身涂灰，以苦行祈求升天，崇拜大自在天的外道。此外道以大自在天为万物的创造神，全身涂灰，饮糠汁沸汤，持牛、狗、鸡、雉等戒，杀羊祭祀大自在天，执此为解脱之因。奉湿婆仙。一说指除扫灰尘，误。

⑥神定：指修行时安静止息，排除杂念，定止心于一境，不使散动。

⑦维那：又作都维那。即管事僧，是寺院中的纲领职事，掌理众僧的进退威仪。义净《南海寄归内法传·灌沐尊仪篇》：“授事者，梵云羯磨陀那，陀那是授，羯磨是事，意道以众杂事指授于人。旧云维那者，非也。维是唐语，意道纲维；那是梵音，略去羯磨陀字。”挽：此指追随。一说拉车。一说哀悼。

⑧代：此处当指教化，开化。

译 文

山中有昔日的五百罗汉坐床，从南向北排两行，依次第相对而坐。山中有一座大寺庙，内有僧徒二百人。太子所饮泉水的北面有寺，常以数头驴运粮上山，无需人驱赶，自然往还。寅时出发，午时到达，正好赶上中餐。据说这是护塔神湿婆仙的神力所致。此寺昔日有一个沙弥，常修涂灰外道。因入神定之境，维那追随他修行，不禁觉得身体的皮是连着的，但骨头已经分离。在湿婆仙开化沙弥修涂灰外道的地方，国王为湿婆仙立庙，描绘他的形象，以金箔来涂饰。

原　文

隔山岭有婆奸寺，夜叉[1]所造，僧徒八十人。云罗汉、夜叉常来供养，洒扫取薪，凡俗比丘，不得在寺。大魏沙门道荣[2]至此礼拜而去，不敢留停。

注　释

①夜叉：梵语音译，意译为捷快，佛经中一种形象丑恶的鬼，勇健暴恶，能食人，有的后受佛陀教化而成为护法之神，列为天龙八部众之一。《翻译名义集·八部篇》："夜叉，此云勇健，亦云暴恶，旧云阅叉。《西域记》云：药叉，旧讹曰夜叉，能飞腾空中。什（鸠摩罗什）曰：秦言贵人，亦言轻健。有三种：一在地，二在虚空，三天夜叉。地夜叉但以财施故，不能飞空。天夜叉以车马施故，能飞行。"

②道荣：一作道药，北魏僧人。曾到西域等地礼拜佛迹，归后著传，通称《道荣传》。原书已佚。道宣《释迦方志·游履篇》："后魏太武末年（太武帝末年，即太延六年，公元440年），沙门道药从疏勒道入，经悬度到僧伽施国。及返，还寻故道，著传一卷。"

译　文

隔着山岭有座婆奸寺，是夜叉所建造，寺内有僧徒八十人。据说罗汉、夜叉常来供养，洒扫，取薪，凡是世俗和尚，不得住在寺里。大魏和尚道荣来到这里，行礼拜后离去，不敢停留。

原　文

至正光元年四月中旬，入乾陀罗国[1]。土地亦与乌场国相似，本名业波罗国[2]，为吠哒所灭，遂立敕懃[3]为王。治国以来，已经二世[4]。立性凶暴，多行杀戮，不信佛法，好祀鬼神。

国中人民，悉是婆罗门种，崇奉佛教，好读经典，忽得此王，深非情愿。自恃勇力，与罽宾[5]争境，连兵战斗，已历三年。王有斗象七百头，一负十人，手持刀楂，象鼻缚刀，与敌相击。王常停境上，终日不归，师老民劳，百姓嗟怨。宋云诣军，通诏书。王凶慢无礼，坐受诏书。宋云见其远夷不可制，任其倨傲，莫能责之。王遣传事谓宋云曰："卿涉诸国，经过险路，得无劳苦也？"宋云答曰："我皇帝深味[6]大乘，远求经典，道路虽险，未敢言疲。大王亲总三军，远临边境，寒暑骤移，不无顿弊[7]？"王答曰："不能降服小国，愧卿此问。"宋云初谓王是夷人，不可以礼责，任其坐受诏书，及亲往复，乃有人情，遂责之曰："山有高下，水有大小，人处世间，亦有尊卑，哌哒、乌场王并拜受诏书，大王何独不拜？"王答曰："我见魏主则拜，得书坐读，有何可怪？世人得父母书，犹自坐读，大魏如我父母，我亦坐读书，于理无失。"云无以屈之。遂将云至一寺，供给甚薄。时跋提国[8]送狮子儿两头与乾陀罗王，云等见之，观其意气雄猛，中国所画，莫参其仪。

注释

①乾陀罗国：《魏书·西域传》作乾陀国，《大唐西域记》作健驮罗，亦作犍陀卫、犍陀越等。《魏书·西域传》："乾陀国，在乌苌西，本名业波，为哌哒所破，因改焉。其王本是敕勒，临国民二世矣。好征战，与罽宾斗，三年不罢，人怨苦之。有斗象七百头，十人乘一象，皆执兵仗，象鼻缚刀以战。"《大唐西域记》卷二："健驮罗国东西千余里，南北八百余里，东临信河。国大，都城号布路沙布逻，周四十余里。王族绝嗣，役属迦毕试国，邑里空荒，居人稀少。宫城一隅有千余户，谷稼殷盛，花果繁茂，多甘蔗，出石蜜。气序温暑，略无霜雪。人性恇怯，好习典艺，多敬异道，少信正法。僧伽蓝千余所，摧残荒废，芜漫萧条。诸窣堵波颇多颓圮，天祠百数，异道杂居。"此时佛教之衰落，较宋云时尤甚。

②业波罗国：一说即《太子须大拏经》所言之叶波国。

③敕懃：即特勤。“敕”古人读如“特”，“懃”即“勤”。或讹作特勒、敕勒等。古代谓突厥可汗之子弟为特勤。钱大昕《十驾斋养新录》卷六云：“《突厥传》：可汗者犹古之单于，其子弟谓之特勒。顾氏（顾炎武）《金石文字记历》引史传中称特勒者甚多。而凉国公《契苾明碑》‘特勤’字再见，又柳公权《神策军碑》亦云大特勤嗢没斯，皆书者之误。予谓外国语言，华人鲜通其义，史文转写，或失其真。唯石刻出于当时真迹，况《契苾碑》宰相娄师德所撰，公权亦奉□书，断无讹外。当据碑以订史之误，未可轻訾议也。《通鉴》亦作特勒，而《考异》云：诸书或作敕勤，今从新、旧二《唐书》。按古人读敕如忒，敕勤即特勤。”

④治国以来，已经二世：羽溪了谛《西域之佛教》云：“据正光元年（520）行经乾陀罗国之宋云所言，㖠哒灭乾陀罗，立敕懃为王以来，已经二世。此㖠哒所灭之乾陀罗，即小月氏国也。㖠哒之亡月氏，当距西元五百二十年二世之前，即大约在西元四百七十年至四百八十年左右也。”

⑤罽宾：又作凛宾国、劫宾国、羯宾国。《魏书·西域传》：“罽宾国，都善见城，在波路西南，去代一万四千二百里。居在四山中。其地东西八百里，南北三百里。地平温和。有苜蓿、杂草、奇木、檀、槐、梓、竹。种五谷，粪园田。地下湿，生稻。冬食生菜。其人工巧，雕文、刻镂、织罽。有金银铜锡以为器物。市用钱。他畜与诸国同。每使朝献。”《大唐西域记》作迦湿弥罗国，曰：“其国四境负山，山极峭峻，虽有门径，而复隘狭，自古邻敌无能攻伐。”

⑥深味：细加体味。

⑦顿弊：困顿弊败、败坏。

⑧跋提国：即《梁书》之白题，《瀛环志》作巴勒提，乃葱岭西山间小国，以畏乾陀王兵盛，故送狮子儿以通好。《梁书·诸夷传》：“白题国，王姓支名史稽毅，其先盖匈奴之别种胡也。汉灌婴与匈奴战，斩白题骑一人。今在滑国东，去滑六日行，西极波斯。土地出粟、麦、瓜果，食物略与滑同。普通三年，遣使献方物。”

译文

到正光元年四月中旬，进入乾陀罗国。此国土地与乌场国相似，本名业波罗国，为㖠哒所灭，于是立敕懃为王。治国以来，已经历二世。

国王生性凶暴，多行杀戮之事，不信奉佛法，好祭祀鬼神。国内的人民，都是婆罗门种，崇奉佛教，喜欢诵读佛经，忽遇这样的国王，心中极不情愿。国王自恃勇力，与罽宾国争夺边境，军队征战，已持续了三年。国王有能战斗的大象七百头，每头大象背负十人，每人手持带楂的长刀，象的鼻子上也捆绑着刀，与敌人相攻击。国王常驻留在边境时，终日不归国都，军队困倦劳苦，百姓嗟叹怨恨。宋云到军中拜见，递上诏书。国王凶横傲慢，不讲礼仪，坐着接受诏书。宋云见他是远夷不可制服，便任凭他倨傲，不好责备他。国王派传事对宋云说："您经历诸国，走过险路，难道不劳苦吗？"宋云回答说："我国皇帝深切地研究大乘佛教，派我远求佛经，道路虽然艰险，但未敢说疲苦。大王亲率三军，远到边境，寒暑骤然变化，不会不辛苦吧？"国王回答说："我不能降服小国，对您的这个问题感到惭愧。"宋云起初认为国王是夷人，不可用礼责备，任由他坐着接受诏书，等到亲自对答，觉得他是有人情的，于是责备他说："山有高下，水有大小，人处在世间，亦有尊卑之分，哌哒、乌场王都跪拜接受诏书，大王何以独自不拜？"国王回答说："我见到魏主就拜，得到诏书就坐着读，这有什么可奇怪的？世人得到父母的书信，尚且坐着读，大魏如同我的父母，我也坐着读诏书，于情理我没有过失。"宋云无从驳倒他。国王于是将宋云安置到一座寺内，供给非常微薄。当时跋提国送小狮子两头给乾陀罗王，宋云等得以亲见，观其意气雄猛，认为中国所画的狮子，未能描出其仪表的神韵。

原　文

于是西行五日，至如来舍头施人处①。亦有塔寺，二十余僧。复西行三日，至辛头大河②。河西岸上，有如来作摩竭大鱼，从河而出，十二年中以肉济人处③。起塔为记，石上犹有鱼鳞纹。

注　释

①如来舍头施人处：据查考，如来施头处，《法显行传》作竺刹尸罗国，《大唐西域记》作呾叉始罗国。《法显行传》："自此犍陀卫国东行七日，有国名竺刹尸罗。竺刹尸罗，汉言截头也。佛为菩萨时，于此处以头施人，故因以为名。复东行二日，至投身餧饿虎处。此二处

亦起大塔，皆众宝校饰，诸国王、臣民竞与供养，散花然灯，相继不绝。”《大唐西域记》卷三“呾叉始罗国”条曰：“城北十二三里有窣堵波，无忧王建也。是如来在昔修菩萨行，为大国王，号战达罗钵剌婆（唐言月光），志求菩提，断头惠施，若此之舍，凡历千生。”佛舍头故事，据《佛说月光菩萨经》云：“于过去世，北印度内，有一大城名曰贤石，长十二由旬，广阔亦尔。彼有国王，名为月光，统领四洲六万八千国土。常止此城，有二千五百大臣。有二辅相：一名大月，二名持地。是时大月于夜睡眠，而作一梦，王戴天冠，变黑□色；复有鬼来，就王头上，夺冠而去。作是梦已，忧惶惊惧，恐有不祥，而自思惟，我王慈愍，惠施一切，求者不违，必有恶人来乞王头。作是念已，即用七宝造一宝头，如有乞者，以此代之。尔时香醉山中，有大婆罗门，名曰恶眼，知月光天子于城四门，大开施会，求者供给，而无乏少。我今往彼，乞于王头，作是语已，下香醉山。是时恶眼婆罗门将欲至城，守门天人见婆罗门，情神丑恶，隔住门外，终不放入。时月光天子知彼来至，不放入城，即告宰臣大月，令彼门司不得障碍。大月受教，白守门天人，即令放入。大月见已，问婆罗门曰：汝来至此，有何所求？婆罗门言：我闻月光天子慈愍有情，设大施会，若有所求，一切无吝。今来至此，欲乞王头。大月告言：婆罗门，王头脓血所成，终归烂坏，汝今乞得，有何所用？我有七宝头，复有种种金银珍宝，俱奉施之，乃令子孙永得大富。婆罗门言：我本乞头，非为珍宝。时婆罗门即诣王前，见已顶礼，住立一面，合掌白言：闻王慈愍，普施一切。我今远来，只乞王头，愿垂慈愍，欢喜布施。时月光天子白婆罗门言：勿嫌我头，骨髓脓血，皮肉相连，无有清净，而即施之，满汝本愿。时婆罗门心大欢喜。王欲截头，即去头冠。婆罗门言：王若舍头，宜于净处。王即告言：我有一苑，名摩尼宝藏，种种庄严，最为第一。于斯舍头，汝意云何？婆罗门言：宜速往彼。王即携剑往彼苑中，立瞻卜树下，告婆罗门言：我今舍头，汝来截之。婆罗门曰：王不自断，令我持刃，非布施行。王以首发系无忧树枝，即执利剑，自断其头。尔时三千大千世界六种振动，于虚空中，天人赞言：善哉善哉！今月光天子当得成佛。尔时佛告诸苾刍，往昔月光天子者，今我身是。”

②辛头大河：即印度斯河。《水经注·河水》一：“（昆仑）山出六大水，山西有大水名新头河。郭义恭《广志》曰：甘水也。在西域之东，名曰新陶水。山在天竺国西，水甘故曰甘水。有石盐白如水精，大段

则破而用之。康泰曰：安息、月氏、天竺至伽那调御，皆仰此盐。”又曰：“自新头河至南天竺国，迄于南海，四万里也。”《释氏西域记》曰：“新头河经罽宾、犍越、摩诃刺诸国而入南海是也。”

③“河西岸上”四句：《佛说菩萨本行经》卷下：“佛在摩竭国言，我为舍尸王时，自以身肉供养病人，经十二年。为跋弥王时，国中人民尽有疮病。医言此疮病重，当得鱼肉，食之乃瘥。王闻其言，即到水边，上树求愿作鱼。即从树上投身水中，便化成鱼，而有声，言其有病者来取我肉啖，病当除瘥。人民闻声，皆来取鱼肉，食之，病尽除愈。”此事亦见《贤愚经》《六度集经》。

译文

于是向西行走五天，到达如来将兴施舍于人的地方。也有塔和寺，内有二十余名僧人。又向西行走三天，到达辛头大河。河西岸上，有如来变作的摩竭大鱼，从河里跳出来，十二年内以肉救济众人的地方。造塔来记载此事，至今石头上犹有鱼鳞纹。

原文

复西行三日①，至佛沙伏城②。川原沃壤，城郭端直，民户殷多，林泉茂盛。土饶珍宝，风俗淳善。其城内外，凡有古寺③，名僧德众，道行高奇。城北一里有白象宫④，寺内佛事，皆是石像，庄严极丽，头数甚多，通身金箔，眩耀人目。寺前有系白象树，此寺之兴，实由兹焉。花叶似枣，季冬始熟。父老传云：“此树灭，佛法亦灭。”寺内图太子夫妻以男女乞婆罗门像，胡人见之，莫不悲泣。

注释

①三日：或作“十三日”。据查考，自辛头河西岸至佛沙伏城甚近，行走时间当以三日为是。

②佛沙伏城：即《大唐西域记》之跋虏沙城。过去须大拏太子尝居此城，以王父白象施与敌国，被遣出国，故此处有白象宫。太子既至此城东北之檀特山，复遇婆罗门乞其男女，故寺中画其事迹。

③凡有：一切，所有。"古寺"下疑有脱文。

④白象宫：《大唐西域记》卷二："城北有窣堵波，苏达拏太子以父王大象施婆罗门，蒙谴被摈，顾谢国人，既出郭门，于此告别。"或此窣堵波即所谓白象宫处。

译文

又向西行走三天，到达佛沙伏城。这里原野肥沃，城郭端正笔直，百姓人户众多，林泉茂盛。自然资源丰富，多有珍宝，风俗淳朴和善。城内外都有古寺，内有许多名僧大德，道行高奇。城北一里处有白象宫，寺内的佛像都是石像，庄严极丽，数目很多，通身贴着金箔，眩耀人眼。寺前有拴白象的树，此寺的兴建，就是因为这个。花叶似枣树的叶，冬季才成熟。父老相传说："此树灭，佛法也就灭了。"寺内描绘须大拏太子夫妻将儿女施舍给婆罗门的图像，胡人见了，无不悲伤哭泣。

原文

复西行一日，至如来挑眼施人[1]处。亦有塔寺，寺石上有迦叶[2]佛迹。

注释

①如来挑眼施人：《法显行传》："佛为菩萨时，亦于此国（犍陀卫国）以眼施人。其处亦起大塔，金银校饰。"《大唐西域记》卷二曰："健驮逻国布色羯逻伐底城北四五里，伽蓝侧有窣堵波，高数百尺，无忧王之所建也。雕木文石，颇异人工，是释迦佛昔为国王，修菩萨行，从众生欲，惠施不倦，丧身若遗，于此国土，千生为王，即斯胜地，千生舍眼。"如来舍眼故事，据《弥勒菩萨所问本愿经》云："佛语贤者阿难，乃往去世有王，号曰月明，端正姝好，威神巍巍。从宫而出，道见盲者，贫穷饥饿，随道乞丐。往趣王所，而白王言：王独尊贵，安隐快乐；我独贫穷，加复眼盲。尔时月明王见此盲人，哀之泪出。谓于盲者，有何等药，得疗卿病？盲者答曰：唯得王眼，能愈我病，眼乃得视。尔时月明王自取两眼，施与盲者，其心静然，无一悔意。月明王者，即我身是。佛言：须弥山当可称知斤两，我眼布施，不可称计。"又《佛说菩萨本行经》载过去无数世时，有王名梵天，其

太子名大自在天。大自在天挑双眼施与众生，天帝释见其勤苦，又将太子所挑之眼还著太子眼中。大自在天亦佛前身。

②迦叶：梵文音译，全名大迦叶、摩诃迦叶，意为饮光。佛陀十大弟子之一，人格清廉，深受佛陀信赖。佛陀入灭后，成为教团之统率者，于王舍城召集第一次经典结集。直至阿难为法之继承者，始入鸡足山入定，以待弥勒出世，方行涅槃。禅宗以其为佛弟子中修无执着行之第一人，特尊为头陀第一。又以“拈花微笑”之故事，至今传诵不绝。道宣《释迦谱》：“有偷罗国，婆罗门名曰迦叶，三十二相，通诸书论，巨富能施。舍家入山，空天告言，今有佛出，便趣竹园，佛往逆之，与共承受说法，悟阿罗汉，有大威德，天人所重，故名大也。乃至佛灭，住持法化，被于来世六万岁者，此人之力。”

译 文

又向西行走一天，到达如来挑出两眼施舍给人的地方。也建有塔和寺，寺里石上有迦叶的佛迹。

原 文

复西行一日，乘船渡一深水，三百余步。复西南行六十里，至乾陀罗城[①]。东南七里，有雀离浮图[②]。《道荣传》云：城东四里。推其本缘，乃是如来在世之时，与弟子游化此土，指城东曰：“我入涅槃后二百年，有国王名迦尼色迦[③]，在此处起浮图。”佛入涅槃后二百年，果有国王字迦尼色迦，出游城东，见四童子累牛粪为塔，可高三尺，俄然即失。《道荣传》云：童子在虚空中向王说偈[④]。王怪此童子，即作塔笼之。粪塔渐高，挺出于外，去地四百尺然后止。王更广塔基三百余步。《道荣传》云：三百九十步。从地构木，始得齐等。《道荣传》云：其高三丈。悉用文石为阶砌，栌栱[⑤]上构众木，凡十三级。上有铁柱，高三百尺，金盘十三重，合去地七百尺。《道荣传》云：铁柱八十八尺，八十围[⑥]，金盘十五重，去地六十三丈二尺。

施功既讫，粪塔如初，在大塔南三百步。时有婆罗门不信是粪，以手探看，遂作一孔。年岁虽久，粪犹不烂，以香泥填孔，不可充满，今有天宫[7]笼盖之。

注 释

①乾陀罗城：即乾陀罗国都城。《法显行传》作弗楼沙国，《大唐西域记》作布路沙布逻，《魏书》作富楼沙。《魏书·西域传》："小月氏国，都富楼沙城。其王本大月氏王寄多罗子也。寄多罗为匈奴所逐，西徙后令其子守此城，因号小月氏焉。在波路西南，去代一万六千六百里。先居西平、张掖之间，被服颇与羌同。其俗以金银钱为货。随畜牧移徙，亦类匈奴。其城东十里有佛塔，周三百五十步，高八十丈。自佛塔初建，计至武定八年，八百四十二年，所谓百丈佛图也。"据查考，自第一世纪以来，北天竺自乾陀罗国以北五国即役属大月氏，至第四世纪末叶小月氏国复受哌哒人之压迫，而入北天竺，都于富楼沙。至第五世纪哌哒人又占据小月氏领土，乾陀罗亦为其所有。宋云西行，正当哌哒人强盛之时。

②雀离浮图：《魏书·西域传》："乾陀罗国都城东南七里有佛塔，高七十丈，周三百步，即所谓雀离佛图也。"此塔之来历，见于诸书。《法显行传》曰："从犍陀卫国南行四日，到弗楼沙国。佛昔将诸弟子游行此国，语阿难云：吾般泥洹后，当有国王名罽腻伽，于此处起塔。后罽腻王出世，出行游观。时天帝释欲开发其意，化作牧牛小儿，当道起塔。王问言：汝作何等？答曰：作佛塔。王言：大善。于是王即于小儿塔上起塔，高四十余丈，众宝校饰，凡所经见塔庙，壮丽威严，都无此比。阎浮提塔，唯此为上。王作塔成已，小塔即自傍出大塔南，高三尺许。"据查考，雀离为梵语音译，指顶上三叉戟。一说有异彩之意。

③迦尼色迦：亦作罽腻伽、迦腻色迦，乾陀罗国王名。其先本月氏种，后入侵印度。即位后创乾陀罗国，与阿育王并称印度名王，有功佛教。

④偈：梵文音译词"偈陀"的略称，音译亦作伽陀、伽他，意为颂、讽颂，佛经中的颂词。《翻译名义集·十二分教篇》："伽陀，此云孤起。妙玄云：不重颂者名孤起，亦曰讽颂。《西域记》云：旧曰偈，梵本略也，或曰偈他，梵音讹也。今从正音，宜云伽陀，唐言颂。"

⑤栌栱：即斗栱，又称斗拱、斗科、欂栌，是木构架建筑结构的关键性部件。在立柱和横梁交接处，从柱顶上加的一层层探出成弓形的承重结构叫拱，拱与拱之间垫的方形木块叫斗，合称斗栱。

⑥围：古代计量圆周的约略单位，两臂合抱或两手拇指、食指相合的圆周长为一围。《韵会》曰："一围五寸，又云一围三寸，又一抱谓之围。"

⑦天宫：佛教语，指天人的宫殿。

译文

又向西行走一天，乘船渡过一条深水，水宽三百余步。再向西南行走六十里，到达乾陀罗国都城。东南七里处，有雀离浮图。《道荣传》记载在城东四里。推究此浮图的来源，是如来在世之时，与弟子云游宣讲教义到这里，指着城东说："我入涅槃后二百年，有国王名叫迦尼色迦，会在这里建造浮图。"佛入涅槃后二百年，果真有国王叫迦尼色迦的，他出游到城东，看见四个童子堆积牛粪做塔，约高三尺，一会儿就消失了。《道荣传》记载童子在虚空中向国王讲偈语。国王对这四个童子感到奇怪，就造塔笼罩牛粪。牛粪渐高，挺出于外，离地四百尺，然后停止伸展。国王又扩大塔基三百余步。《道荣传》记载是三百九十步。从它上面构建木料，才使塔顶与牛粪齐高。《道荣传》记载塔高三丈。全都用有花纹的石头作阶砌，斗栱上架构很多木材，一共十三级。上面有铁柱，高三百尺，加上金盘十三重，一共离地七百尺。《道荣传》记载铁柱高八十八尺，宽八十围，金盘十五重，离地六十三丈二尺。

施工完成后，粪塔恢复原来的大小，出现在大塔南面三百步处。当时有婆罗门不相信这是牛粪，用手探看，于是戳出一个洞。年岁虽已久远，但牛粪还是不烂，用香泥填洞，总是填不满，如今造有天宫笼盖牛粪。

原文

雀离浮图自作以来，三经天火①所烧，国王修之，还复如故。父老云："此浮图天火七烧，佛法当灭。"《道荣传》云：王修浮图，木工既讫，犹有铁柱，无有能上者。王于四角起大高楼，多置金银及诸宝物，王与夫人及诸王子悉在上烧香散花，至心请神，然后辘轳[2]绞索，一举便到。故胡人皆云四天王[3]助之，若其不尔，实非人力所能举。

注释

①天火：多指由雷电或物体自燃等自然原因所引起的大火。《大唐西域记》卷二云："此窣堵波者，如来悬记，七烧七立，佛法方尽。《先贤记》曰：成坏已三。初至此国，适遭火灾，当见营构，尚未成功。"

②辘轳：机械上的绞盘，文中意指相当于今天的绞车，为古代的起重机械。

③四天王：佛教中帝释的外将。据佛教经典，须弥山腹有一山，名犍陀罗山，山有四山头，各住一天神护一方（四大部洲，即东胜神洲、南赡部洲、西牛贺洲、北俱芦洲），故又称护世四天王。他们分别为东方持国天王、南方增长天王、西方广目天王、北方多闻天王。他们的神像通常分列在净土宗、禅宗佛寺的第一重殿两侧，因此又称天王殿。《长阿含经》云："东方天王名多罗吒，领乾闼婆及毗舍阇神将，护弗婆提人。南方天王名毗琉璃，领鸠槃茶及薜荔神，护阎浮提人。西方天王名毗留博义，领一切诸国及富单那，护瞿耶尼人。北方天王名毗沙门，领夜叉罗刹将，护郁单越人。"

译文

雀离宝塔自建成以来，三次遭天火焚烧，国王整修，使其恢复如故。父老说："此宝塔若遭天火焚烧七次，佛法就会灭掉。"《道荣传》记载称：国王建造宝塔，木工完成后，还有铁柱尚未安装，可没有人能把它提上去。于是国王在宝塔四面造大高楼，放置很多金银及诸宝物，国王与夫人及诸王子都在楼上烧香散花，以至诚之心请求神明相助，然后用辘轳绞绳，一举便将铁柱提了上去。所以胡人都说是四天王助力，倘若不是这样，实在不是人力所能举起的。

原文

塔内佛事，悉是金玉，千变万化，难得而称。旭日始开，则金盘晃朗[1]；微风渐发，则宝铎和鸣。西域浮图，最为第一。此塔初成，用真珠为罗网，覆于其上。于后数年，王乃思量，此珠网价直万金，我崩之后，恐人侵夺。复虑大塔破坏，无人修补。即解珠网，以铜镬[②]盛之，在塔西北一百步掘地埋之。上种树，树名菩提[③]，枝条四布，密叶蔽天。树下四面坐像[④]，各高丈五，恒有四龙典掌此珠，若兴心欲取，则有祸变。刻石为铭，嘱语将来，若此塔坏，劳烦后贤出珠修治。

注释

①晃朗：明亮而闪烁照耀貌。

②镬：古代烹煮用的锅，有足曰鼎，无足曰镬。

③菩提：即毕钵罗树，或作卑钵罗，热带和亚热带地区常见树木，树冠很大，人们常在树荫下休憩。相传释迦牟尼曾在毕钵罗树下证得菩提（觉）而创立佛教，后来称此树为菩提树。菩提为梵语音译，意译为觉悟、智慧等。《大唐西域记》卷二："城外东南八九里，有卑钵罗树，高百余尺，枝叶扶疏，荫影蒙密。过去四佛已坐其下，今犹现有四佛坐像，贤劫之中，九百九十六佛皆当坐焉，冥祇警卫，灵鉴潜被。释迦如来于此树下，南面而坐，告阿难曰：我去世后，当四百年，有王命世，号迦腻色迦。此南不远，起窣堵波，吾身所有骨肉舍利，多集其中。"据此，则树远种在起塔之前，与文中所记不同。

④四面坐像：指过去四佛坐像。

译文

塔内的佛像，全都用黄金与美玉做成，姿态千变万化，难以用语言描述。每当红日开始升起时，金盘照耀，光彩夺目；微风渐起时，则宝铎和鸣。西域的宝塔中，以此为第一。此塔刚刚建成时，用珍珠做成罗网，覆盖在塔身上。数年以后，国王思量，这个珍珠网价值万金，我死之后，恐怕会有人侵夺。又担心大塔万一破坏，无人修补。于是下令解下珠网，用铜镬盛放，在塔西北一百步处掘地埋下。上面种树，树名叫菩提，枝条四面散布，茂密的树叶遮蔽天日。树下四面都坐着佛像，各高一丈五尺，经常有四条龙镇守着这个珠网，若有人生起贪心想要盗取，就会有灾祸降临。在石上刻写铭文，嘱咐将来的人，如果此塔毁坏，劳烦后来的贤人挖出珍珠，换取资产来修缮整治。

原　文

雀离浮图南五十步，有一石塔[①]，其形正圆，高二丈，甚有神变，能与世人表吉凶。以指触之，若吉者，金铃鸣应；若凶者，假令人摇撼，亦不肯鸣。惠生既在远国，恐不吉反，遂礼神塔，乞求一验。于是以指触之，铃即鸣应。得此验，用慰私心[②]，后果得吉反。

注　释

①石塔：《法显行传》："王作塔（雀离浮图）成已，小塔即自傍出大塔南，高三尺许。"此小塔即石塔，但"高三尺许"与文中"高二丈"有异，疑《法显行传》有讹。

②私心：此指个人心意。

译　文

雀离浮图南面五十步处，有一座石塔，它的形状正圆，高达二丈，常有神奇的应验，能向世人表示吉凶。用手指触碰它，若是吉兆，则金铃鸣响以回应；若是凶兆，即使人摇动震撼，金铃也不肯鸣。惠生身处遥远的国家，恐怕不能顺利返回，于是礼拜神塔，乞求应验。于是用手指触碰，金铃随即鸣响回应。得到这个吉利的应验，惠生心里甚是安慰，后来果然得以顺利返回。

原　文

惠生初发京师之日，皇太后敕付五色百尺幡千口，锦香袋五百枚，王公卿士幡二千口。惠生从于阗至乾陀罗，所有佛事处，悉皆流布，至此顿尽。惟留太后百尺幡一口，拟奉尸毗王[①]塔。宋云以奴婢二人奉雀离浮图，永充洒扫。惠生遂减割行资，妙简[②]良匠，以铜摹写雀离浮图仪一躯，及释迦四塔变[③]。

注　释

①尸毗王：《大唐西域记》卷三作尸毗迦王，如来从前修菩萨行时之号。当时为求佛果，尸毗王曾舍身救鸽，详见下文注。

②简：通“拣”，挑选。

③释迦四塔：即《法显行传》所称“北天竺四大塔”，一为割肉贸鸽处，一为以眼施人处，一为以头施人处，一为投身饲饿虎处。变：佛教故事。此指用铜摹写的故事。

译　文

惠生从京师出发之日，皇太后诏令赏赐给他五色百尺幡千个，锦香袋五百枚，从王公卿士那里也接受了两千个幡。惠生从于阗国至乾陀罗国，所有供养佛的处所，都放置幡和香袋，到了这里已都用完了。只留下皇太后的一个百尺幡，打算供奉尸毗王塔。宋云把两名奴婢奉送雀离宝塔，永远充作洒扫的杂役。惠生于是节省旅费，挑选良匠，用铜做成一座雀离宝塔模型和释迦四塔模型。

原　文

于是西北行七日，渡一大水，至如来为尸毗王救鸽之处①，亦起塔寺。昔尸毗王仓库为火所烧，其中粳米焦然②，至今犹在，若服一粒，永无疟患。彼国人民须禁日③取之。《道荣传》云：至那迦罗阿国④，有佛顶骨⑤，方圆四寸，黄白色，下有孔，受人手指，闼然⑥似仰蜂窠。至耆贺滥⑦寺，有佛袈裟十三条，以尺量之，或短或长。复有佛锡杖，长丈七，以木筒盛之，金箔贴其上。此杖轻重不定，值有重时，百人不举；值有轻时，一人胜之⑧。那竭城中有佛牙佛发⑨，并作宝函盛之，朝夕供养。至瞿波罗窟见佛影⑩。入山窟，去十五步，西面向户遥望，则众相炳然；近看，则瞑然不见⑪。以手摩之，唯有石壁。渐渐却行，始见其相。容颜挺特，世所稀有。窟前有方石，石上有佛迹[12]。窟西南百步，有佛浣衣处[13]。窟北一里，有目连[14]窟。窟北有山，山下有七佛手作浮图，高十丈。云此浮图陷入地，佛法当灭。并为七塔，七塔南石铭，云如来手书，胡字分明，于今可识焉。

注释

①尸毗王救鸽之处：据《法显行传》当在宿呵多国，其曰："昔天帝释试菩萨，化作鹰鸽割肉贸鸽处。佛既成道，与诸弟子游行，语云：此本是我割肉贸鸽处。国人由是得知，于此处起塔，金银校饰。"据《贤愚经》其事迹大概如下：天帝释及毗首羯摩二天相谋试尸毗迦之念力。毗首羯摩先化一鸽，飞向提婆拔提城。天帝释化为鹰，追鸽入王宫。鸽入王之居室，遂潜隐怀中。鹰追至王之殿中，进白曰：我追鸽，将作饵以充饥。鸽之命运，既在我掌中，愿王速返鸽与我。王曰：我救济一切有情。穷鸟恐怖依我，不能与汝。鹰曰：王救一切有情，请救我饥饿，则不愧王众生济度之誓愿也。王乃取利剑，割股肉与鹰，使侍臣权衡之，股肉较轻于鸽。王乃再三割股，次割两臂两胁，直至昏倒仆地。时帝释现本形，深赞尸毗迦王之波罗蜜行，恢复王之身体。此事又见《六度经》《菩萨本生鬘论》。

②然：通"燃"。

③禁日：指规定的日子，非此日禁止拾取。

④那迦罗阿国：《法显行传》作那竭国，《大唐西域记》作那揭罗曷国，皆梵语音译。其地在乾陀罗国之西北，当今阿富汗之地。《大唐西域记》卷二："那揭罗曷国东西六百余里，南北二百五六十里，山周四境，悬隔危险。国大都城二十余里，无大君长主令，役属迦毕试国。丰谷稼，多花□。气序温暑，风俗淳质，猛锐骁雄，轻财好学，崇敬佛法，少信异道。伽蓝虽多，僧徒寡少。诸窣堵波荒芜圮坏。"《法显行传》："慧景、道整、慧达三人先发，向佛影那竭国。"

⑤佛顶骨：在那迦罗阿国的醯罗城。《法显行传》："至那竭国界醯罗城。城中有佛顶骨精舍，尽以金薄，七宝校饰。国王敬重顶骨，虑人抄夺。乃取国中豪家八人，人持一印，印封守护。清晨，八人俱到，各视其印，然后开户。开户已，以香汁洗手，出佛顶骨，置精舍外高座上，以七宝圆砧砧下，琉璃钟覆上，皆珠玑校饰。骨黄白色，方圆四寸，其上隆起。每日出后，精舍人则登高楼，击大鼓，吹蠡，敲铜

钵。王闻已，则诣精舍，以华香供养。供养已，次第顶戴而去。从东门入，西门出。王朝朝如是供养，礼拜，然后听国政。居士长者，亦先供养，乃修家事。日日如是，初无懈倦，供养都讫，乃还顶骨于精舍中。有七宝解脱塔，或开或闭，高五尺许，以盛之。”《大唐西域记》卷二：“那揭罗曷国城东南三十余里，至醯罗城，周四五里，坚峻险固，花林池沼，光鲜澄镜。城中居人淳质正信。复有重阁，画栋丹楹。第二阁中有七宝小窣堵波，置如来顶骨。周一尺二寸，发孔分明，其色黄白，盛以宝函，置窣堵波中。欲知善恶相者，香末和泥，以印顶骨，随其福感，其文焕然。”

⑥闳然：众多貌。此处言孔穴之多，故云似蜂巢。

⑦耆贺滥：原意为比丘行乞所持之杖。

⑧“有佛袈裟十三条”数句：《法显行传》：“那竭国城东北一由延，到一谷口，有佛锡杖，亦起精舍供养。牛头栴檀作，长丈六七许，以木筒盛之，正复百千人举不能移。入谷口西行，有佛僧伽梨，精舍供养。彼国土亢旱时，国人相率出衣，礼拜供养，天即大雨。”《大唐西域记》卷二：“如来僧伽胝袈裟，细氈所作，其色黄赤，置宝函中，岁月既远，微有损坏。如来锡杖，白铁作镮，栴檀为笴，宝筒盛之。”

⑨那竭城：即那迦罗阿国之都城，在今阿富汗东北境。佛牙、佛发：佛祖圆寂后留下的牙齿和头发，被佛教徒奉为珍宝，特予供奉。《法显行传》：“那竭国城中亦有佛齿塔，供养如顶骨法。”又云：“佛影西百步许，佛在时剃发剪爪。佛自与诸弟子共造塔，高七八丈，以为将来塔法，今犹在。”《大唐西域记》卷二：“影窟西北隅有窣堵波，是如来经行之处。其侧窣堵波，有如来发爪。邻此不远有窣堵波，是如来显畅真宗，说蕴界之处所也。”又云：“城内有大窣堵波故基，闻诸先志曰：昔有佛齿，高广严丽。今既无齿，唯余故基。”

⑩瞿波罗：本为大夜叉之名，此指瞿波罗龙王。佛影故事，《大唐西域记》卷二载曰：“昔如来在世之时，此龙为牧牛之士，供王乳酪。进奉失宜，既获谴责，心怀恚恨，以金钱买花供养，受记窣堵波，愿为恶龙，破国害王。即趣石壁，投身而死。遂居此窟，为大龙王，便欲出穴，成本恶愿。适起此心，如来已鉴，愍此国人，为龙所害，运神通力，自中印度至龙所。龙见如来，毒心遂止，受不杀戒，愿护正法。因请如来，常居此窟，诸圣弟子，恒受我供。如来告曰：吾将寂灭，为汝留影。遣五罗汉，常受汝供。正法隐没，其事无替。汝若毒心奋怒，当观吾留影，以慈善故，毒心当止。”又曰“（那揭罗曷）城

西南二十余里，至小石岭，有伽蓝。伽蓝西南，深涧峭绝，瀑布飞流，悬崖壁立。东岸石壁有大洞穴，瞿波罗龙之所居也。门径狭小，窟穴冥暗，崖石津滴，磎径余流。昔有佛影，焕若真容，相好具足，俨然如在。近代已来，人不遍睹，纵有所见，仿佛而已；至诚祈请，有冥感者乃暂明视，尚不能久。”

⑪“西面向户遥望”四句：《法显行传》：“那竭城南半由延有石室，博山西南向，佛留影此中。去十余步观之，如佛真影，金色相好，光明炳著。转近转微，仿佛如有。”《慈恩法师传》云：“窟在石涧东壁，门向西开，窥之窈冥，一无所睹。”可知佛影在窟之东壁，户向西开。众相：佛教语，指佛身各部之相状。瞑然：模糊，看不清楚。

⑫佛迹：《大唐西域记》卷二：“窟门外有二方石，其一石上有如来足蹈之迹。轮相微现，光明时烛。影窟左右多诸石室，皆是如来诸圣弟子入定之处。”

⑬浣衣处：《大唐西域记》卷二：“影窟西有大盘石，如来尝于其上濯浣袈裟，文影微现。”

⑭目连：即目犍连，又作摩诃目犍连、大目犍连等，佛陀十大弟子之一。母死，坠饿鬼道中，目连亲以十方威神之力，如地狱使母得脱饿鬼之苦。后戏曲多取此题材，成为民间最流行的佛教故事。《翻译名义集·十大弟子篇》：“大目犍连，什曰：目连，婆罗门姓也；名拘律陀。拘律度，树名；祷树神得子，因以为名。”

译文

于是向西北方行走了七天，渡过一条大河，到达如来为尸毗王时舍身救鸽的地方，这里也建造塔和寺。从前尸毗王的仓库被火所烧，仓库中烧焦了的粳米，到现在还残存，如果吃下一粒，就会永远不患疟疾。国中人民必须在规定的日子才能拾取。《道荣传》记载称：到达那迦罗阿国，此国有佛顶骨，方圆四寸，黄白色，下面有孔，人的手指可以伸进去，闳然像向上探索蜂巢。到达耆贺滥寺，寺内有佛袈裟十三件，用尺量它，有的短，有的长。又有佛锡杖，长一丈七，以木筒盛放，上面贴上金箔。此锡杖轻重不固定，碰上重的时候，一百人也举不起来；碰上轻的时候，一人就能胜任。那竭城中有佛牙和佛发，都用宝函盛放着，早晚供养。到达瞿波罗窟，看见佛影。入山窟，进去十五步，面向西门口遥望，那佛像明显；近看，便黯然无所见。用手来摸它，却只有石壁。慢慢往后退走，方才看见佛像。容貌挺然特出，是世间所稀有的。窟前有一块方石，石上有佛的足迹。窟西南百步，有佛浣衣的地方。窟北一里，有目连窟。窟北有山，山下有七佛手作宝塔，高达十丈。据说这宝塔倘若陷入地中，佛法就会灭亡。并且作出七个宝塔，七塔南面有石铭，说是如来亲手写的，梵文字迹分明，至今仍可辨识。

原　文

惠生在乌场国二年，西胡风俗，大同小异，不能具录。至正光二年二月始还天阙[①]。衒之按:《惠生行纪》[②]事多不尽录，今依《道荣传》《宋云家记》[③]，故并载之，以备缺文。

注　释

①天阙：天上的宫阙，引申为天子的宫阙。此指北魏都城洛阳。

②《惠生行纪》:《隋书·经籍志》载有《慧生行传》一卷，已佚。

③《宋云家记》:《旧唐书·经籍志》与《新唐书·艺文志》并载有《宋云魏国已西十一国事》一卷，已佚。

译　文

惠生在乌场国二年，西域胡国的风俗，大同小异，不能一一详细记录下来。到正光二年二月，才回到朝廷。杨衒之按:《惠生行纪》所记事多，但不能尽录，如今依照《道荣传》《宋云家记》一并记载，用来完备缺少的文字。

冯王寺 齐献武王寺 元领军寺 刘长秋寺 闲居寺 栖禅寺 嵩阳寺 道场寺 中顶寺 升道寺 石窟寺 灵岩寺 白马寺 照乐寺

原文

京师东西二十里，南北十五里①，户十万九千余。庙社宫室府曹以外②，方三百步为一里，里开四门，门置里正③二人，吏四人，门士八人，合有二百二十里④。寺有一千三百六十七所⑤。天平元年迁都邺城，洛阳余寺四百二十一所。北芒山上有冯王寺、齐献武王寺⑥。京东石关有元领军寺、刘长秋寺⑦。嵩高中有闲居寺、栖禅寺、嵩阳寺、道场寺⑧，上有中顶寺，东有升道寺。京南关口有石窟寺、灵岩寺⑨。京西瀍涧⑩有白马寺、照乐寺。如此之寺，既郭外，不在数限，亦详载之。

注释

①京师东西二十里，南北十五里：此处的“里”，劳干《北魏洛阳城图的复原》认为是“闾里”之“里”，而非“道里”之“里”。此书实以寺里为经，事物为纬，交互成书，其与《水经注》之例近，此地理为书之良法。以下文“方三百步为一里，里开一门”亦可证之，其意尤显。又据实地探，知东城垣残长三千八百九十五米，残宽十四米；西城垣残长四千二百九十米，宽二十米；北城垣长三千七百米，宽二十五至三十米；南城垣已被洛河毁没。整座城址呈不规则长方形，周长约合十四公里。见《文物》1981年9月期《汉魏洛阳故城》附图。

②庙社：帝王、诸侯祭祀祖宗的宗庙和祭祀土神、谷神的社稷。府曹：指官署。

③里正：古代乡里小吏。里是古代地方基层的行政组织，各朝代置法不一，有治事才能者为里正，掌管治安教化、按比户口、催课赋役等事。

④二百二十里：《魏书·广阳王元嘉传》："元嘉表请于京四面筑坊三百二十，各周一千二百步，乞发三正复丁以充兹役，虽有暂劳，奸盗永止。诏从之。"坊与里相同，此文"二百二十"疑是"三百二十"之误。"方三百步为一里"与"周一千二百步"相合。又《魏书·世宗纪》："景明二年九月丁酉，发畿内夫五万人，筑京师三百二十三坊，四旬而罢。"

⑤寺有一千三百六十七所：与本书序言"京城表里凡有一千余寺"可以互证。按神龟元年（518）任城王元澄奏称："都城之中及郭邑之内，检括寺舍，数乘五百。"推算至天平元年（534）仅十六年，洛阳僧寺增超过一倍，可见当时信奉佛教之盛。

⑥冯王寺：北魏孝文帝时太尉、冯太后之兄冯熙所建之寺。齐献武王寺：齐献武王高欢所建之寺。高欢是东魏的创立者，北齐的奠基者，其子高洋称帝后，追尊高欢为太祖献武皇帝，后改尊为高祖神武皇帝。

⑦元领军寺：元义所建之寺。元义曾任领军将军。刘长秋：宦官刘腾所建之寺。刘腾曾任长秋卿。

⑧嵩高：即中岳嵩山，五岳之一，位于河南登封县北。古称外方，亦名嵩高，因处四方之中，山形高大，故得名。东曰太室，西曰少室，皆统称嵩高。闲居寺：北魏宣武帝元恪时冯亮奉旨所建。冯亮，字灵通，南阳人，南梁平北将军蔡道恭之甥，南朝佛学家。少傅览诸书，又笃好佛理。后被俘入北朝，受礼遇，隐居嵩高。《魏书·逸士列传》："冯亮既雅爱山水，又兼巧思，结架岩林，甚得栖游之适，颇以此闻。世祖给其工力，令与沙门统僧暹、河南尹甄琛等周视嵩高形胜之处，遂造闲居佛寺。林泉既奇，营制又美，曲尽山居之妙。"又唐《李邕嵩岳寺碑》曰："嵩岳寺，后魏孝明帝之离宫，正光元年，初名闲居寺，隋仁寿二年改为嵩岳寺。"栖禅寺：汤用彤《汉魏两晋南北朝佛教史》："就闲居、栖禅二寺之名言之，恐与嵩阳同为禅僧所住也。"嵩阳寺：北魏孝文帝太和八年（484）禅僧所造。《中岳嵩阳寺碑》："有大德沙门生禅师……隐显无方，沉浮嵩岭。道风远被，德香普薰……此山先

来未有塔庙，禅师……卜兹福地，创立禅场，当中岳之要害，对众术之枢外……于太和八年，岁次甲子，建造伽蓝，筑立塔殿，布置僧坊，略深梗概……虔礼禅寂，六时靡辍，方为众圣万劫之灵场，八辈十方三世之苑囿也。”道场寺：《魏书·逸士列传》：“冯亮时出京师。延昌二年（513）冬，因遇笃疾，世宗敕以马舆送令还山，居嵩高道场寺，数日而终。”即此寺。

⑨石窟寺：位于河南洛阳南伊阙（龙门山），称“伊阙石窟寺”，亦称“南石窟寺”，熙平初为胡太后所建。《魏书·释老志》：“景明初，世宗诏大长秋卿白整准代京灵岩寺石窟，于洛南伊阙山为高祖文昭皇太后营石窟二所。初建之始，窟顶去地三百一十尺，至正始二年（505）中始出，斩山二十三丈。至大长秋卿王质谓斩山太高，费功难就，奏求下移就平，去地一百尺，南北一百四十尺。永平中，中尹刘腾奏为世宗复造石窟一。凡为三所，从景明元年（500）至正光四年（523）六月已前，用功八十万二千三百六十六。”此即举世著名之龙门石窟，并建僧寺，石窟寺即为其中之一。灵岩寺：原在北魏旧都代京，见上引《释老志》。本文所指在洛阳南，当为仿代京之灵岩寺而建。《魏书·出帝纪》：“永熙二年正月己亥，车驾幸嵩高石窟、灵岩寺。”即为此寺。清《嘉庆洛阳县志》卷二十二云：“《府志》后魏所建龙门八寺见于《伽蓝记》者唯有石窟、灵岩二寺。余六寺见于《洛志》，曰乾元、曰广化、曰崇训、曰宝应、曰嘉善、曰天竺。而奉先、香山不与焉。然奉先、香山据旧志亦建于后魏，则为十寺。”

⑩瀍涧：瀍水和涧水的合称。《水经注》云：“瀍水出河南谷城县北山。”又云：“涧水出新安县南白石山，东南入于洛。”

译 文

京师从东到西有二十里，从南到北有十五里，共有十万九千多住户。庙社宫室府曹之外，三百步见方为一里，每个里四面开门，每个门设置里正二人，吏四人，门士八人，共有二百二十个里。寺院共有一千三百六十七所。天平元年迁都邺城，洛阳还剩下寺院四百二十一所。北芒山上有冯王寺、齐献武王寺。京东石关有元领军寺、刘长秋寺。嵩山中有闲居寺、栖禅寺、嵩阳寺、道场寺，上有中顶寺，东有升道寺。京南关口有石窟寺、灵岩寺。京西瀍水与涧水之间有白马寺、照乐寺。这些佛寺，既在郭外，不受数目的限制，所以也详细记载它们。